Hans Rolf Höster

Baumpflege und Baumschutz

Grundlagen, Diagnosen, Methoden

13 Farbfotos auf Tafeln
102 Schwarzweißfotos und Zeichnungen
42 Tabellen

VERLAG
EUGEN
ULMER

Prof. Dr. Hans Rolf Höster, Fachhochschule Anhalt, Bernburg

Alle Zeichnungen, Schwarzweiß- und Farbfotos stammen vom Verfasser oder wurden, wie jeweils in der Legende vermerkt, der Literatur entnommen. Titelbild: Jedicke, E., Arolsen.

CIP-Titelaufnahme der Deutschen Bibliothek

Höster, Hans Rolf:
Baumpflege und Baumschutz: Grundlagen, Diagnosen, Methoden/
Hans Rolf Höster. – Stuttgart: Ulmer, 1993
   (Ulmer Fachbuch: Landschafts- und Grünplanung)
   ISBN 3-8001-5070-0

© 1993 Eugen Ulmer GmbH & Co.
Wollgrasweg 41, 70599 Stuttgart (Hohenheim)
Printed in Germany
Lektorat: Gerhard Bley
Herstellung: Steffen Meier
Einbandgestaltung: Alfred Krugmann, Freiberg a. N.
Satz: Steffen Hahn GmbH, Kornwestheim
Druck und Bindung: Pustet, Regensburg

Vorwort

Die Baumpflege blickt auf eine lange Tradition zurück, ihre Maßnahmen beruhten bislang aber überwiegend auf Erfahrungen. Mit der zunehmenden Verschlechterung der Lebensbedingungen von Bäumen im Siedlungsraum wächst die Kritik an derartigen Maßnahmen, bei denen oftmals nur Symptome behandelt werden und Methoden zur Anwendung kommen, die häufig nicht im Einklang stehen mit den Funktionsabläufen im Baum.

Von zentraler Bedeutung für die Baumpflege sind daher eingehende Kenntnisse über Strukturen und Funktionen im Holzgewebe und über baumartenspezifische Reaktionen auf Schädigungen. Eine moderne Baumpflege darf aber nicht beschränkt bleiben auf diese holzbiologische Sichtweise, sondern muß den Organismus Baum in seiner Gesamtheit einbeziehen, insbesondere den lange vernachlässigten Wurzelbereich. Standortverbessernde Maßnahmen müssen daher in den Behandlungsmethoden den gleichen Stellenwert einnehmen wie die Maßnahmen am Baum.

Bessere Lebensbedingungen für Bäume im Siedlungsraum und eine konsequente Anwendung und Kontrolle der Richtlinien zum Schutz von Bäumen bei Baumaßnahmen stärken die Vitalität der Bäume, vermindern die Auswirkungen von Schädigungen und leisten damit auch einen positiven Beitrag zur umweltpolitisch erwünschten Reduzierung des Kohlendioxidgehaltes in der Atmosphäre.

Zielsetzung des Buches ist daher die Förderung baumschonender Untersuchungs- und Behandlungsverfahren sowie die Abkehr von rein bautechnischen Verfahren zugunsten ökologischer, den Bedürfnissen der Bäume angepaßter Maßnahmen.

Nur auf diese Weise wird es möglich sein, den alten Baumbestand langfristig zu erhalten und den Neupflanzungen Chancen zum Wachsen zu bieten, damit sie auch noch nachfolgenden Generationen erhalten bleiben.

Entstanden ist das Buch aus einer jahrzehntelangen Beschäftigung mit Bäumen; zunächst am Institut für Holzbiologie und Holzschutz der Bundesforschungsanstalt für Forst- und Holzwirtschaft in Reinbek bei Hamburg und später am Institut für Landschaftspflege und Naturschutz im Rahmen von Forschungsvorhaben und gutachterlicher Tätigkeit sowie in Vorlesungen, Übungen und Seminaren im Studiengang Landschafts- und Freiraumplanung der Universität Hannover.

Meinen früheren Mitarbeiterinnen Birgit Schröder, Hamburg, und Christa Spring, Wentorf, möchte ich danken für die sorgfältige Anfertigung der schwierigen histologischen Präparate aus der Kambiumzone. Herrn Roland Ulmer danke ich für das entgegengebrachte Vertrauen und die gute Ausstattung des Buches, Herrn Gerhard Bley für die Betreuung im Lektorat.

Wennigsen, Juli 1993   Hans Rolf Höster

Inhaltsverzeichnis

1 Bäume im Siedlungsraum

Der Siedlungsraum wird wesentlich geprägt durch den Baumbestand der Stadtwälder, der Parks, Wallanlagen und Grünflächen, der Friedhöfe und Sportanlagen, der Hofstellen und Privatgärten sowie durch Bäume an Straßen, Alleen und Plätzen. Neben allgemeinen Schädigungen von Bäumen, die seit Mitte der 70er Jahre aufgetreten und unter dem Begriff Waldschäden bekannt geworden sind, kommen siedlungstypische Faktoren hinzu, die im wesentlichen auf die ungünstigen Standortbedingungen sowie den zunehmenden Kraftfahrzeugverkehr zurückgeführt werden können. Davon sind insbesondere die Straßen- und Alleebäume betroffen, die daher im Mittelpunkt stehen sollen.

Nach HENNEBO (1982) haben Baumpflanzungen als grünplanerisches Element in der Stadt erst in der zweiten Hälfte des 19. Jahrhunderts mit der voranschreitenden Verstädterung und den umfangreichen Stadterweiterungen eine größere Bedeutung erlangt.

So wurden z. B. in Hannover in den Jahren zwischen 1890 und 1900 an insgesamt 55 Straßen 7000 Bäume gepflanzt. Von diesem Altbaumbestand ist heute nur noch wenig vorhanden (vgl. HÖSTER 1991b); größere Baumverluste sind zurückzuführen auf Bombenangriffe im Zweiten Weltkrieg sowie insbesondere auf den Straßenausbau, der in den 50er und 60er Jahren nur wenig Rücksicht auf Bäume nahm. Ähnlich dürfte es in anderen Städten aussehen.

1.1 Bedeutung und Funktionen der Bäume

1.1.1 Gestalterische Funktionen

Bäume gliedern und beleben den Straßenraum und bilden mit ihrem grünen Laub einen wirkungsvollen Kontrast zu den Bauwerken. Sie verbessern wesentlich das Ortsbild und tragen zu einer Identifizierung der Bewohner mit ihrem Stadt- oder Ortsteil bei. Durch den jahreszeitlichen Wechsel ihres Erscheinungsbildes vom Aufbrechen der Knospen und dem frischen Grün der jungen Blätter bis zur herbstlichen Laubfärbung vermitteln sie Erlebnisqualität (Abb. 1 und 2).

Bäume an Straßen wirken verkehrslenkend und bei entsprechender Anordnung der Bepflanzung auch verkehrsberuhigend bzw. geschwindigkeitsmindernd (z. B. durch Baumtore an Ortseinfahrten). In der Bevölkerung, aber auch bei Planern und Politikern haben Bäume einen hohen Stellenwert. Das belegen auch die Ergebnisse der verschiedenen Landeswettbewerbe zum Thema Grün im Städtebau. Grün gilt als Synonym für alles Lebendige, Wachsende, Vitale. Aus diesen Gründen werben aber auch Banken und Industrieunternehmen mit Bäumen als Sympathieträger für eine umweltbewußte Einstellung, doch entspricht dieses oftmals nicht den tatsächlichen Gegebenheiten.

Abb. 1:   Als einzeln stehender Baum erfüllt die noch relativ junge Roßkastanie aufgrund guter Standortbedingungen wichtige gestalterische und ökologische Funktionen.

Abb. 2:   Alte über hundertjährige Lindenalleen und Natursteinpflaster prägen das Ortsbild vieler Dörfer. Ein rigoroser Straßenausbau schädigt die Bäume erheblich und vermindert deren Standsicherheit (aus HÖSTER 1988).

Andererseits werden Bäume in den Empfehlungen zur Straßenraumgestaltung (ESG 1987) als raumbezogene Einbauten des Straßenmobiliars angesehen und den Brunnen, Denkmälern, Plastiken, Leuchten und Sitzgelegenheiten gleichgestellt.

Die Ergebnisse dieser Denkweise sind teilweise bei Neupflanzungen zu erkennen.

1.1.2   Ökologische Funktionen

Bäume erfüllen im Siedlungsraum auch wichtige ökologische Funktionen und tragen wesentlich zum Wohlbefinden des Menschen bei, indem sie
- die relative Luftfeuchtigkeit erhöhen,
- die Lufttemperatur absenken,
- Schatten spenden,
- die Windgeschwindigkeit mindern,
- Stäube und Aerosole ausfiltern und
- den Lärm mindern.

Als Maß für die Wirksamkeit dieser ökologischen Funktionen gilt die Blattfläche. Nach BERNATZKY (1969) besitzt eine freistehende 100jähre Buche eine Blattfläche von etwa 1600 m². Um die von dieser Buche ausgehenden Wohlfahrtswirkungen zu erzielen, müßten mindestens 2500 junge Buchen gepflanzt werden. Aus dieser Relation wird der Verlust deutlich, wenn ein alter vitaler Baum gefällt oder durch Baumaßnahmen so geschädigt wird, daß er abstirbt und als »Ersatz« nur 1 bis 2 junge Bäume gepflanzt werden.

Zahlenangaben über den Baumbestand einer Stadt haben daher nur einen bedingten Wert und sind nicht miteinander vergleichbar (MEYER 1981).

Sauerstoffproduktion

In vielen von den Kommunen herausgegebenen Broschüren steht die Sauerstoffproduktion der Stadtbäume an erster Stelle der Wohlfahrtswirkungen. Dieses Argument beruht auf Angaben von BERNATZKY (1969), der errechnete, daß eine freistehende Buche im Alter von 100 Jahren bei der Photosynthese pro Stunde 2350 g Kohlendioxid verbraucht und 1710 g Sauerstoff abgibt. Aus diesen Zahlen wurde abgeleitet, daß mindestens 150 m² Blattfläche erforderlich sind, um den Sauerstoffbedarf eines Menschen zu decken. MEYER (1981) hat sich kritisch mit diesem Problem auseinandergesetzt und kommt zu dem Ergebnis, daß die Sauerstoffproduktion der Stadtbäume für die Versorgung der Bevölkerung völlig unbedeutend ist, da

- ein sehr großer Teil der erzeugten Biomasse (z. B. Blätter) von Bakterien, Pilzen und Kleinlebewesen unter Sauerstoffverbrauch wieder zersetzt wird.,
- der Sauerstoffgehalt in der Atmosphäre aufgrund des gewaltigen Sauerstoffreservoirs weitgehend konstant ist und
- selbst in Ballungsräumen im Winter keine Abnahme des Sauerstoffgehalts festgestellt werden konnte, obwohl durch Verbrennungsprozesse viel Sauerstoff verbraucht wird und keine Assimilation bei Laubbäumen stattfindet.

Aus diesen Gründen sollte die Sauerstoffproduktion nach MEYER (1981) bei der Nennung der Wohlfahrtswirkungen nicht mehr aufgeführt werden, zumal es genügend andere positive Auswirkungen gibt.

Kohlendioxidverbrauch

In den letzten Jahren sind zunehmend mehr die Gefahren erkannt worden, die mit dem Kohlendioxidanstieg in der Atmosphäre zusammenhängen. Kohlendioxid (CO_2) wird vor allem freigesetzt bei der Verbrennung fossiler Stoffe (Kohle, Erdöl, Erdgas) und gilt als wichtigstes klimawirksames Schadgas; am Treibhauseffekt ist CO_2 zu etwa 50 % beteiligt. Daher hat die Bundesregierung beschlossen, bis zum Jahr 2005 die CO_2-Emissionen um 25 % bis 30 % zu reduzieren (BT-Drs. 12/2081).

Neben vielen technischen Möglichkeiten und Einsparmaßnahmen leisten Bäume dazu ebenfalls einen Beitrag, da sie als einzige pflanzliche Organismen in der Lage sind, Kohlenstoff im Holz langfristig zu binden. Nach Schätzungen betragen die in den Waldökosystemen Deutschlands gebundenen Kohlenstoffvorräte ca. 1,4 Milliarden Tonnen, davon sind 700 Millionen Tonnen im Holz festgelegt. Jährlich erhöhen sich die Kohlenstoffvorräte der Wälder um etwa 5 bis 6 Millionen Tonnen, das entspricht etwa 18 bis 22 Millionen Tonnen Kohlendioxid (BT-Drs. 12/2081).

Auch die Kommunen könnten einen Beitrag zur umweltpolitisch wichtigen Reduzierung des Kohlendioxidgehaltes leisten durch

- Verbesserung der Standortbedingungen für Bäume, denn nur vitale Bäume können ausreichende Mengen von Kohlendioxid in den Blättern assimilieren und als Kohlenstoff im jährlichen Holzzuwachs festlegen,
- Vermeidung von Schäden im Stamm- und Wurzelbereich der Bäume, da beim Holzabbau durch Pilze wieder Kohlendioxid freigesetzt wird, sowie durch
- Neupflanzungen von Bäumen an geeigneten Standorten.

1.2 Ökologische Kriterien für Baumarten im Siedlungsraum

Die ursprünglich aus dem Wald stammenden Baumarten finden im Siedlungsraum erheblich schlechtere Lebensbedingungen vor, die nach MEYER (1982 b) u. a. gekennzeichnet sind durch
- einen höheren pH-Wert der Böden (Bauschutt!),
- nährstoffarme Böden (kein Nährstoffkreislauf),
- Bodenverdichtung/Bodenversiegelung,
- höhere Tag- und Nachttemperaturen,
- Verringerung der relativen Luftfeuchte,
- höhere Sonneneinstrahlung und
- einen ungünstigen Wasserhaushalt.

Für den Siedlungsraum geeignete Baumarten sollten daher vor allem Trockenheit, hohe Einstrahlung und Hitze gut ertragen können, d. h. sie müssen über Mechanismen zur Einschränkung der Wasserdampfabgabe, zur Reflexion der Strahlung und zur Vermeidung einer Überhitzung verfügen, z. B. Behaarung auf der Blattunterseite, Wachsauflagerungen, derbere Blätter, glänzende Blattoberseiten oder die Ausbildung von Fiederblättern. Auch Baumarten, die ein tiefreichendes Wurzelsystem ausbilden können bzw. nicht auf eine Symbiose mit einer Ektomykorrhiza angewiesen sind, eignen sich besser für schwierigere Standorte.

Legt man diese Kriterien zugrunde, so gibt es keine Baumart, die allen Anforderungen genügt und nur wenige Arten sind gut angepaßt an extremere Bedingungen. Es sind dieses z. B.

Gleditsia triacanthos   *Robinia pseudacacia*
Platanus × hispanica   *Sophora japonica*
Quercus robur

Dieses auf nur wenige Baumarten eingeschränkte Sortiment kann nicht zufriedenstellen. Daher sind die Baumschulen schon seit langer Zeit bestrebt, geeignetere Sorten zu selektieren, die schlechtere Bedingungen ertragen können, und es gibt hierbei schon beachtliche Erfolge.

Andererseits ist in den letzten Jahren der langfristig erfolgreichere Weg beschritten worden, durch standortverbessernde Maßnahmen die Lebensbedingungen der Bäume so nachhaltig zu verbessern, daß auch traditionelle Baumarten wie Linden ein gutes Wachstum aufweisen.

1.3   Verwendung von Bäumen im Straßenraum

Neben ökologischen Kriterien müssen bei einer Verwendung im Straßenraum noch andere Eigenschaften der Bäume (Kronenausbildung, Windbruchgefahr, Wurzelausläufer, Fruchtfall, Besitz von langen Dornen usw.) berücksichtigt sowie gestalterische Kriterien beachtet werden.

Die Ständige Konferenz der Gartenbauamtsleiter beim Deutschen Städtetag hat daher 1975 eine Arbeitsgruppe beauftragt, eine Liste von Baumarten zusammenzustellen, die sich für eine Bepflanzung von Straßen und von überwiegend befestigten Plätzen eignen. Die mit dem Bund deutscher Baumschulen abgestimmte Liste ist erstmals 1976 erschienen; die letzte Überarbeitung erfolgte 1991 (Straßenbaumliste 1991). Hinsichtlich der Eignung der Bäume für den meist eingeschränkten Lebensraum an Stadtstraßen wurden vier Gruppen gebildet:

gut geeignet   = Verwendung im Straßenraum fast ohne Einschränkungen möglich

geeignet   = Verwendung im Straßenraum ist nur wenigen Einschränkungen unterworfen

bedingt geeignet   = Verwendung im Straßenraum in vielen Bereichen stark eingeschränkt wegen Windbruchgefahr, zu flachem Wurzelsystem usw.

nicht geeignet   = Verwendung im Straßenraum nur ausnahmsweise möglich

---

Tab. 1:   Erprobte Arten und Sorten für die Verwendung im städtischen Straßenraum (zusammengestellt nach Straßenbaumliste 1991).

---

gut geeignet

Corylus colurna	*Robinia pseudacacia* 'Inermis'
Fraxinus excelsior 'Westhof's Glorie'	*Robinia pseudacacia* 'Monophylla'
Ginkgo biloba	*Tilia cordata* 'Greenspire'
Pyrus calleryana 'Chanticleer'	*Tilia cordata* 'Rancho'
Quercus robur	*Tilia* × *vulgaris* 'Pallida'

geeignet

Acer platanoides 'Cleveland'	*Fraxinus ornus*
Acer platanoides 'Columnare'	*Gleditsia triacanthos* 'Inermis'
Acer platanoides 'Emerald Queen'	*Gleditsia triacanthos* 'Shademaster'
Acer platanoides 'Globosum'	*Gleditsia triacanthos* 'Skyline'
Acer platanoides 'Olmstedt'	*Platanus* × *hispanica*
Ailanthus altissima	*Quercus cerris*
Alnus cordata	*Quercus palustris*
Alnus × *spaethii*	*Quercus petraea*
Carpinus betulus 'Fastigiata'	*Quercus robur* 'Fastigiata'
Crataegus crus-galli	*Robinia pseudacacia* 'Bessoniana'
Crataegus × *lavallei*	*Robinia pseudacacia* 'Rectissima'
Crataegus monogyna 'Stricta'	*Robinia pseudacacia* 'Umbraculifera'
Crataegus × *prunifolia*	*Sophora japonica*
Crataegus × *prunifolia* 'Splendens'	*Sorbus decora*
Fraxinus excelsior 'Diversifolia'	*Sorbus intermedia*
Fraxinus excelsior 'Atlas'	*Sorbus intermedia* 'Brouwers'
Fraxinus excelsior 'Geessink'	*Sorbus latifolia*

geeignet (Fortsetzung)

Sorbus thuringiaca 'Fastigiata'	*Tilia tomentosa* 'Argentea'
Tilia cordata 'Erecta'	*Tilia tomentosa* 'Brabant'
Tilia × *flavescens* 'Glenleven'	

bedingt geeignet

Acer campestre	*Liriodendron tulipifera*
Acer campestre 'Elsrijk'	*Malus* sp.
Acer platanoides	*Populus alba* 'Nivea'
Acer platanoides 'Summershade'	*Populus* × *berolinensis*
Acer pseudoplatanus	*Populus simonii*
Acer pseudoplatanus 'Erectum'	*Populus simonii* 'Fastigiata'
Acer pseudoplatanus 'Negenia'	*Prunus avium* 'Plena'
Acer pseudoplatanus 'Rotterdam'	*Prunus* sp.
Aesculus × *carnea*	*Quercus coccinea*
Aesculus × *carnea* 'Briotii'	*Quercus rubra*
Aesculus hippocastanum 'Baumannii'	*Robinia pseudacacia*
Betula pendula	*Sorbus aria* 'Magnifica'
Betula papyrifera	*Sorbus aria* 'Majestica'
Carpinus betulus	*Tilia americana* 'Dentata'
Crataegus laevigata 'Paulii'	*Tilia* × *euchlora*
Fraxinus angustifolia 'Raywood'	*Tilia platyphyllos* 'Rubra'
Fraxinus excelsior	*Tilia tomentosa*
Fraxinus excelsior 'Globosum'	*Tilia* × *vulgaris*
Liquidambar styraciflua	

nicht geeignet

Acer saccharinum	*Pterocarya fraxinifolia*
Aesculus hippocastanum	*Salix alba*
Alnus glutinosa	*Salix alba* 'Liempde'
Alnus incana	*Sorbus americana*
Celtis australis	*Sorbus aria*
Celtis occidentalis	*Sorbus aucuparia*
Fagus sylvatica	*Sorbus aucuparia* var. *edulis*
Gleditsia triacanthos	*Sorbus vilmorinii*
Gleditsia triacanthos 'Sunburst'	*Tilia cordata*
Malus sylvestris	*Ulmus glabra*
Populus canescens	*Ulmus* × *hollandica* 'Commelin'
Populus tremula	*Ulmus* × *hollandica* 'Groeneveld'
Prunus avium	

Aus dieser Zusammenstellung wird deutlich, daß nur 30 % der reinen Arten bzw. Hybriden für den städtischen Straßenraum geeignet sind, 34 % sind bedingt und 36 % nicht geeignet; umgekehrt können 60 % der aufgeführten Sorten als geeignet angesehen werden. Es ist zu erwarten, daß sich diese Tendenz zugunsten der Sorten in Zukunft noch verstärken wird.

Bei der Erstellung der Straßenbaumliste galt der Grundsatz: »Je anspruchsloser die Baumarten vor allem in bezug auf Boden, Nährstoffe, Klima sind, um so besser sind sie in der Regel für die Verwendung im städtischen Straßenraum geeignet« (Straßenbaumliste 1991).

Daraus ergibt sich zwangsläufig die Frage, ob es aus ökologischen Gründen der richtige Weg ist, einen Baum an den vorgegebenen Standort anzupassen, oder ob nicht umgekehrt die Standortbedingungen an die Bedürfnisse des Baumes angepaßt werden sollten.

1.4. Standortbedingungen

Als Standort bezeichnet man den Wuchsort (= geographischer Ort) eines Baumes mit allen auf ihn einwirkenden Umweltfaktoren, wie Licht, Temperatur, Wasser, chemische Faktoren (Sauerstoff, Kohlendioxid, Nährsalze, Spurenelemente, Giftstoffe usw.), mechanische Faktoren (Wind, Druck, Schädigungen usw.) und biotische Faktoren (Pflanzen, Pilze, Tiere, Mensch).

Die Entwicklung eines Baumes und später notwendig werdende Pflegemaßnahmen hängen wesentlich davon ab, an welcher Stelle ein Baum gepflanzt wird und welche Standortbedingungen er dort vorfindet. Die ersten Fehler werden daher schon bei der Planung gemacht (Abb. 3 und 4).

Abb. 3: Vor dem Kongreßzentrum einer Großstadt: Vier Pfähle oder drei Haltepfähle und ein Baum? Dickenwachstum und Lebensmöglichkeiten sind für die neu gepflanzte Linde nicht eingeplant (aus HÖSTER 1987).

Abb. 4: Auf dem großen Rathausplatz einer kleinen Stadt als Beitrag zur Landesausstellung »Natur im Städtebau«: Eine Baumscheibe von nur 2,3 m² Größe gibt dem Baum keine Entwicklungsmöglichkeiten.

1.4.1   Planung von Neupflanzungen im Straßenraum

Pflanzflächen für Bäume stehen immer in Konkurrenz zu anderen Nutzungsansprüchen. Nach den Empfehlungen für die Anlage von Erschließungsstraßen (EAE 1985) zwingt die Vielzahl der Nutzungsansprüche in der Regel zu Kompromissen in der Zuweisung der verfügbaren Flächen, um für alle Nutzungsarten die Mindestanforderungen zu gewährleisten.

Während sich der Raumbedarf für Fußgänger, Radfahrer und Kraftfahrzeuge aus den Abmessungen der Verkehrsteilnehmer und der Fahrzeuge ergibt, ist der entsprechende Bedarf für Bäume nicht so eindeutig belegbar, weil dieser sich durch das Wachstum von Baumkrone, Stamm und Wurzelwerk mit der Standzeit erhöht.

Es ist aber bekannt, daß das Wurzelsystem eines Baumes in seiner radialen Ausdehnung größer ist (nach RAS-LG 4, 1986 um 1,5 m größer) als die senkrechte Projektion der Kronentraufe. Bei der Pflanzung von Bäumen wird man diesen Anforderungen noch gerecht, wenn die dauerhaft wasser- und luftdurchlässige Fläche (= Baumscheibe) eine Größe von 4 m² aufweist (Mindestgröße nach EAE 1985 sowie Straßenbaumliste 1991), jedoch wird die Baumscheibengröße nicht ständig der Zuwachsentwicklung des Baumes angepaßt. So besitzt ein großer Teil der Straßenbäume in den Städten noch Jahrzehnte nach der Pflanzung die ursprüngliche Baumscheibengröße von 2 × 2 m. Da diese Situation in keiner Weise den Erfordernissen der Bäume entspricht, sind bei einem großen Teil des Baumbestandes Entsiegelungsmaßnahmen durchzuführen (vgl. Kapitel 6.3.2).

Bei der Planung von Neupflanzungen ist künftig darauf zu achten, daß die Baumscheiben erheblich größer werden. Forderungen nach 16 m² oder 25 m² sind

Abb. 5:   Im Zentrum einer Kreisstadt in Sachsen-Anhalt: Baumscheiben von der Größe eines Parkplatzes eröffnen gute Lebensbedingungen für Bäume.

Abb. 6: Die Wahl der richtigen Baumart und des geeigneten Wuchsortes sind in Fußgängerzonen besonders wichtig. Auch noch in 30 Jahren sollten sich die Bäume harmonisch in das Straßenbild einfügen. Säulen-Eichen sind bei einer zweigeschossigen Bauweise weniger geeignet und bei einem Abstand von nur 1,5 m von der Hauswand ergeben sich sehr bald große Probleme.

zwar verständlich, aber im Siedlungsraum meistens unrealistisch. Wegen der räumlichen Enge im Straßenbereich ist ein Kompromiß notwendig, nur darf der nicht beim Minimum (!) von 4 m² liegen, sondern bei etwa 10 m², vergleichbar mit der Fläche eines Parkplatzes für ein Kraftfahrzeug (HÖSTER 1991 b).

Eine Baumscheibe dieser Größe mit den Ausmaßen 2,50 × 4,30 m entspricht den Erfordernissen für einen Straßenbaum, wenn eine Bodenverdichtung vermieden wird; sie erhöht die Standsicherheit eines Baumes und läßt sich gut integrieren in die Planung von Straßen mit Parkstreifen oder Parknischen, weil sie eine rechteckige Form aufweist (Abb. 5).

Ist diese Baumscheibengröße nicht zu realisieren, so muß auf eine Baumpflanzung verzichtet werden. Ausnahmen sind nur möglich bei kleinkronigen Bäumen (z. B. Rotdorn, Kugelrobinie), deren Wurzelwerk auch kleinräumiger ausgebildet ist. Günstig erweist es sich häufig auch, wenn nicht jeder Baum seine eigene Baumscheibe besitzt, sondern auf einer entsprechend größeren Fläche zwei Bäume gepflanzt werden.

Der Mindestabstand der Bäume vom Fahrbahnrand sollte aus Gründen der Freihaltung des Lichtraumprofils und des künftigen Dickenwachstums des Baumes mindestens 1,25 m, besser noch 1,5 m betragen; bei Fahrbahnteilern sind Baumpflanzungen erst ab einer Mindestbreite von 3,0 m zu vertreten. Das entspricht auch den Forderungen der Ständigen Konferenz der Gartenbauamtsleiter, die für Baumstreifen eine Mindestbreite von 3,0 m bis 3,5 m vorsehen (Straßenbaumliste 1991).

Bei der Planung von Neupflanzungen ist ferner darauf zu achten, daß ein genügend großer Abstand zu Gebäuden eingehalten wird (mindestens halber Kronendurchmesser des ausgewachsenen Baumes), damit sich die Baumkronen artgerecht entwickeln können und Schnittmaßnahmen aus diesem Grund entbehrlich sind. Die Planer sollten sich daher stets die Frage stellen, wie die Bäume in 30 Jahren aussehen (Abb. 6).

1.4.2   Pflanzung von Bäumen im Straßenraum

Bei Baumpflanzungen im Straßenraum ist folgendes zu beachten
- Größe der Baumscheibe etwa 10 m²,
- Bodenaustausch auf der gesamten Fläche bis zu einer Tiefe von 1,5 m,
- Entfernung von Fremdstoffen, wie Schutt, Schottermaterial und Beton,
- Auflockerung der Grubensohle und der Grubenwände,
- Verfüllung bis mindestens 40 cm unter der Baumscheibenoberkante mit humusfreiem Substrat, lagenweise vorsichtig vorverdichten,
- Aufbringung von humosem, nährstoffreichem Mutterboden bis etwa 5 cm unter der Baumscheibenoberkante,
- Abdeckung der Baumscheibe mit Rindenmulch,
- Anlegung eines Gießrandes, um eine gute Durchfeuchtung des Wurzelraumes in der Anwachsphase zu erreichen,
- Durchführung eines Pflanzschnittes unter Erhaltung des arttypischen Habitus,
- Verankerung des Baumes durch Baumpfähle oder Baumgerüste und
- Schutz der Baumscheibe vor Verdichtung durch Baumschutzbügel oder Poller.

Eine Bepflanzung der Baumscheibe z. B. mit bodendeckenden Stauden sollte erst dann vorgenommen werden, wenn der Baum angewachsen ist.

In besonders stark belasteten Bereichen (z. B. in den Innenstädten oder in Fußgängerzonen) ist eine offene Baumscheibe meist nicht ratsam, so daß eine Abdekkung mit freitragenden Eisen- oder Betonelementen eine sinnvollere Lösung darstellt.

Der durchwurzelbare Bereich ist im Siedlungsraum häufig eingeengt durch unterirdische Leitungen der Versorgungträger (z. B. Strom, Gas, Wasser, Fernmeldekabel, Fernheizung, Kanalrohre), so daß der optimale Pflanzabstand von mindestens 2,50 m oftmals nicht eingehalten werden kann. Hier bedarf es der Abstimmung mit den Versorgungsunternehmen. Bei nachträglichen Leitungsverlegungen sind die Richtlinien für die Anlage von Straßen (RAS-LG 4, 1986) sowie das vom Arbeitsausschuß Kommunaler Straßenbau herausgegebene Merkblatt über Baumstandorte und unterirdische Versorgungsanlagen (AKS 1989) zu beachten.

Gegenwärtig werden unter Beteiligung mehrerer Städte zwei größere Forschungsvorhaben durchgeführt, die Möglichkeiten aufzeigen sollen zur Verbesserung der Standortbedingungen von Straßenbäumen
- Standortoptimierung von Straßenbäumen
  (KRIETER et al. 1989)
- Entwicklung und Erprobung von vegetationstechnischen und bautechnischen Maßnahmen zur Optimierung des Wurzel- und Standraumes von Bäumen in Stadtstraßen
  (LIESECKE 1991)

Die in einigen Jahren zu erwartenden Ergebnisse sollen in praxisnahe Richtlinien für Neupflanzungen einfließen.

1.4.3   Bewässerungsrohre

In den Empfehlungen zur Straßenbepflanzung (ESB 1991) ist bei der Pflanzung auch der Einbau von flexiblen Kunststoffrohren zur Belüftung, Bewässerung und Düngung vorgesehen, die am Einfüllstutzen mit einer stabilen durchlöcherten

Abb. 7: Nachträgliche Pflanzung einer Linde auf einem sehr breiten und sonst ungenutzten Fahrbahnteiler einer Bundesstraße. Die viel zu kleine Baumscheibe, die starke Versiegelung des Umfeldes und die eingebauten Bewässerungsrohre erschweren das Wachstum erheblich.

Abdeckklappe zu verschließen sind, damit die Rohre nicht mit groben Materialien (Laub, Papier, Dosen) verstopft werden. Aus ästhetischen Gründen sollten die Einfüllstutzen nicht über Bodenniveau herausragen.

Bei Aufgrabungen im Wurzelbereich von Bäumen haben KRIETER et al. (1989) festgestellt, daß die Bodenzone um die Bewässerungsrohre sehr dicht durchwurzelt war, teilweise waren Feinwurzeln auch in die Rohre eingedrungen. Dieses ist auch zu erwarten, da Wurzeln der Feuchtigkeit und dem Angebot an Sauerstoff nachwachsen. Während Bäume in der Anwachsphase noch regelmäßig gewässert werden, unterbleibt dieses später, so daß die Feinwurzeln bei längeren Trockenperioden im Sommer vertrocknen, weil sie ständig der Belüftung ausgesetzt sind. Dadurch entstehen nicht unerhebliche Schäden an den Bäumen (Abb. 7).

Ursprünglich sind die Bewässerungsrohre für extreme Standorte entwickelt worden, z. B. für den Innenstadtbereich; dort ist es auch sinnvoll, da davon auszugehen ist, daß diese Bäume auch in den Sommermonaten regelmäßig gewässert werden. Neuerdings sieht man diese Konstruktionen aber auch bei Pflanzungen in Grünanlagen und in Parks oder an Bundesstraßen im außerörtlichen Bereich. In diesen Fällen, aber auch in allen anderen Situationen mit ausreichend großen Baumscheiben sollte auf den Einbau von Bewässerungsrohren verzichtet werden, weil der damit angerichtete Schaden größer ist als der Nutzen.

1.4.4 Pflanzung von Alleebäumen

Ein beidseitiger Baumbestand an Straßen in Außerortslage wird als Allee bezeichnet. Während die meistens vor etwa 100 bis 120 Jahren angelegten Alleen in den westlichen Bundesländern durch den Straßenausbau überwiegend beseitigt wurden, blieben sie in der ehemaligen DDR erhalten und sind heute ein wichtiges kulturelles Erbe, das in besonderem Maße geschützt werden muß.

Seit Öffnung der Grenze im Herbst 1989 setzten verstärkte Bemühungen zum Erhalt dieser Alleen, aber auch zur Neubegründung von Alleen ein. Die Ergebnisse sind in dem Merkblatt Alleen (MA-StB 1992) zusammengestellt.

Abb. 8: Eine alte Ulmenallee an der Nordseeküste prägt durch ihre Windschur das Landschaftsbild in besonderer Weise.

Da die Standortbedingungen für Alleebäume erheblich besser sind als im innerörtlichen Straßenraum, ergeben sich hinsichtlich der Verwendung von Baumarten keine Probleme. Grundsätzlich sollten in der freien Landschaft standortgerechte, heimische Baumarten Verwendung finden, z. B.

Acer platanoides	*Fraxinus excelsior*
Acer pseudoplatanus	*Quercus petraea*
Alnus glutinosa	*Quercus robur*
Betula pendula	*Tilia cordata*
Betula pubescens	hochstämmige Obstbäume

Pappeln sind weniger zu empfehlen wegen der Windbrüchigkeit der Äste und des sehr starken Wurzelwachstums. Die Buche eignet sich nicht als Alleebaum, da sie sehr empfindlich ist gegenüber Bodenverdichtung und gegen Sonnenbrand aufgrund ihrer dünnen Rinde. An Kreisstraßen sollten vor allem in Ortsnähe wieder mehr hochstämmige alte Obstbaumsorten gepflanzt werden, die wenig Pflegeaufwand erfordern.

Aus Gründen der Einhaltung des Lichtraumprofils (= 4,50 m über der befestigten Fahrbahnfläche) und der Ausbreitungsmöglichkeit des Wurzelsystems sollte der Abstand der Alleebäume von der Fahrbahn mindestens 4,50 m betragen und der Pflanzabstand innerhalb der Baumreihe ca. 15 m (MA-StB 1992).

1.5   Gefährdung der Bäume und Folgerungen für die Pflege

Bäume werden gepflanzt und verbleiben an dem jeweiligen Wuchsort bis zur Fällung. Während dieses im Einzelfall sehr unterschiedlich langen Zeitraums sind die Bäume vielen Gefährdungen und Schwächungen ihrer Vitalität ausgesetzt. Dabei kann es sich um allgemeine Schadursachen handeln, wie langanhaltende Trockenheit oder im Sommer eine höhere Ozonbelastung, es können aber auch individuelle Schädigungen sein, z. B. durch Bauarbeiten oder durch Anfahrunfälle. Manche Schädigungen sind vermeidbar, andere unvorhersehbar.

Jede Schädigung bedeutet eine Beeinträchtigung der Vitalität; treten mehrere innerhalb einer kurzen Zeitspanne auf, so verschlechtert sich der Zustand des Baumes erheblich. Damit vermindert sich aber auch die Resistenz gegenüber Schaderregern. Es kommt hinzu, daß Bäume nicht zu jeder Jahreszeit auf eine Schädigung reagieren können und die einzelnen Baumarten unterschiedliche Möglichkeiten zur Schadensabwehr besitzen.

Alte ortsbildprägende Bäume, die eine große Baumkrone aufweisen und auch für die Wohlfahrtswirkungen eine hohe Bedeutung besitzen, sind gegenüber Schädigungen gefährdeter als junge Bäume, weil sie altersbedingt einen geringeren Zuwachs aufweisen und Schädigungen daher schlechter abschotten können.

Welche Folgerungen ergeben sich daraus für die Pflegemaßnahmen?

1. Unabdingbare Voraussetzung für eine fundierte Baumpflege ist die Kenntnis von Anatomie und Physiologie der Bäume sowie ihrer spezifischen Ansprüche an den Lebensraum.
2. Wahl der richtigen Baumart und des richtigen Wuchsortes für den jeweiligen Standort.
3. Schaffung möglichst optimaler Standortbedingungen im Wurzelbereich bereits bei der Pflanzung, um die Vitalität langfristig zu erhalten, damit auch Schädigungen relativ gut überstanden werden können.
4. Planung von Vorsorgemaßnahmen zur Vermeidung von Schädigungen (z. B. Baumschutzbügel, Parkverbot auf Baumscheiben und Beachtung der Richtlinien).
5. Verwendung baumschonender Untersuchungs- und Behandlungsverfahren.

2   Grundlagen der Baumbiologie

Maßnahmen zur Baumpflege wurden in den letzten Jahrzehnten überwiegend aufgrund praktischer Erfahrungen im Umgang mit Bäumen durchgeführt. Unbestritten sind die vielen Erfolge, die mit diesen Methoden erzielt wurden.

Aber die Bedingungen für Bäume im Siedlungsraum haben sich in letzter Zeit allgemein verschlechtert durch Bodenverdichtung und Versiegelung, durch Schädigungen bei Bauarbeiten, durch Streusalz und andere Immissionen. Die Vitalität der Bäume ist dadurch schwächer geworden mit den Folgen geringerer Zuwachs, schlechtere Abschottung von Wunden, langsamere Überwallung und verstärkter Pilzbefall.

Der Methodenstreit in der Baumpflege war der Anlaß für eine Rückbesinnung auf die wissenschaftlichen Grundlagen der Strukturen und Funktionsabläufe bei Bäumen. Nur eine fundierte Kenntnis dieser Grundlagen ermöglicht eine fachgerechte Behandlung von Bäumen.

Im folgenden sollen daher Morphologie und Anatomie der Bäume im Hinblick auf die Funktionen nur in dem Umfang dargestellt werden, wie sie für die Erkennung von Gehölzen und für das Verständnis von Wachstum, Alterung und Schädigungen erforderlich sind.

Die Morphologie (griech. morphé = Gestalt) behandelt den äußeren Bau eines Organismus. Bäume gehören als höhere Pflanzen zu der Organisationsform der Kormophyten (Sproßpflanzen) und bestehen aus den drei Grundorganen Sproßachse, Blatt und Wurzel. Gegenüber anderen höheren Pflanzen nehmen Bäume aber als langlebige Organismen eine Sonderstellung ein, da die Sproßachse aufgrund unterschiedlicher Entwicklungen weiter aufzugliedern ist in den Stamm und in die Baumkrone mit Ästen und Zweigen.

Der innere Bau der Organe, die Anatomie (griech. anatémnein = aufschneiden) sowie die Funktionsabläufe entziehen sich der unmittelbaren Beobachtung und sind daher den Praktikern weniger zugänglich.

2.1   Morphologie des Stammes

Die äußere Schicht des Baumstammes, das »Gesicht des Baumes« (SCHWANKL 1953), ist von der Struktur besonders auffällig und kann daher auch als Erkennungsmerkmal für Baumarten dienen. In der Umgangssprache wird dafür häufig der Begriff »Baumrinde« verwendet, doch trifft dieses nur bei relativ dünnen Ästen und bei Zweigen zu oder bei Stämmen von Buche, Hainbuche und Mehlbeere, die über viele Jahrzehnte nur ein sehr dünnes Abschlußgewebe aufweisen. In allen anderen Fällen ist dieses dicker und komplexer zusammengesetzt (vgl. Kapitel 2.7.2), so daß die äußere Schicht daher als Borke zu bezeichnen ist.

2.1.1   Struktur und Funktion der Borke

Bei der Borke handelt es sich um ein abgestorbenes Gewebe unterschiedlicher Struktur, das vom Baum mit fortschreitendem Alter teilweise abgestoßen wird. Die Borke kann bis zu mehrere Zentimeter dick werden; sie ist elastisch, wasserarm, stark pigmentiert, besitzt einen hohen Luftanteil und ist schwer entflammbar.

Durch diese Eigenschaften werden die darunter liegenden sehr empfindlichen Gewebe von Bast, Kambium und Holz geschützt vor mechanischen Verletzungen, vor Pilz- und Insektenbefall und vor zu starker Erhitzung. Bei Temperaturen von über 45° C treten in den lebenden Zellen durch Inaktivierung und Denaturierung der Proteine Membranschäden auf, so daß die Zellen absterben.

Bei einzeln stehenden und höher aufgeasteten Bäumen ist die Borke auf der Südseite in Anpassung an die stärkere Erwärmung daher stets dicker als auf der Nordseite. Diese Unterschiede müssen beachtet werden bei der Verpflanzung von Großbäumen, da eine Schädigung durch Sonnenbrand eintreten kann, wenn die Bäume nach der Verpflanzung eine andere Exposition aufweisen als vorher (vgl. Kapitel 4.2.1).

Die dunkle Färbung vieler Borken beruht auf der Einlagerung von Gerbstoffen bzw. ihrer Oxidationsprodukte, den Phlobaphenen. Die auffällige weiße Färbung der Birkenborke kommt durch eine Lichtreflexion an den nadelförmigen Wachskristallen lufterfüllter Zellen zustande.

Abb. 9: *Quercus robur* (Stiel-Eiche): Netzartig aufreißende tiefrissige Schuppenborke.

Abb. 10: *Pinus sylvestris* (Kiefer): Entrindeter Stamm mit deutlich erkennbarem Drehwuchs.

Ein weiteres Strukturmerkmal sind die Lentizellen, eine Anhäufung lockerer Korkzellen im Abschlußgewebe, durch die der Gasaustausch (Wasserdampf, Sauerstoff, Kohlendioxid) ungehindert erfolgen kann, da die mit Wachskristallen besetzte Oberfläche durch Regen unbenetzbar bleibt. Durch die Umfangserweiterung von Zweigen, Ästen und Stämmen werden die Lentizellen z. T. in lange waagerechte Streifen ausgezogen; besonders gut ist dieses sichtbar bei glattem und dünnem Abschlußgewebe.

Die Struktur der Borke verändert sich häufig mit dem Alter, so daß bei einem Stamm von der Basis bis in den Kronenbereich verschiedene Entwicklungsstadien im Borkenbild auftreten können. Trotz einer gewissen Variabilität ist die Borkenstruktur aber artspezifisch (VAUCHER 1990).

Tab. 2:   Strukturtypen der Borke

Borke fehlt	Eine glatte dünne Rinde bleibt lange erhalten und erst im höheren Alter beginnt an der Stammbasis eine Borkenbildung	
	Beispiele: *Carpinus betulus*	*Sorbus aria*
	Fagus sylvatica	*Sorbus aucuparia*
Ringelborke	Die Borke löst sich in dünnen Streifen vom Stamm ab	
	Beispiele: *Betula pendula*	*Prunus avium*
Schuppenborke, plattenartig abspringend	Hoher Anteil an Sklereiden in der Borke	
	Beispiele: *Abies alba*	*Acer pseudoplatanus*
	Larix decidua	*Aesculus hippocastanum*
	Picea abies	*Alnus glutinosa*
	Pinus sylvestris	*Catalpa bignonioides*
	Taxus baccata	*Corylus colurna*
		Crataegus × *lavallei*
		Malus pumila
		Platanus × *hispanica*
		Pyrus domestica
Schuppenborke, netzartig aufreißend	Hoher Anteil an Sklerenchymfasern in der Borke, im Alter oft tiefrissig (Abb. 9)	
	Beispiele: *Ginkgo biloba*	*Populus nigra*
	Pseudotsuga menziesii	*Populus tremula*
	Acer campestre	*Quercus petraea*
	Acer platanoides	*Quercus robur*
	Castanea sativa	*Quercus rubra*
	Fraxinus excelsior	*Robinia pseudacacia*
	Juglans nigra	*Salix alba*
	Liquidambar styraciflua	*Sophora japonica*
	Liriodendron tulipifera	*Tilia cordata*
	Populus alba	*Ulmus glabra*

2.1.2 Drehwuchs

An älteren Bäumen (z. B. bei Roßkastanie oder Birnbaum) erkennt man häufiger einen auffälligen schraubigen Verlauf der Borkenstruktur, der als Drehwuchs bezeichnet wird. Lange Zeit galt die Drehwüchsigkeit als Wuchsanomalie oder Fehler, doch belegen Untersuchungen an Nadelbäumen (VITÉ 1958), daß nicht eine achsenparallele Ausrichtung, sondern ein leicht schraubiger Verlauf der Leitbahnen notwendig ist für einen effektiven Wassertransport. Auf diese Weise kann jede Wurzel im Prinzip jeden Ast der Krone mit Wasser versorgen (BOSSHARD 1990). Beim Drehwuchs handelt es sich daher nicht um eine Ausnahmeerscheinung, sondern um ein Bauprinzip in der Natur (BOSSHARD 1974), worauf bereits GOETHE in dem Aufsatz »Über die Spiraltendenz in der Natur« hingewiesen hat.

Das Ausmaß des Drehwuchses und die Drehrichtung sind aber sehr unterschiedlich. Von vielen Baumarten ist bekannt, daß sie in der Jugend einen auffälligen Linksdrehwuchs aufweisen, der dann später in einen Rechtsdrehwuchs übergeht (KNIGGE und SCHULZ 1966).

Das Vorhandensein von Drehwuchs ist besonders wichtig bei der Ausformung von Wunden. Allerdings muß dabei berücksichtigt werden, daß das äußere Erscheinungsbild in der Borkenstruktur nicht die Drehrichtung der aktiven saftführenden Schichten widerspiegelt, sondern dem Drehwuchs früherer und oftmals weit zurückliegender Jahre entspricht.

2.1.3 Abweichungen von der normalen Stammform

Während Stämme normalerweile einen runden Querschnitt aufweisen, kommen bei einigen Baumarten regelmäßig unrunde Stämme vor (Spannrückigkeit) oder die Wurzelanläufe sind brettartig ausgebildet (Brettwurzeln).

Schrägstehende Bäume oder auch viele Äste besitzen häufig einen asymmetrischen Querschnitt (Reaktionsholz). Andere Veränderungen im Habitus sind artbedingt (z. B. Abholzigkeit), haben abiotische Ursachen (z. B. Frostleisten, Blitzrinnen, Maserknollen) oder sind Folgen einer Infektion durch Viren oder parasitäre Mikroorganismen.

Im folgenden sollen Vorkommen, Erscheinungsbild und Ursachen wichtiger Abweichungen von der normalen Stammform kurz dargestellt werden (vgl. auch WAGENFÜHR und SCHEIBER 1974).

Tab. 3: Vorkommen, Erscheinungsbild und Ursachen besonderer Wuchsformen des Stammes

Spannrückigkeit	Vorkommen	*Carpinus betulus*
	Erscheinungsbild	Welliger Verlauf des Stammumrisses, erhabene Bereiche an älteren Stämmen weißlich gefärbt, dadurch Längsstreifung
	Ursachen	Ungenügende Nährstoffversorgung des Kambiums im Bereich der falschen Holzstrahlen bewirkt streifenweises Zurückbleiben im Dickenwachstum (Abb. 31)

Hohlkehlen	Vorkommen	*Carpinus betulus, Fagus sylvatica*
	Erscheinungsbild	Längsverlaufende rinnenartige Einbuchtungen unterhalb dicker Äste oder Astnarben, vor allem bei Bäumen mit glatter, dünner Rinde
	Ursachen	Ungenügende Nährstoffversorgung des Kambiums (Versorgungsschatten)
Brettwurzeln	Vorkommen	u. a. bei *Populus* sp., *Ulmus* sp.
	Erscheinungsbild	Stammbasis mit brettartigen Wurzelanläufen zur Erhöhung der Standfestigkeit
	Ursachen	Wachstum auf der Unterseite gehemmt, vermutlich durch Sauerstoffarmut bzw. Staunässe im Boden
Reaktionsholz	Vorkommen	Nadelbäume, meiste Laubbäume (vgl. Kapitel 2.5.11)
	Erscheinungsbild	Bei Nadelbäumen exzentrischer Wuchs auf der Unterseite, bei Laubbäumen auf der Oberseite
	Ursachen	Einseitig verstärkte Kambiumtätigkeit, ausgelöst durch Schwerkraftreize
Abholzigkeit	Vorkommen	*Metasequoia glyptostroboides, Taxodium distichum*
	Erscheinungsbild	Starke Abnahme des Stammdurchmessers vom Stammfuß bis zur Krone
	Ursachen	Artbedingte stärkere Kambiumtätigkeit an der Stammbasis
Frostrisse	Vorkommen	*Acer* sp., *Fagus sylvatica, Fraxinus excelsior, Quercus* sp., *Ulmus* sp.
	Erscheinungsbild	Längsverlaufende Risse oder überwallte Frostleisten im unteren Stammteil
	Ursachen	Starke Spannungsunterschiede im Holzkörper bei plötzlich absinkender Lufttemperatur und Eisbildung in den Poren
Blitzrinnen	Vorkommen	*Fraxinus excelsior, Quercus* sp.
	Erscheinungsbild	Rinnen dem Faserverlauf folgend (z. T. mit Zersplitterung des Holzes)
	Ursachen	Blitzanfällig sind dickborkige Bäume (bessere Wasserbenetzung), die für eine schnelle Ableitung der Elektrizität sorgen
Stammbeulen, Maserkröpfe	Vorkommen	vor allem bei *Tilia* sp.
	Erscheinungsbild	Rundliche, z. T. kropfartige Anschwellungen im mittleren Stammbereich
	Ursachen	Häufige Schnittmaßnahmen mit der Folge eines starken Austriebs bald wieder absterbender schlafender Knospen (Knospensucht)
Maserknollen	Vorkommen	u. a. *Aesculus hippocastanum, Tilia* sp.
	Erscheinungsbild	Große knollen- oder beulenartige Verdickungen meist an der Stammbasis
	Ursachen	Schwächung der Baumkrone führt zum Austreiben schlafender Augen, nach Entfernung der Lohdentriebe reagiert der Baum mit dem Austrieb weiterer schlafender Augen

2.2   Morphologie der Baumkrone

Die Baumkrone beginnt bei der Gabelung des Stammes in Starkäste, die sich zur Peripherie in Grob-, Schwach- und Feinäste sowie Zweige weiter aufteilen. Die Zuordnung zu den Asttypen erfolgt über den Astdurchmesser (nach ZTV-Baumpflege 1992).

Tab. 4:   Einteilung von Ästen nach ihrem Durchmesser (nach ZTV-Baumpflege 1992)

Asttyp	Durchmesser
Starkast	größer 10 cm
Grobast	5 bis 10 cm
Schwachast	3 bis 5 cm
Feinast	1 bis 3 cm
Zweig	kleiner 1 cm

Nur die relativ dünnen Zweige tragen Blätter, die an etwas verdickten Stellen, den Knoten (Nodien), ansitzen und nach dem Abfallen Blattnarben hinterlassen.

Langtriebe und Kurztriebe
Die Sproßabschnitte zwischen den Nodien bezeichnet man als Internodien, die bei Langtrieben langgestreckt und bei Kurztrieben gestaucht sind. Die Haupttriebe sind meistens Langtriebe, an denen die Blätter einzeln stehen, während Seitentriebe oftmals als Kurztriebe ausgebildet sind mit büschelig angeordneten Blättern oder Nadeln (z. B. bei Ginkgo, Kiefer oder Lärche). Die Kurztriebe bilden jährlich neue Blatt- oder Nadelbüschel aus, ohne sich dabei wesentlich zu verlängern; sie wirken dadurch gedrungen.
    Bei einigen Gehölzen können Langtriebe oder Kurztriebe auch zu Dornen umgewandelt sein, z. B. bei Weißdorn, Birne oder Gleditschie.

2.2.1   Verzweigungstypen

In den Achseln der Blätter werden bereits im Frühsommer Knospen angelegt (Achselknospen), aus denen sich im folgenden Jahr Seitensprosse entwickeln. Nur die Gipfel- oder Terminalknospe eines Zweiges entsteht nicht in einer Blattachsel; sie ist häufig auch bedeutend größer als die Seitenknospen.
    Die Gestalt eines Baumes (Habitus) ist artspezifisch und wird wesentlich durch die Art der Verzweigung des Stammes bestimmt. Bei den Bäumen lassen sich zwei Haupttypen der Verzweigung unterscheiden, das Monopodium und das Sympodium (Abb. 11).
    Beim Monopodium ist eine durchgehende Hauptachse vorhanden mit einer großen Terminalknospe, während die Seitentriebe erster Ordnung im Wachstum zurückbleiben. Die Seitentriebe zweiter Ordnung besitzen wiederum ein schwächeres Wachstum als die Seitentriebe erster Ordnung usw. Der Sproßaufbau weist daher eine ausgeprägte Rangordnung auf und ist hierarchisch gegliedert.
    Monopodien sind typisch für Nadelbäume und einige Laubbäume, bei denen die Verzweigung sowohl gegenständig als auch wechselständig sein kann (Tab. 5).

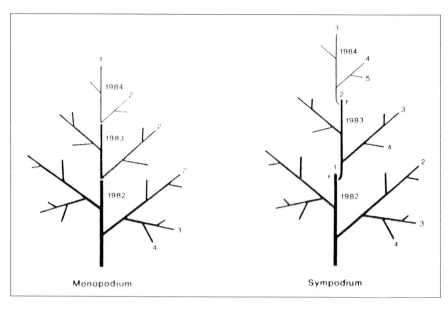

Monopodium   Sympodium

Abb. 11: Schematische Darstellung der Verzweigungstypen Monopodium und Sympodium (aus FITSCHEN 1990).

Bei einem Sympodium werden dagegen die Seitentriebe stärker gefördert als die Hauptachse. So stellt in diesem Fall die Terminalknospe schon zu Ende des ersten Jahres ihr Wachstum ein und verkümmert oder bildet eine Blüte oder einen Blütenstand, während Seitenknospen die Fortsetzung der Hauptachse übernehmen. Bei den Bäumen setzt jeweils nur ein Seitentrieb das Wachstum fort (monochasiales Sympodium), bei vielen Sträuchern sind es zwei Seitentriebe (dichasiales Sympodium).

Tab. 5: Verzweigungstypen bei Gattungen der Laubbäume

Monopodium		Sympodium	
gegenständig	wechselständig	monochasial	
Acer	Alnus	Betula	Platanus
Aesculus	Fagus	Carpinus	Prunus
Fraxinus	Populus	Castanea	Pyrus
	Quercus	Crataegus	Robinia
		Corylus	Salix
		Gleditsia	Sophora
		Juglans	Sorbus
		Liquidambar	Tilia
		Liriodendron	Ulmus
		Malus	

2.2.2   Astreinigung

Mit fortschreitender Verzweigung in der Peripherie der Krone geraten immer mehr Seitenzweige, meistens Kurztriebe, in den Schattenbereich, leisten damit keinen positiven Beitrag mehr zur Stoffbilanz und sterben ab.

Die funktionslos gewordenen Zweige oder Äste werden häufig von Pilzen besiedelt, vermorschen und brechen unter Windeinwirkung oder bei Berühren an der Basis ab (BUTIN 1989).

Einige Baumarten können aber auch aktiv unter Bildung einer Trennungszone Zweige abwerfen. So findet man vom Spätsommer bis Herbst vor allem unter Pappeln und Eichen abgeworfene Kurztriebe, die anfangs noch grüne, später vergilbte oder vertrocknete Blätter aufweisen.

Untersuchungen an Zweigabwürfen von Pappeln (HÖSTER et al. 1968) haben ergeben, daß vorwiegend zwei- bis dreijährige Kurztriebe abgeworfen werden. Die Abtrennung der bis zu 5 mm dicken Zweige erfolgt unter einem bestimmten Winkel und hinterläßt eine verkorkte, napfförmige und rundliche Narbe, unter der sich eine Schutzzone gebildet hat, so daß weder Luft noch Pilze in den Ast eindringen können. Insofern kann dieser Vorgang der natürlichen Abtrennung als Modell dienen für die Schnittführung bei der Abnahme lebender oder toter Äste (vgl. Kapitel 6.2.2).

2.2.3   Bestimmung nach Knospenmerkmalen

Die Knospen entstehen während der Vegetationsperiode in den Achseln der Laubblätter (Ausnahme: Terminalknospe) und sind nach dem herbstlichen Laubfall ein wichtiges Erkennungsmerkmal für die Gehölze.

Die in den Knospen befindlichen und noch relativ undifferenzierten Sproß- und Blattanlagen bzw. Blütenanlagen müssen während des Winters vor Kälte und vor mechanischen Schädigungen in besonderer Weise geschützt werden. Dieses erfolgt meistens durch derbe Knospenschuppen, die sich dicht zusammenschließen und die Knospen umhüllen. Teilweise sind die Knospenschuppen durch Harz verklebt (z.B. bei Pappel und Roßkastanie).

Bei den Platanen sind die Knospen bis zum Laubfall nicht sichtbar, weil sie kapuzenartig von der Basis des Blattstiels umhüllt werden; bei Robinie und Schnurbaum sind im Winter keine Knospen zu erkennen, da sie unter der Blattnarbe verborgen sind und erst kurz vor dem Laubaustrieb im späten Frühjahr sichtbar werden.

Die Laubbäume werden im blattlosen Zustand gepflanzt, so daß eine sichere Erkennung nur anhand von Knospen und anderen auffälligen Merkmalen (Verzweigung, Dornen usw.) möglich ist. Ein wichtiges Erkennungsmerkmal ist auch die Größe und Form der Blattnarbe sowie die Zahl der Blattspurstränge (in das Blatt verlaufende Leitbündel = Adern). Besonders groß sind die Blattnarben bei Baumarten, die gefiederte oder gefingerte und große Blätter aufweisen, z.B. Esche, Walnuß und Roßkastanie.

Bei der monopodialen Rotbuche hinterlassen die Knospenschuppen der End- oder Terminalknospe (Abb. 12 a) nach deren Austrieb zahlreiche Narben, die als enge Ringfolge deutlich zu erkennen sind (Abb. 12 b) und an der glatten Rinde den jährlichen Längenzuwachs der Zweige dokumentieren.

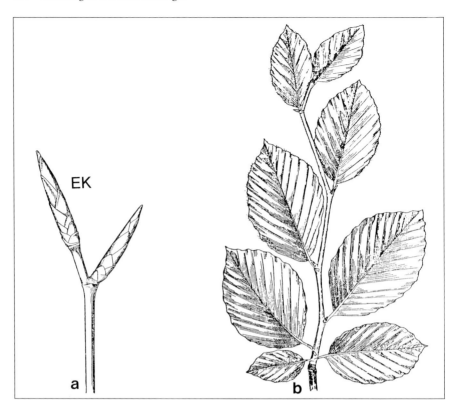

Abb. 12: *Fagus sylvatica* (Rotbuche): Langtrieb im Knospenstadium (a) und im belaubten Zustand (b). Der Verzweigungstyp Monopodium ist an der Endknospe (Ek) zu erkennen, die nicht in der Achsel eines Blattes entstanden ist; es fehlt daher unterhalb der Endknospe die Blattnarbe, die bei der Seitenknospe zu erkennen ist (aus TROLL 1954).

Anmerkungen zur Benutzung der Bestimmungstabelle

1. Für eine Bestimmung sollten nur Seitenknospen herangezogen werden, nicht Endknospen; Blütenknospen sind häufig größer als Sproßknospen.
2. Stellung der Knospen gegenständig oder wechselständig: nicht immer ist eine strenge Gegenständigkeit vorhanden (z. B. bei Esche); daher müssen stets mehrere Zweige untersucht werden.
3. Zahl der sichtbaren Knospenschuppen: die Angaben beziehen sich auf den Zeitraum bis Ende Februar; mit dem Anschwellen und Aufbrechen der Knospen werden z. T. mehr Schuppen sichtbar.
4. Färbung der Knospenschuppen: Die dem Licht ausgesetzte Seite der Knospe ist im Frühjahr häufig rötlich bis rot gefärbt; die Farbangaben beziehen sich in diesen Fällen auf die lichtabgewandte Seite der Knospe.

5. Knospen gestielt: Zwischen Ansatzstelle der Schuppen und der Blattnarbe ist teilweise ein kurzer Stiel vorhanden; eine Erkennung ist daher nur bei Seitenknospen möglich.

Da zunehmend mehr Sorten zur Verwendung kommen, sind die Artmerkmale nicht immer deutlich ausgeprägt.

Bestimmungstabelle nach Knospenmerkmalen

1. Knospen wechselständig 8
– Knospen gegenständig 2
2. Knospen teils gegenständig, teils wirtelig (3 Blätter am Nodium), Blattnarbe sehr groß mit vielen Blattspuren
   Catalpa bignonioides WALT., Trompetenbaum
– Knospen stets gegenständig 3
3. Knospen mattschwarz, z.T. braun berandet, halbkugelig bis eiförmig, Blattnarbe groß, mit hufeisenförmig angeordneten Blattspuren
   Fraxinus excelsior L., Esche
– Knospen andersfarbig 4
4. Knospen klebrig (bei *Aesculus × carnea* nur schwach klebrig), groß, glänzend braun, kahl, Blattnarbe sehr groß, mit meist 7 Blattspuren
   Aesculus hippocastanum L., Roßkastanie
– Knospen nicht klebrig und kleiner 5
5. Knospen gelbgrün bis grün, Knospenschuppen braunschwarz berandet, mit weißem Wimpersaum, auf dem Rücken leicht gekielt, große Blattnarbe mit 3 bis 5 Blattspuren
   Acer pseudoplatanus L., Berg-Ahorn
– Knospen andersfarbig 6
6. Knospen braun, länglich eiförmig, meist dem Zweig anliegend, Knospenschuppen wollig behaart, oft mit dunklen Querstreifen, Blattnarben klein mit 3 Blattspuren
   Acer campestre L., Feld-Ahorn
– Knospen rotviolett bis rötlichgrün 7
7. Knospen rot bis rotviolett, breiteiförmig, matt glänzend, Knospenschuppen zugespitzt, kahl, mit hellem Wimpersaum
   Acer platanoides L., Spitz-Ahorn
– Knospen rötlichgrün, länglich eiförmig, glänzend, Knospenschuppen kahl, mit hellem Wimpersaum, Zweig an den Enden häufig nach oben aufgebogen
   Acer saccharinum L., Silber-Ahorn
8. (1). Knospen sichtbar 10
– Knospen nicht sichtbar, unter Blattnarben verborgen, bedeckt von dichten Haarbüscheln 9
9. Junge Zweige gelbbraun bis grau, kahl, Nebenblätter als Dornen ausgebildet
   Robinia pseudacacia L., Robinie
– Junge Zweige dunkelgrün, schwach behaart, ohne Dornen
   Sophora japonica L., Schnurbaum
10. (8). Zweige ohne Dornen (bei *Pyrus* Kurztriebe selten als Dornen ausgebildet) 13
– Zweige mit Dornen 11

11. Dornen an Zweigen und am Stamm, meist 3teilig verzweigt (keine Dornen bei *f. inermis*), Knospen unscheinbar
    Gleditsia triacanthos L., Gleditschie
  – Dornen unverzweigt, Knospen klein, aber deutlich sichtbar 12
12. Knospen kugelig, glänzend, Knospenschuppen rötlich, mit dunklem Rand
    Crataegus × lavallei HÉRINCQ EX LAVALLÉE, Leder-Weißdorn
  – Knospen eiförmig bis spitz-eiförmig, glänzend, Knospenschuppen braunrot mit dunkelbraunem Rand
    Crataegus laevigata (POIR.) DC., Weißdorn
13. (10). Knospen nicht gestielt (wenn gestielt, dann Knospe sehr lang und spitz) 16
  – Knospen gestielt (zwischen Ansatzstelle der Knospenschuppen und der Blattnarbe) 14
14. Mark der Zweige rund (Querschnitt), zweigumfassende Linie oberhalb der Blattnarbe, Knospen schwach gestielt, entenschnabelartig zusammengedrückt, 2 Knospenschuppen, kahl, tiefbraun gefärbt
    Liriodendron tulipifera L., Tulpenbaum
  – Mark der Zweige dreieckig, ohne zweigumfassende Linie, Knospen deutlich gestielt, mehr oder weniger klebrig, von Wachsausscheidungen z.T. grau punktiert 15
15. Knospen eiförmig, graugrün, Blattnarben queroval
    Alnus cordata (LOISEL.) DESF., Herzblättrige Erle
  – Knospen verkehrteiförmig, braunrot bis braunviolett, Blattnarben dreieckig
    Alnus glutinosa (L.) GAERTN., Schwarz-Erle
16. (13). Mehr als vier Knospenschuppen sichtbar 24
  – Eine bis vier Knospenschuppen sichtbar 17
17. Nur eine Knospenschuppe sichtbar, rotbraun bis dunkelbraun, dicht behaart, Knospen dem Zweig anliegend, Blattnarben dreieckig mit 3 Blattspuren
    Salix alba L., Silber-Weide
  – Zwei bis vier Knospenschuppen sichtbar (bei *Platanus* nur scheinbar eine Knospenschuppe) 18
18. Blattnarben sehr groß oder die Knospe fast ganz umhüllend 22
  – Blattnarben kleiner 19
19. Blattnarben mehr oder weniger dreieckig mit kreisförmig angeordneten Blattspuren, Knospen gelbgrünlich bis rotbraun, gedrungen eiförmig, zwei Knospenschuppen sichtbar, ungleich groß, kurz anliegend behaart, mit dunklem Rand
    Castanea sativa MILL., Kastanie
  – Blattnarben queroval, meist mit 3 bis 4 Blattspuren 20
20. Junge Zweige grünlich, graufilzig behaart, Knospen gelbgrün, filzig, behaart.
    Tilia tomentosa MOENCH, Silber-Linde
  – Junge Zweige rotbraun, kahl oder schwach behaart, Knospen rotviolett 21
21. Junge Zweige und Knospen stets kahl, untere Knospenschuppe reicht mindestens bis zur Mitte der Knospe
    Tilia cordata MILL., Winter-Linde
  – Junge Zweige und Knospen leicht behaart, untere Knospenschuppe reicht höchstens bis zur Mitte der Knospe
    Tilia platyphyllos SCOP., Sommer-Linde

22. (18). Zweige oberhalb der Blattnarbe mit zweigumfassender Linie, Knospe wird von der Blattnarbe fast vollständig umschlossen, Knospen kegelförmig, tiefgefurcht, scheinbar nur eine Knospenschuppe, grünlich- bis rötlichbraun
Platanus × hispanica MUENCHH., Platane
– Zweige ohne zweigumfassende Linie 23
23. Mark der Zweige gekammert (Längsschnitt!), junge Zweige kahl, glänzend, Blattnarben sehr groß mit drei Gruppen von Blattspuren, Knospen kugelig, braunschwarz, kahl
Juglans regia L., Walnuß
– Mark der Zweige nicht gekammert, junge Zweige fein behaart, Blattnarbe groß mit sieben oder mehr Blattspuren, Knospen klein, halbkugelig bis kegelförmig, seidig behaart
Ailanthus altissima (MILL.) SWINGLE, Götterbaum
24. (16). Knospen am Zweigende nicht gehäuft 28
– Knospen am Zweigende gehäuft 25
25. Mark der Zweige im Querschnitt rund, Knospenhäufung am Ende von Kurztrieben, Knospen spitzeiförmig, vom Zweig abstehend, Knospenschuppen rotbraun glänzend
Prunus avium L., Süß-Kirsche
– Mark der Zweige im Querschnitt fünfeckig, Knospenhäufung am Ende von Langtrieben 26
26. Knospen nicht kantig, hellbraun, kegelförmig, Knospenschuppen mit dunkelbraunem Rand
Quercus rubra L., Rot-Eiche
– Knospen leicht fünfkantig 27
27. Knospen kegelförmig, schlank, Knospenschuppen hellbraun, dunkelbraun berandet mit langen Wimperhaaren
Quercus petraea (MATT.) LIEBL., Trauben-Eiche
– Knospen kegel- bis eiförmig, gedrungen, Knospenschuppen mit schmalem dunkelbraunem Rand und kurzen Wimperhaaren
Quercus robur L., Stiel-Eiche
28. (24). Zweige ohne männliche Blütenstände (Kätzchen) überwinternd . 30
– Zweige mit männlichen Blütenständen überwinternd 29
29. Mark der Zweige im Querschnitt mehr oder weniger rund, junge Zweige hellocker bis braun, drüsenhaarig, Knospen eiförmig, vom Zweig abstehend, Knospenschuppen braun, am Rand weiß behaart
Corylus colurna L., Baum-Hasel
– Mark der Zweige im Querschnitt schmal-oval, junge Zweige braunrot glänzend, kahl, mit warzigen Harzdrüsen, Knospen schmal-eiförmig, an der Spitze von ausgeschiedenem Sekret oft glänzend
Betula pendula ROTH, Sand-Birke
30. (28). Verzweigung sympodial 34
– Verzweigung monopodial 31
31. Knospen deutlich vom Zweig abstehend, sehr lang (bis 20 mm) und spindelförmig, Knospenschuppen gelblichbraun bis dunkelbraun, im oberen Teil fein behaart
Fagus sylvatica L., Rotbuche
– Knospen dem Zweig anliegend; wenn abstehend, dann nicht spindelförmig
.... 32

2.3 Morphologie der Blätter

Blätter sind meistens flächige, am Sproß ansitzende Organe, die vor allem der Photosynthese und der Transpiration dienen. Im Unterschied zur Sproßachse und zur Wurzel ist ihr Wachstum begrenzt. Die Lebensdauer der Blätter ist unterschiedlich; bei sommergrünen Gehölzen sind die Blätter nur eine Vegetationsperiode funktionstüchtig, verfärben sich im Herbst und fallen dann ab, bei immergrünen Blättern beträgt die Lebensdauer mehrere Jahre.

Die Stellung der Blätter am Sproß entspricht bei den Laubbäumen der Verzweigung, da sich in den Blattachseln stets Knospen entwickeln. Die Blattstellung ist meistens wechselständig, d. h. an jedem Knoten befindet sich nur ein Blatt, das gegenüber dem zuvor gebildeten um einen bestimmten Winkel versetzt ist. Befinden sich an einem Knoten zwei gegenüberstehende Blätter, so bezeichnet man diese Blattstellung als gegenständig, bei drei oder mehr Blättern als wirtelig.

2.3.1   Bestimmung nach Blattmerkmalen

Die Blattorgane der Nadel- und Laubbäume sind morphologisch sehr vielgestaltig und eignen sich daher am besten für eine Bestimmung von Bäumen. Ein normales Blatt besteht aus einer flächigen Blattspreite, dem Blattstiel und dem Blattgrund, an dem Nebenblätter (Stipeln) ausgebildet sein können. Die Blattspreite kann ein-

Abb. 13:   Schematische Darstellung eines einfachen (a), gefiederten (b) und gefingerten (c) Blattes (aus FITSCHEN 1990).

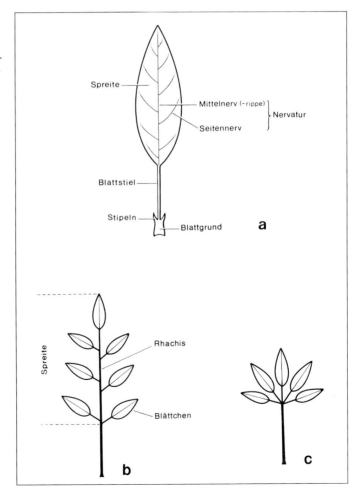

fach, gefiedert oder gefingert sein. Wesentliche Differenzierungsmerkmale sind die Form und Größe der Blattspreite mit den Merkmalen Blattspitze, Blattrand und Basis der Blattspreite sowie Behaarung, Verlauf der Nervatur (= Adern, Leitbündel) in der Blattspreite und Färbung von Ober- und Unterseite der Blätter.

Bestimmungstabelle nach Blattmerkmalen

1. Blätter mit flächig ausgebildeter Blattspreite 7
– Blätter nadelförmig 2
2. Nadeln sommergrün, 2 bis 3 cm lang, an Langtrieben schraubig, an Kurztrieben zu 30 bis 40 in Büscheln, im Herbst abfallend
   Larix decidua MILL., Lärche
– Nadeln immergrün 3
3. Nadeln zu zweit in Büscheln, im Mittel über 4 cm lang, etwas gedreht
   Pinus sylvestris L., Kiefer
– Nadeln stets einzeln stehend 4
4. Nadeln weniger deutlich vom Zweig abgegliedert, gestielt, 1 bis 3 cm lang, 2 bis 2,5 mm breit, Nadeloberseite glänzend dunkelgrün, Nadelunterseite mit zwei blaßgrünen Spaltöffnungsbändern
   Taxus baccata L., Eibe
– Nadeln deutlich vom Zweig abgegliedert 5
5. Nadeln auf einem braunen Blattkissen sitzend, Zweige daher nach Abfallen der Nadeln raspelartig rauh, Nadeln 1 bis 2 cm lang, etwa 1 mm dick, dunkelgrün glänzend
   Picea abies (L.) KARST., Fichte
– Nadeln direkt auf der Zweigoberfläche sitzend 6
6. Nadeln an der Basis scheibenartig verbreitert, nach Abfallen eine runde Narbe hinterlassend, Nadeln 1 bis 3 cm lang und etwa 2 mm breit, glänzend grün
   Abies alba MILL., Tanne
– Nadeln an der Basis stielartig verschmälert, nach Abfallen eine querovale Narbe hinterlassend, Nadeln 2 bis 4 cm lang, 1 bis 1,5 mm breit, Nadeloberseite grün, Nadelunterseite mit zwei weißlichen Spaltöffnungsbändern
   Pseudotsuga menziesii (MIRB.) FRANCO, Douglasie
7. (1). Blätter einfach 16
– Blätter gefiedert oder gefingert 8
8. Blätter wechselständig 11
– Blätter gegenständig 9
9. Blätter unpaarig gefiedert, 9 bis 13 Blättchen, sitzend
   Fraxinus excelsior L., Esche
– Blätter gefingert 10
10. Blättchen meist 5, derb, dunkelgrün, Blattrand scharf doppelt gesägt, Blüten fleischrosa bis rot
    Aesculus × carnea HAYNE, Rote Roßkastanie
– Blättchen meist 7, unterseits hellgrün, Blattrand im oberen Teil meist doppelt gesägt, Blüten weiß, rot und gelb gefleckt
    Aesculus hippocastanum L., Roßkastanie
11. (8). Blättchen ganzrandig oder fast ganzrandig 13
– Blättchen gezähnt oder gesägt 12

12. Blätter 40 bis 60 cm lang, Blättchen gestielt, an der Basis mit einigen Zäh-
nen, die in Drüsen enden
Ailanthus altissima (MILL.) SWINGLE, Götterbaum
– Blätter bis 20 cm lang, Blättchen sitzend, bis auf das untere Drittel scharf
gesägt
Sorbus aucuparia L., Vogelbeere
13. (11). Blättchen 5 bis 9, fast ganzrandig, 6 bis 12 cm lang
Juglans regia L., Walnuß
– Blättchen 7 bis 29, selten bis 6 cm lang 14
14. Blätter einfach oder doppelt gefiedert, Blättchen 19 bis 29, sehr kurz
gestielt, Rand leicht kerbig gesägt, Zweige mit 3teiligen Dornen
Gleditsia triacanthos L., Gleditschie
– Blätter stets einfach gefiedert, Blättchen ganzrandig, gestielt 15
15. Junge Zweige dunkelgrün, ohne Dornen
Sophora japonica L., Schnurbaum
– Junge Zweige rotbraun, oftmals stark dornig
Robinia pseudacacia L., Robinie
16. (7). Blätter wechselständig 21
– Blätter gegenständig 17
17. Blätter ganzrandig, selten etwas gelappt, 10 bis 20 cm lang, kurz zuge-
spitzt, unterseits stark behaart
Catalpa bignonioides ALTT., Trompetenbaum
– Blätter deutlich gelappt oder eingeschnitten 18
18. Blätter mit Milchsaft 20
– Blätter ohne Milchsaft 19
19. Blätter unterseits silbergrau bis weiß, tief 5lappig
Acer saccharinum L., Silber-Ahorn
– Blätter unterseits blaugrün, Blattlappen abgerundet, nicht bis über die
Blattmitte eingeschnitten
Acer pseudoplatanus L., Berg-Ahorn
20. (18). Blätter 10 bis 18 cm breit, Blattlappen lang gezähnt
Acer platanoides L., Spitz-Ahorn
– Blätter 5 bis 12 cm breit, Blattlappen etwas abgerundet
Acer campestre L., Feld-Ahorn
21. (16). Blätter nicht gelappt oder nur schwach gelappt 31
– Blätter deutlich gelappt oder eingeschnitten 22
22. Blattadern fächerartig verzweigt, nicht immer 2lappig
Ginkgo biloba L., Ginkgo
– Blattadern netzartig verzweigt (Netznervatur) 23
23. Von der Basis der Blattspreite gehen drei bis fünf mehr oder wenig starke
Adern aus 29
– Von der Basis der Blattspreite geht nur eine starke Mittelader aus, von
der die untersten Seitenadern etwas weiter oben abzweigen 24
24. Blätter fiederig gelappt (Buchten rund) 26
– Blätter fiederig eingeschnitten (Buchten spitz) 25
25. Blätter jederseits mit 1 bis 2 Lappen, Blattrand kerbig gesägt
Crataegus laevigata (POIR.) DC., Weißdorn
– Blätter jederseits mit 6 bis 9 Lappen, unterseits graufilzig, Blattrand
gezähnt
Sorbus intermedia (EHRH.) PERS., Schwedische Mehlbeere

26. (24). Blattlappen spitz, in eine Granne auslaufend 28
  – Blattlappen abgerundet, ohne Grannen 27
27. Blattstiel 2 bis 8 mm lang, Basis der Blattspreite geöhrt, Früchte 5 bis 12 cm lang gestielt
  Quercus robur L., Stiel-Eiche
  – Blattstiel 10 bis 30 mm lang, Basis der Blattspreite gestutzt bis keilförmig, Früchte bis 2 cm lang gestielt
  Quercus petraea (MATT.) LIEBL., Trauben-Eiche
28. (26). Blätter jederseits mit 3 bis 5 Lappen, höchstens bis zur Mitte der Blattspreite gelappt, Blätter 10 bis 23 cm lang, 10 bis 15 cm breit
  Quercus rubra L., Rot-Eiche
  – Blätter jederseits mit 2 bis 4 waagerecht abstehenden Lappen, sehr tief gelappt, Blätter 8 bis 15 cm lang, fast ebenso breit
  Quercus palustris MUENCHH., Sumpf-Eiche
29. (23). Blätter mit gestutztem Mittellappen und zwei großen Seitenlappen, 8 bis 15 cm lang und breit
  Liriodendron tulipifera L., Tulpenbaum
  – Blätter mit spitzem Mittellappen 30
30. Blätter 3- bis 5lappig, 12 bis 25 cm breit, lederig, Blattlappen ganzrandig oder wenig gezähnt
  Platanus × **hispanica** MUENCHH., Platane
  – Blätter 5- bis 7lappig, 10 bis 18 cm breit, Blattlappen fein gesägt, Zweige stark korkig
  Liquidambar styraciflua L., Amberbaum
31. (21). Von der Basis der Blattspreite geht nur eine starke Mittelader aus, von der die untersten Seitenadern etwas weiter oben abzweigen 39
  – Von der Basis der Blattspreite gehen mehrere mehr oder weniger starke Seitenadern aus 32
32. Von der Basis der Blattspreite gehen meist nur 3 Adern aus 37
  – Von der Basis der Blattspreite gehen mehr als 3 Adern aus 33
33. Blätter unterseits dicht silbrig-filzig behaart, Blattrand scharf gesägt
  Tilia tomentosa MOENCH, Silber-Linde
  – Blätter unterseits grün oder blaugrün, Achselbärte deutlich ausgebildet, kahl oder schwach behaart 34
34. Blattzähne mit Grannenspitze, Blattoberseite glänzend dunkelgrün, Achselbärte rotbraun
  Tilia × **euchlora** K. KOCH, Krim-Linde
  – Blattzähne ohne Grannenspitze 35
35. Blätter unterseits kahl, 4 bis 7 cm lang, Achselbärte bräunlich, Blütenstand 5- bis 11blütig
  Tilia cordata MILL., Winter-Linde
  – Blätter unterseits kurzhaarig, größer 36
36. Blätter 6 bis 15 cm lang, Achselbärte weiß, Blütenstand meist 3blütig
  Tilia platyphyllos SCOP., Sommer-Linde
  – Blätter 6 bis 10 cm lang, Achselbärte gelblich, Blütenstand 3- bis 7blütig
  Tilia × **vulgaris** HAYNE, Holländische Linde
37. (32). Blätter unterseits graufilzig behaart, 3- bis 5lappig oder Blattrand unregelmäßig wellig, gezähnt
  Populus alba L., Silber-Pappel
  – Blätter unterseits nicht filzig behaart 38

38. Blattstiel deutlich abgeplattet, Blätter 3 bis 8 cm lang, Blattrand unregelmäßig buchtig gezähnt
    Populus tremula L., Zitter-Pappel
  – Blattstiel rund, Blätter 6 bis 15 cm lang, etwas gelappt, Blattrand doppelt gesägt
    Corylus colurna L., Baum-Hasel
39. (31). Zweige mit Dornen, bis 5 cm lang, z. T. auch fehlend, Blätter lederig, oberseits glänzend dunkelgrün
    Crataegus × lavallei HÉRINCQ EX LAVALLÉE, Leder-Weißdorn
  – Zweige ohne Dornen 40
40. Blätter schmal-lanzettlich, 5 bis 10 cm lang, unterseits silberweiß seidenhaarig, Blattrand dicht gesägt
    Salix alba L., Silber-Weide
  – Blätter breiter 41
41. Basis der Blattspreite mehr oder weniger symmetrisch 44
  – Basis der Blattspreite stark asymmetrisch 42
42. Blätter oberseits sehr rauh, dunkelgrün, unterseits heller, jederseits mit 14 bis 20 Seitenadern
    Ulmus glabra HUDS., Berg-Ulme
  – Blätter oberseits kahl 43
43. Blätter schmal-elliptisch, 2,5 bis 5 cm breit, oberseits glänzend grün
    Ulmus carpinifolia GLED., Feld-Ulme
  – Blätter breit-elliptisch, 4 bis 8 cm, oberseits dunkelgrün
    Ulmus × hollandica MILL., Holländische Ulme
44. (41). Blätter elliptisch bis eiförmig 46
  – Blätter rhombisch bis dreieckig 45
45. Blätter 2,5 bis 6 cm lang, 2 bis 4 cm breit, Blattrand doppelt gesägt, jederseits mit 6 bis 7 Seidenadern
    Betula pendula ROTH, Sand-Birke
  – Blätter 5 bis 10 cm lang, 4 bis 8 cm breit, Blattrand fein kerbig gesägt, jederseits mit 4 bis 5 Seitenadern
    Populus nigra L., Schwarz-Pappel
46. (44). Seitenadern nicht in die größeren Blattzähne laufend, sondern sich verlierend oder vor Erreichen des Blattrandes abbiegend 50
  – Seitenadern direkt in die großen Blattzähne laufend 47
47. Blattspitze gestutzt bis eingekerbt, Blätter jederseits mit 6 bis 8 Seitenadern, Blattrand grob doppelt gesägt
    Alnus glutinosa (L.) GAERTN., Schwarz-Erle
  – Blattspitze lang auslaufend bis zugespitzt 48
48. Blätter unterseits dicht weißfilzig behaart
    Sorbus aria (L.) CRANTZ, Mehlbeere
  – Blätter unterseits grün, nur anfangs etwas behaart 49
49. Blätter 12 bis 23 cm lang, Blattrand grob grannenartig gezähnt
    Castanea sativa MILL., Kastanie
  – Blätter 4 bis 9 cm lang, Blattrand unregelmäßig oder doppelt gesägt
    Carpinus betulus L., Hainbuche
50. (46). Blattrand mehr oder weniger wellig bis leicht gekerbt, Blätter beiderseits grün
    Fagus sylvatica L., Rotbuche
  – Blattrand gesägt 51

51. Blätter unterseits dicht bleibend behaart, Blattrand kerbig gesägt
    Malus pumila MILL., Apfelbaum
 – Blätter unterseits kahl oder nur auf den Adern behaart 52
52. Blattstiel am oberen Ende meist mit zwei Drüsenhöckern, bis 5 cm lang,
    Blätter 6 bis 15 cm lang, unterseits nur auf den Adern behaart
    Prunus avium L., Süß-Kirsche
 – Blattstiel ohne Drüsenhöcker 53
53. Blätter verkehrt-eiförmig, kurz zugespitzt, 4 bis 12 cm lang, 3 bis 8 cm
    breit, Blattrand gesägt
    Populus simonii CARR., Simons-Pappel
 – Blätter eiförmig, mehr oder weniger zugespitzt 54
54. Blätter 4 bis 10 cm lang, Basis der Blattspreite herzförmig
    Alnus cordata (LOISEL.) DESF., Herzblättrige Erle
 – Blätter 2,5 bis 8 cm lang, Basis der Blattspreite breit keilförmig
    Pyrus communis L., Birnbaum

2.4   Morphologie des Wurzelsystems

Das Wurzelsystem der Bäume dient der Verankerung im Boden, der Aufnahme und Leitung von Wasser und Nährsalzen sowie der Speicherung von Reservestoffen. Im Unterschied zum Sproßsystem ist der Verlauf der Wurzeln im Boden nicht sichtbar, so daß im Einzelfall nur Vermutungen über deren Ausdehnung angestellt werden können.

Die meisten der noch recht spärlichen Untersuchungen über das Wurzelsystem von Bäumen sind in Forstbeständen durchgeführt worden und daher nur teilweise übertragbar auf den Siedlungsraum, da die Ausbildung stark abhängig ist vom jeweiligen Standort. Eine Unterscheidung zwischen tiefwurzelnden und flachwurzelnden Baumarten ist daher problematisch.

An der Stammbasis älterer Bäume sind deutlich Wurzelanläufe zu erkennen, die als Horizontalwurzeln oberflächennah z.T. bis über die Kronentraufe hinaus

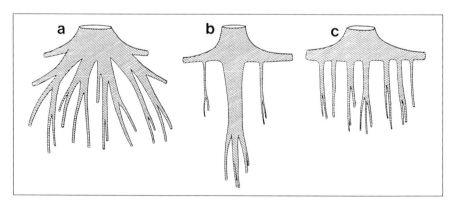

Abb. 14:   Grundtypen der Tiefenwurzeln: Herzwurzelsystem (a), Pfahlwurzelsystem (b) und Senkerwurzelsystem (c) zur Erschließung tieferer Bodenschichten (aus KÖSTLER et al. 1968).

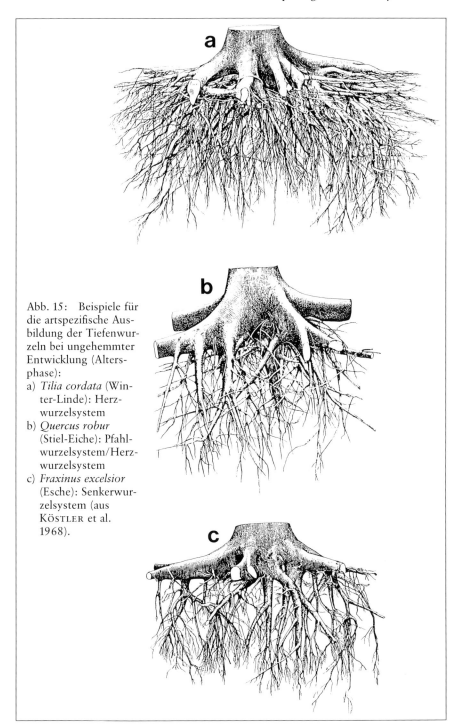

Abb. 15: Beispiele für
die artspezifische Aus-
bildung der Tiefenwur-
zeln bei ungehemmter
Entwicklung (Alters-
phase):
a) *Tilia cordata* (Win-
    ter-Linde): Herz-
    wurzelsystem
b) *Quercus robur*
    (Stiel-Eiche): Pfahl-
    wurzelsystem/Herz-
    wurzelsystem
c) *Fraxinus excelsior*
    (Esche): Senkerwur-
    zelsystem (aus
    KÖSTLER et al.
    1968).

wachsen. Von diesen Horizontalwurzeln zweigen senkrecht oder schräg nach unten Senkerwurzeln ab. In seltenen Fällen sind Pfahlwurzeln ausgebildet, die vom unteren Ende des Wurzelstocks in die Tiefe wachsen, während Herzwurzeln seitlich am Wurzelstock entstehen und schräg nach unten wachsen. Senkerwurzeln, Pfahlwurzeln und Herzwurzeln werden auch als Vertikalwurzeln bezeichnet.

Nach KÖSTLER et al. (1968) zählen zu den Oberflächenwurzeln die Horizontalwurzeln und deren Verzweigungen bis zu einer Tiefe von 30 bis 40 cm. Als Tiefenwurzeln gelten Pfahl- und Herzwurzeln sowie Senkerwurzeln mit ihren Verzweigungen, die sich in tieferen Bodenschichten befinden (Abb. 14 und 15).

Mit dem Baumalter ändert sich teilweise auch die Ausbildung des Wurzelsystems. So ist bei vielen Baumarten in der Jugendphase häufig ein Pfahlwurzelsystem vorhanden, das nach einigen Jahrzehnten in ein Herzwurzel- oder ein Senkerwurzelsystem übergeht (Altersstadium).

Trotz dieser Unterschiede lassen sich nach KÖSTLER et al. (1968) Nadel- und Laubbäume auf Waldstandorten folgenden Wurzelsystemen zuordnen (Tab. 6).

Ähnlich wie bei der Verzweigung im Kronenbereich können die Wurzeln nach ihrem Durchmesser in Stark-, Derb-, Grob-, Schwach-, Fein- und in Feinstwurzeln eingeteilt werden (Tab. 7, nach KÖSTLER et al. 1968).

Gegenüber den Definitionen in der ZTV-Baumpflege (1992) bestehen in der Zuordnung gewisse Unterschiede, doch beruht die von KÖSTLER et al. (1968) vorgeschlagene Einteilung auf jahrzehntelangen Erfahrungen bei Grabungen für die Anlage von Wurzelprofilen; zudem entspricht diese Gliederung besser den Funktionen der Wurzeln.

Die Feinstwurzeln und die noch unverkorkten Feinwurzeln dienen der Wasser- und Nährsalzaufnahme und können in kleinste Klüfte eindringen. Die Speiche-

Tab. 6:   Typische Wurzelsysteme älterer Bäume (nach KÖSTLER et al. 1968)

Baumart	Wurzelsystem
Abies alba	Pfahlwurzel
Larix decidua	Herzwurzel
Picea abies	Senkerwurzel
Pinus sylvestris	Pfahlwurzel
Pseudotsuga menziesii	Herzwurzel
Acer platanoides	Herzsenkerwurzel
Acer pseudoplatanus	Herzsenkerwurzel
Alnus glutinosa	Herzwurzel
Betula pendula	Herzwurzel
Carpinus betulus	Herzwurzel
Fagus sylvatica	Herzwurzel
Fraxinus excelsior	Senkerwurzel
Populus sp.	Senkerwurzel
Prunus avium	Herzwurzel
Quercus petraea	Pfahlwurzel/Herzwurzel
Quercus robur	Pfahlwurzel/Herzwurzel
Quercus rubra	Pfahlwurzel/Herzwurzel
Robinia pseudacacia	Pfahlwurzel
Sorbus aucuparia	Senkerwurzel
Tilia cordata	Herzwurzel
Ulmus glabra	Pfahlwurzel/Herzwurzel

Tab. 7:   Einteilung der Wurzeln nach ihrem Durchmesser (nach KÖSTLER et al. 1968)

Wurzeltyp	Durchmesser
Starkwurzel	größer 5 cm
Derbwurzel	2 bis 5 cm
Grobwurzel	0,5 bis 2 cm
Schwachwurzel	0,2 bis 0,5 cm
Feinwurzel	0,1 bis 0,2 cm
Feinstwurzel	unter 0,1 cm

rung von Reservestoffen findet vorwiegend in den Schwach- und Grobwurzeln statt, während die Derb- und Starkwurzeln die Standfestigkeit des Baumes bewirken.

Die Entwicklung des Wurzelsystems hängt wesentlich von einer ausreichenden Sauerstoffversorgung ab. Daher kann die Tiefenentwicklung beeinträchtigt sein und die oberflächennahe horizontale Ausbreitung entsprechend weit über die Kronentaufe hinausgehen. So fanden KRIETER et al. (1989) bei Ausgrabungen von Lindenwurzeln, daß diese sich bis in etwa 10 m Entfernung vom Stamm erstreckten und sich damit weit außerhalb der Kronentraufe befanden. Der in den Richtlinien (z. B. RAS-LG 4) definierte Wurzelbereich (= Bodenfläche zwischen Stamm und Kronentraufe zuzüglich 1,5 m, nach außen gemessen) stellt daher nur eine fiktive Größe dar.

2.4.1   Adventivwurzeln

Adventivwurzeln entstehen außerhalb des eigentlichen Wurzelsystems am Stamm vor allem dann, wenn das ursprüngliche Wurzelwerk geschwächt oder zerstört ist. Diese Situation tritt z. B. bei Weiden oder Pappeln nach einem Bodenauftrag auf, wenn die alten Wurzeln infolge Sauerstoffarmut ersticken oder faulen.

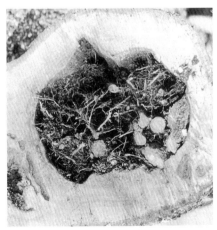

Abb. 16: Adventivwurzeln im hohlen Stamm (Querschnitt) einer Linde der alten Herrenhäuser Allee. (Foto: U. SCHLÜTER).

Abb. 17.   Adventivwurzeln in der geöffneten Höhlung einer alten Linde. (Foto: H. F. WIEPKING)

Aber auch in alten und innen vermorschten Stämmen können sich Adventivwurzeln am Stammkopf bilden, nach unten wachsen und sich im Boden verankern. MEYER (1979) stellte anläßlich der Erneuerung der alten Herrenhäuser Allee in Hannover bei vielen hohlen Lindenstämmen Adventivwurzeln fest, die z. T. einen Durchmesser von über 30 cm erreichten. Diese Adventivwurzeln tragen nicht nur zur Versorgung des Baumes bei, sondern übernehmen auch Festigungsfunktionen. Eine Entfernung dieser Wurzeln ist daher bei baumpflegerischen Arbeiten unbedingt zu vermeiden. Innenwurzeln wurden nicht nur bei alten Linden beobachtet, sondern kommen auch bei einigen anderen Baumarten vor, z. B. bei der Roßkastanie (Abb. 16 und 17).

Vor allem bei Pappeln und Weiden treten andererseits an den flachstreichenden Wurzeln häufiger Sprosse auf, die als Wurzelsprosse oder Wurzelbrut bezeichnet werden und sogar asphaltierte Flächen durchbrechen können.

2.4.2 Symbiosen mit Wurzeln

Als Symbiose bezeichnet man das enge Zusammenleben zweier artverschiedener Organismen, die beide wenigstens zeitweise einen Nutzen daraus ziehen. Symbiosen sind häufig aus einem wechselseitigen Parasitismus entstanden, bei dem sich ein Kampfgleichgewicht eingestellt hat zwischen Angriff und Abwehr. Eine große Bedeutung für die Nährstoffaufnahme höherer Pflanzen haben Symbiosen mit Wurzeln, wie Wurzelknöllchen, Rhizothamnien und Mykorrhiza.

Wurzelknöllchen
Die bodenverbessernde Wirkung der Hülsenfrüchtler (*Fabales* = *Leguminosae*) beruht auf der Fähigkeit, mit Bakterien der Gattung *Rhizobium* (*Rhizobiaceae*) eine Symbiose einzugehen, bei der perlenartige Verdickungen (Wurzelknöllchen) an den Wurzeln entstehen. Die Knöllchenbakterien sind in der Lage, den Luftstickstoff (N_2) zu binden und für die Wirtspflanze als Ammonium (NH_4) verfügbar zu machen; sie erhalten ihrerseits vor allem Kohlenhydrate.

Bei der Robinie entstehen ziemlich große Knöllchen, die mehrjährig sind und mindestens über zwei Jahre funktionstüchtig bleiben (LYR 1992).

Rhizothamnien
Ebenfalls zur Bindung des Luftstickstoffs befähigt sind die Bakterien der Gattung *Frankia* (*Actinomycetaceae*), die auch unter dem Namen »Strahlenpilze« bekannt und im Boden weit verbreitet sind. Die Actinomyceten können mit etlichen Gehölzen aus unterschiedlichen Familien eine Symbiose eingehen, darunter auch mit Erlen, bei denen tennisballgroße verholzende Knollen entstehen, die als Rhizothamnien bezeichnet werden. Nach WERNER (1987) kann die Schwarz-Erle mit Hilfe dieser Symbiose 50 bis 200 kg N_2 pro Hektar und Jahr fixieren.

Mykorrhiza
Eine Symbiose zwischen Wurzeln und Pilzen tritt sehr häufig auf und ist bei fast 80 % aller Landpflanzen vorhanden. Das Symbioseorgan wird als Pilzwurzel oder Mykorrhiza bezeichnet (griech. mykos = Pilz, rhiza = Wurzel). Es lassen sich von der Lebensweise zwei Typen unterscheiden, die vor allem bei Bäumen verbreitete Ektomykorrhiza und die Endomykorrhiza, die insbesondere bei krautigen Pflanzen vorkommt, seltener bei Bäumen (vgl. Tab. 8).

Tab. 8: Mykorrhiza-Typen bei einigen Baumgattungen (nach MEYER 1982 b und LYR 1992)

Ektomykorrhiza obligat	Ektomykorrhiza fakultativ	Endomykorrhiza und fakultative Ektomykorrhiza	Endomykorrhiza z. T. ohne Mykorrhiza
Abies	Betula	Acer	Ginkgo
Larix	Castanea	Alnus	Taxus
Picea	Juglans	Corylus	Fraxinus
Pinus		Crataegus	Gleditsia
Pseudotsuga		Malus	Liquidambar
Carpinus		Populus	Liriodendron
Fagus		Prunus	Platanus
Quercus		Pyrus	Robinia
		Salix	Sophora
		Sorbus	
		Tilia	
		Ulmus	

Bei der Ektomykorrhiza umhüllen die Pilzhyphen mantelartig die keulenförmig angeschwollenen Enden der Feinwurzeln und bilden in der Wurzelrinde zwischen den Zellen ein netzartiges Geflecht. Die Hyphen ersetzen dabei funktionell die Wurzelhaare und können somit den Boden wesentlich besser aufschließen, andererseits erhalten sie von den Wirtspflanzen vor allem Kohlenhydrate und Vitamine. Die Bedeutung der Ektomykorrhiza für die Bäume beruht nach LYR (1992) auf einer Verbesserung der Mineralsalzernährung, einer erhöhten Streß- und Trockentoleranz sowie einer Abwehr von pathogenen Pilzen, wie Hallimasch, Wurzelfäulepilze usw.

Besonders eng ist die Bindung von Pilzen und Wurzeln bei der obligaten Ektomykorrhiza, wie sie bei Buche, Eiche und Hainbuche sowie bei Nadelbäumen vor-

Abb. 18: *Fagus sylvatica* (Rotbuche): Angeschwollene Enden der Feinwurzeln mit ektotropher Mykorrhiza (a); von der Oberfläche des Pilzmantels strahlen Hyphen aus; bei (b) Pilzmantel von der Feinwurzel teilweise abgelöst (aus NULTSCH 1977).

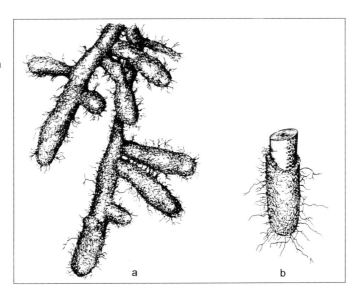

handen ist. Nach MEYER (1982 b) sind die Mykorrhizapilze außerordentlich sauer-stoffbedürftig, da ihre Atmungsintensität höher ist als diejenige unverpilzter Wurzeln. Eine Bodenverdichtung wirkt sich daher bei Baumarten mit obligater Ektomykorrhiza besonders negativ aus (Abb. 18).

Aus der Tab. 8 ist zu entnehmen, daß bei einer größeren Zahl von Baumgattungen sowohl eine fakultative ektotrophe als auch eine endotrophe Mykorrhiza auftreten kann, bei wenigen ist nur eine Endomykorrhiza oder überhaupt keine vorhanden.

Der Typ einer Endomykorrhiza ist gekennzeichnet durch Hyphen, die auch in die Zellen der Wurzelrinde eindringen und dort zu Vesikeln anschwellen oder büschelartig verzweigt (Arbuskeln) sind; ein Mycelmantel ist nicht ausgebildet. Man bezeichnet diesen Mykorrhiza-Typ daher auch als vesikulärarbuskuläre oder VA-Mykorrhiza. Nach LYR (1992) ist die Intensität der Hyphenverbindungen zwischen Wurzelrinde und Boden im Vergleich zur Ektomykorrhiza nur schwach entwickelt. Gehölze mit einer Endomykorrhiza können daher auch weniger gut durchlüftete Böden ertragen, da bei ihnen die Wasser- und Nährsalzaufnahme weitgehend über die Wurzeln erfolgen kann (MEYER 1982 b); dies gilt vor allem für Baumarten ohne eine Mykorrhiza, z. B. für Robinien.

2.5   Funktionelle Anatomie des Holzgewebes

Die Kenntnisse über das Zusammenwirken von Struktur und Funktion der Zellen und Gewebe und über die baumartspezifischen Reaktionen auf unterschiedliche Einflüsse sind von zentraler Bedeutung für Fragen der Baumpflege und der Meßmethoden zur Beurteilung von Bäumen. Im Mittelpunkt stehen daher Holzbildung, Holzstrukturen und Funktionsabläufe im Holzgewebe.

Auf einem Stammquerschnitt sind von außen nach innen folgende Gewebe zu erkennen (Abb. 19)
– Borke als Abschlußgewebe mit Peridermen,
– Bast als Leitgewebe für Assimilate,
– Holz als Festigungsgewebe und Leitgewebe für Wasser mit deutlich sichtbaren Jahrringen und
– Mark im Zentrum der Stammscheibe.
Nicht zu erkennen ist dagegen das zwischen Holz- und Bastgewebe gelegene Kambium, das als teilungsfähige Zellschicht für das sekundäre Dickenwachstum des Stammes verantwortlich ist.

2.5.1   Kambium

Die kleinsten morphologischen Einheiten von Pflanzen sind die Zellen. Der Begriff »Zelle« geht auf HOOKE (1635–1703) zurück, der nicht nur ein für die damalige Zeit hervorragendes zweilinsiges Mikroskop konstruierte, sondern damit auch Pflanzen untersuchte. HOOKE erkannte 1665 an einem Dünnschnitt vom Flaschenkork eine bienenwabenähnliche Struktur. Die Hohlräume nannte er Zellen (MÄGDEFRAU 1973). Mit dieser Entdeckung beginnt die Geschichte der Pflanzenanatomie.

Abb. 19: *Larix kaempferi* (Japanische Lärche): Stammquerschnitt mit Borke, Bast, Kambium (nicht sichtbar) und Holz; Alter 34 Jahre. Der Baum ist vier Jahre vor der Fällung in eine Schräglage (Neigung 20°) geraten. Auf der Stammunterseite sind die vier letzten Jahrringe daher erheblich breiter und dunkler (Druckholz) als auf der Oberseite.

Als Untersuchungsobjekte dienten vorwiegend Dünnschnitte von Holz, Bast und Borke, weil diese Zellen größer und damit leichter erkennbar waren. GREW (1628–1711) erkannte, daß sich im Frühjahr zwischen Holz und Bast ein »Saft« bildet, der Holz- und Bastzellen aussondert (SCHMUCKER und LINNEMANN 1951, BOSSHARD 1990). Er prägte dafür den Begriff »Kambium« (lat. cambiare = wechseln). Erst SANIO gelang 1873 der Nachweis, daß es sich beim Kambium nur um eine einzige Lage von Zellen handelt (Kambiuminitialen), die wechselseitig Tochterzellen abgeben.

Die Kambiuminitialen sind meristematische (= teilungsfähige) Zellen, die aus einer dünnen Zellwand und einem Protoplasten bestehen, der die ganze Zelle ausfüllt. Der Protoplast wird zur Zellwand von einer Membran (Plasmalemma) begrenzt, die den Stoffdurchtritt kontrolliert. Die Protoplasten benachbarter Zellen stehen durch Plasmodesmen miteinander in Verbindung. Der Protoplast setzt sich aus dem Zellkern und dem Zytoplasma zusammen, das zahlreiche Einschlüsse (Zellorganelle) enthält, die verschiedene Funktionen in der Zelle übernehmen.

Bei den Kambiuminitialen handelt es sich um in Längsrichtung des Stammes angeordnete, radial abgeflachte, faserförmige Zellen, die einen Hohlzylinder bilden und sich parallel zur Stammoberfläche (periklin) teilen, indem sie nach innen Holzzellen (Xylem) und nach außen Bastzellen (Phloem) abgliedern; dadurch entstehen radiale Reihen von Zellen. Sehr viel seltener treten in den Kambiuminitialen Zellteilungen senkrecht zur Stammoberfläche (antiklin) auf; diese Teilungen dienen zur Umfangserweiterung des Kambiumzylinders (Abb. 20).

Meistens spricht man aber von einer Kambiumzone oder (verkürzt) vom Kambium und meint damit die Initialen und die nach innen und außen abgegebenen

Abb. 20: *Picea abies* (Fichte): Querschnitt durch die Kambiumzone und die angrenzenden, in Differenzierung befindlichen Zellen des sekundären Phloems (obere Bildhälfte) und Xylems (untere Bildhälfte). Vergr. 300:1.

Tochterzellen, die sich im lichtmikroskopischen Bild noch nicht von den Kambiuminitialen unterscheiden, aber durch ihre Lage eindeutig dem Xylem oder Phloem zuzuordnen sind. Auch diese Zellen können sich noch mehrfach teilen und leisten damit einen nicht unerheblichen Beitrag zum Dickenwachstum der Gehölze.

Im Winter ist das Kambium inaktiv, die Initialen liegen inmitten von 3 bis 6 Reihen undifferenzierter Zellen. Mit dem Anschwellen und Aufbrechen der Knospen werden von den wachsenden Geweben der sich entwickelnden Sprosse und Blätter Pflanzenhormone gebildet und sproßabwärts geleitet. Es handelt sich dabei vor allem um Auxin (β-Indolylessigsäure), das die Teilungstätigkeit der Kambiumzellen anregt, aber auch andere Wachstumsregulatoren, z.B. Gibberellinsäure sind daran beteiligt.

Kambiumaktivität

Die Kambiumaktivität und damit die Zellproduktion beginnt bei den Bäumen der gemäßigten Breiten je nach der Länge des Winters etwa Mitte März bis Ende April und endet meistens Anfang bis Mitte August (Farbtafel I, Seite 81).

Die vom Kambium nach innen abgegebenen Zellen werden als Holzgewebe (= sekundäres Xylem), die nach außen abgeteilten Zellen als Bastgewebe (= sekundäres Phloem) bezeichnet. Sämtliche Zellen durchlaufen eine Differenzierungsphase, nach deren Abschluß die endgültige Form und Größe der Zellen erreicht sowie die Zellstrukturen im Hinblick auf die späteren Funktionen angelegt worden sind.

Der während der Kambiumaktivität gebildete Dickenzuwachs im Holz wird als Jahreszuwachs oder Jahrring bezeichnet und ist auf einem Stammquerschnitt meist gut zu erkennen. Auch im Bast müßten theoretisch Jahrringe auftreten, doch ist dieses nur selten zu beobachten, da der jährliche Zuwachs im Bast viel geringer ist als im Holzgewebe. Außerdem beträgt die Lebens- und Funktionsdauer vieler Bastzellen nur eine Vegetationsperiode und die Zellen kollabieren anschließend (vgl. Kapitel 2.6.2).

2.5.2 Zellwand

Das wichtigste Strukturelement der Holzzellen ist die Zellwand, die aus mehreren Schichten besteht. Es sind zu unterscheiden die Primärwand (P), die Sekundärwand (S) mit einer äußeren (S_1) und einer inneren (S_2) Schicht sowie die Tertiärwand (T); verbunden sind die Zellen jeweils durch die Mittellamelle (M). Die Primärwand besteht chemisch aus Pektinstoffen, Hemizellulosen, Zellulose und Glykoprotein, die Sekundärwand dagegen vor allem aus Zellulose mit einer Inkrustierung aus Lignin (Abb. 21).

Das Grundgerüst der Wandschichten besteht aus Zellulose in Form von langgestreckten, unverzweigten Kettenmolekülen, die sich zu Elementarfibrillen aneinanderlagern und ihrerseits wieder größere Fibrilleneinheiten (Gerüstfibrillen) bilden. Innerhalb der Wandschichten sind die Gerüstfibrillen unterschiedlich angeordnet, und zwar ungerichtet in der Primärwand (Streuungstextur), parallel ausgerichtet in der Sekundärwand (Paralleltextur) und meistens wieder ungerichtet in der Tertiärwand (Streuungstextur).

Dieser Schichtenaufbau verleiht der Zellwand eine außerordentlich hohe Zugfestigkeit. Die Druckfestigkeit wird dadurch erreicht, daß zwischen den Gerüstfibrillen Makromoleküle aus Lignin (lat. lignum = Holz) eingelagert werden. Die unterschiedliche Orientierung der Fibrillen in den Wandschichten sowie die Vernetzung von Gerüstfibrillen mit dem Füllmaterial Lignin ergeben die hervorragenden Festigkeitseigenschaften der verholzten Zellen.

Diese biologischen Konstruktionsprinzipien sind auch im technischen Bereich angewandt worden beim Sperrholz (Schichtenaufbau!) bzw. beim Eisenbeton, bei dem die zugfesten Eisenstäbe in druckfesten Beton eingebettet sind. Die Lignifizierung erhöht aber nicht nur die Festigkeit der Zellwände, sondern sie verhindert gleichzeitig den Durchtritt von Wasser und anderen gelösten Substanzen. Daher müssen bestimmte Bereiche der Zellwand, die Tüpfel, erheblich dünnwandiger sein und von einer Lignifizierung ausgespart bleiben.

Im Unterschied zu einfachen Tüpfeln, die bei lebenden Zellen oder nicht wasserleitenden Zellen vorkommen (z. B. in Parenchymzellen oder Holzfasern), sind

Abb. 21: Schematische Darstellung des Zellwandaufbaus einer Tracheide mit dem unterschiedlichen Fibrillenverlauf in den einzelnen Wandschichten (aus LIESE 1970).

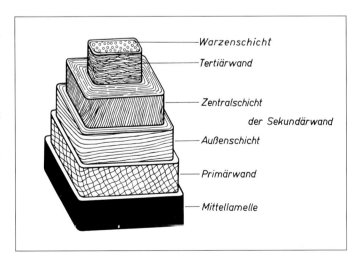

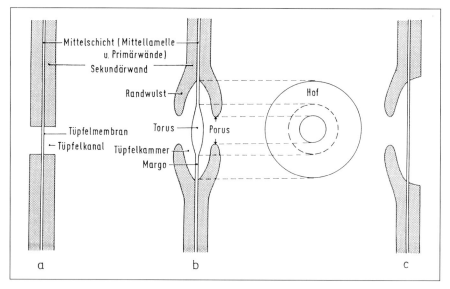

Abb. 22:   Schematische Darstellung verschiedener Tüpfeltypen: Einfacher Tüpfel (a), Hoftüpfel (b), einseitig behöfter Tüpfel (c) z. B. zwischen Tracheide und Parenchymzelle (aus
GROSSER 1977).

die Hoftüpfel charakteristische Merkmale wasserleitender Holzzellen. Bei ihnen
erweitert sich der Porus trichterförmig nach innen zu einem Hof bis zur Schließhaut, die aus Mittellamelle und Primärwand besteht. Wassermoleküle können auf
diese Weise interfibrillär in freier Diffusion von einer Zelle in die andere gelangen.
    Bei einigen Nadelbaumarten, wie Tanne, Fichte oder Kiefer ist der zentrale Teil
der Schließhaut verdickt (Torus) und dient bei Luftembolie in den Wasserleitungsbahnen als Rückschlagventil, das die anderen wasserleitenden Zellen vor einer
Embolie schützt (Abb. 22).

2.5.3   Zellarten
Das Holzgewebe eines Baumes erfüllt drei wichtige Funktionen
– den Wasser- und Nährsalztransport von der Wurzel bis zur Krone,
– die Festigung des Stammes und
– die Speicherung von Assimilaten.
In der Evolution sind für diese Funktionen unterschiedliche Zellarten entstanden,
wie Tracheiden, Tracheen, Holzfasern und Parenchymzellen (Abb. 23).

Abb. 23 (rechte Seite):   Zellarten im Holzgewebe:
a) Tracheiden der Nadelbäume aus dem Frühholz, unten rechts mit schraubigen Verdickungen.
b) Parenchymzellen der Nadel- und Laubbäume: Längsparenchym (1), Holzstrahlparenchym (2),
c) Tracheen der Laubbäume mit leiterförmiger (1) oder einfacher (2) Durchbrechung bzw.
   mit Schraubenverdickungen (3) oder ein sehr weitlumiges Frühholzgefäß (4) und
d) Holzfasern (1) bzw. Tracheiden (2) der Laubbäume (aus GROSSER 1977).

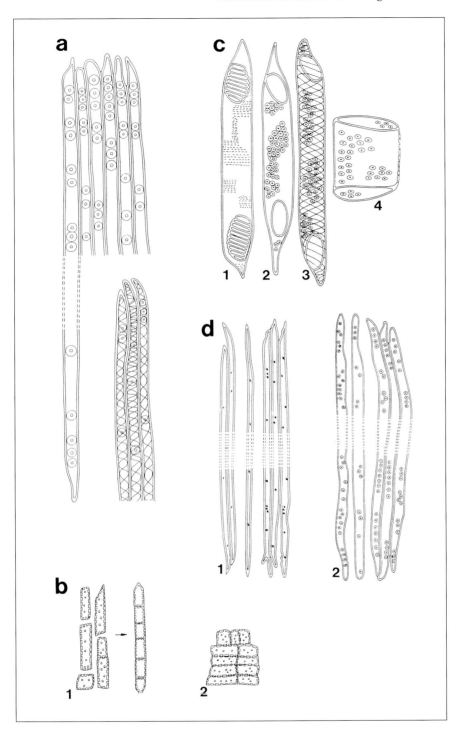

Tracheiden

Die Bezeichnung Tracheide (wie auch Trachee) leitet sich ab vom griech. tracheia (= Luftröhre), da man diese Zellen anfangs für Luftröhren hielt (HUBER 1962) und Analogien zum Atmungssystem der Insekten herstellte.

Im Holzgewebe dienen diese Zellen dem Wassertransport und gleichzeitig der Festigung. Tracheiden sind langgestreckte, meist axial ausgerichtete und allseitig geschlossene tote Zellen, deren Protoplast nach Abschluß der Ausdifferenzierung (Dauer 3 bis 5 Wochen) degeneriert ist. Erst als tote Zellen können die Tracheiden die Funktion des Wassertransports erfüllen. An den zugespitzten Enden überlappen sich die Zellen und stehen über Hoftüpfel miteinander in Verbindung.

Das Holz der Nadelbäume besteht zu etwa 95 % aus Tracheiden, die eine Länge von 3 bis 5 mm und einen Durchmesser von maximal $\frac{1}{20}$ mm aufweisen. Daher müssen Wassermoleküle auf dem Weg von den Wurzeln bis zur Krone nach jeweils wenigen Millimetern von einer Tracheide über Hoftüpfel in eine andere aufsteigen, ein mühsamer Transportvorgang, dessen Geschwindigkeit daher auch nur bei 1 bis 2 m pro Stunde liegt.

Die zu Beginn der Vegetationsperiode gebildeten Frühholztracheiden sind weitlumiger und dünnwandiger (Hauptfunktion Wassertransport) und unterscheiden sich von den im Sommer angelegten englumigeren und dickwandigeren Spätholztracheiden (Hauptfunktion Festigung). Der Übergang vom Frühholz zum Spätholz setzt ein, wenn das Längenwachstum der Jahrestriebe beendet ist und kann entweder gleitend oder deutlich ausgeprägt sein. Dadurch entsteht eine für Nadelholz typische Jahrringstruktur, die auf einem Querschnitt gut zu erkennen ist.

Bei einigen Nadelbäumen (z. B. Fichte, Kiefer, Lärche) treten radial verlaufende Tracheiden in den Holzstrahlen (Quertracheiden) auf und ermöglichen einen Transport des Wassers in radialer Richtung.

Tracheiden kommen auch im Holz einiger Laubbaumarten vor (z. B. Eiche), sind hier aber erheblich kürzer (bis 1 mm) als bei den Nadelbäumen. Für den Wassertransport haben sie gegenüber den Tracheen nur eine untergeordnete Bedeutung. Von den Holzfasern unterscheiden sie sich durch meist dünnere Zellwände und den Besitz von Hoftüpfeln. Tracheiden sind im Laubholz auch oftmals um die Tracheen gruppiert (vasizentrisch).

Tracheen

Wesentlich effektiver für den Wassertransport sind weitlumigere Zellen, deren Querwände wenigstens z. T. aufgelöst sind, so daß Röhren entstehen. Diese als Tracheen oder Gefäße, im Querschnitt auch als Poren bezeichneten Zellen sind typisch für Laubgehölze.

In der Evolution treten Tracheen erstmals bei den *Gnetales* auf, einer hochentwickelten Ordnung der Nacktsamer (Gymnospermen) mit den eigenartigen Gattungen *Welwitschia* (Heimat: küstennahe Nebelwüste Südwestafrikas), *Gnetum* (Lianen oder Bäume tropischer Regenwälder) und *Ephedra* (Rutensträucher u. a. im Mittelmeergebiet). Andererseits gibt es bei den primitiven Decksamern (Angiospermen) aus der Ordnung der *Magnoliales* z. B. in der Familie der *Winteraceae* eine größere Zahl von Gattungen, deren Wasserleitgewebe nur aus Tracheiden besteht.

Wichtige Strukturelemente der Tracheen sind die Ausgestaltung der Querwände, die Versteifungen der Längswände (z. B. Schraubenverdickungen) und deren Tüpfelung. Im Endstadium der Ausdifferenzierung der Tracheen werden die Querwände entweder völlig oder teilweise aufgelöst. Bei einigen Gehölzen blei-

Tab. 9: Porenanordnung im Stammholz von Laubbäumen

zerstreutporig		halbringporig	ringporig
Acer	*Liriodendron*	*Juglans*	*Ailanthus*
Aesculus	*Malus*	*Platanus*	*Castanea*
Alnus	*Populus*	*(Prunus)*	*Catalpa*
Betula	*Prunus*		*Fraxinus*
Carpinus	*Pyrus*		*Gleditsia*
Corylus	*Salix*		*Quercus*
Crataegus	*Sorbus*		*Robinia*
Fagus	*Tilia*		*Sophora*
Liquidambar			*Ulmus*

ben einzelne Stege oder Sprossen erhalten (leiterförmige Durchbrechungen), z. B. bei Baumhasel, Birke, Buche, Erle und Platane. Schraubige Verdickungen der Längswände kommen u. a. vor bei Ahorn, Hainbuche, Linde, Mehlbeere und Roßkastanie. Auffällig klein ist die Tüpfelung der Längswände bei der Birke.

Der Durchmesser der Tracheen schwankt zwischen 15 und 400 μm. Nach dem Gesetz von HAGEN-POISEUILLE steigt die Wasserleitfähigkeit mit der vierten Potenz des Röhrendurchmessers, andererseits nimmt die Gefahr der Luftembolie mit steigendem Durchmesser der Tracheen zu. Einem größeren Querschnitt der Wasserleitbahnen sind daher enge Grenzen gesetzt.

Die in einem Holzquerschnitt einzeln, in radialen oder tangentialen Reihen oder in Gruppen vorkommenden Tracheen verlaufen nicht streng achsenparallel, sondern leicht schraubig (vgl. Kapitel 2.1.2) und bilden ein intensiv verzweigtes Gefäßnetz; untereinander stehen die Tracheen über Hoftüpfel in den Längswänden in Verbindung.

Bei Ausfall einzelner Tracheen durch Luftembolie oder Verletzung sind andere Teile des Gefäßnetzes in der Lage, diese Funktionen zu übernehmen.

Nach der Anordnung der Poren in einem Jahrring unterscheidet man zerstreutporige und ringporige Gehölze. Die meisten heimischen Baumarten sind zerstreutporig (vgl. Tab. 9), d. h. die Tracheen sind über den ganzen Jahrring mehr oder weniger gleichmäßig verteilt und ihr Durchmesser beträgt meistens weniger als 100 μm (= $^1/_{10}$ mm). Die Fähigkeit zum Wassertransport bleibt bei den Zerstreutporern 10 bis 15 Jahre, teilweise auch bis zu 20 Jahren erhalten.

Bei ringporigen Gehölzen (vgl. Tab. 9) findet der Transport des Wassers nur im letzten Jahrring statt, und zwar vor allem in den weitlumigen Frühholztracheen (Durchmesser bis 400 μm), die schon mit bloßem Auge auf einem Stammquerschnitt erkennbar sind. Im Spätholz sind die Tracheen dagegen bedeutend englumiger.

Eine Mittelstellung zwischen zerstreutporig und ringporig nehmen halbringporige Gehölze ein, bei denen die Tracheen im Frühholz deutlich größer sind als im Spätholz (Platane, Walnuß) oder bei starker Häufung im Frühholz dieselbe Größe aufweisen wie im Spätholz (Kirsche).

Holzfasern

Die Festigungsfunktion im Holz der Laubbäume wird im wesentlichen von den Holzfasern übernommen, die sich von den Tracheiden durch ihre meist dickere Zellwand und die nur spärlich vorhandenen einfachen Tüpfel unterscheiden.

Gelegentlich treten Zwischenformen auf, sog. Fasertracheiden mit wenigen kleinen Hoftüpfeln und etwas dünneren Wänden; sie sind aber nur in geringerem Maße am Wassertransport beteiligt.

Auch bei den Holzfasern handelt es sich um tote Zellen, nur in ganz seltenen Fällen bleiben sie lebend und sind dann auch z.T. septiert und zur Stoffspeicherung befähigt. Zwischen den Holzfasern sind häufig Interzellularen ausgebildet für den Gasaustausch (pneumatisches System). Die Länge der Holzfasern beträgt im Mittel etwa 1 mm, ist also deutlich geringer als bei den Tracheiden der Nadelbäume.

Parenchymzellen

Als Speichergewebe dient das in axialer Richtung angeordnete Längsparenchym sowie das Strahlparenchym in den radial verlaufenden Holzstrahlen. Es handelt sich um lebende Zellen, die durch einfache Tüpfel miteinander in Verbindung stehen und wie andere Zellen im Holzgewebe eine verholzte Zellwand besitzen. Grenzen Parenchymzellen an wasserleitende Zellen, so sind die Tüpfel einseitig behöft, und zwar auf der Seite der Tracheide bzw. Trachee.

In Quer- und Längsschnitten sind Parenchymzellen deutlich erkennbar an ihrem plasmatischen Inhalt. Es sind die einzigen Zellen, die auf Verletzungen oder Lufteinbruch aktiv reagieren können.

Das Längsparenchym kann sehr spärlich ausgebildet sein oder locker im Gewebe zerstreut und nicht an Tracheen angrenzend (apotracheal) oder die Tracheen teilweise oder allseitig umgeben (paratracheal).

Derartige parenchymatische Scheiden bilden einen sehr wirksamen Schutz der Gefäße vor Lufteintritt und sind verbreitet bei den ringporigen Laubbäumen. Der Anteil der Längsparenchymzellen im Holz heimischer Baumarten liegt meist deutlich unter 10 % (vgl. Tab. 10).

Bedeutsamer sind die radial verlaufenden Holzstrahlen, die bei Nadelbäumen stets einreihig sind und entweder nur aus Parenchymzellen bestehen (homozellular) oder meist randlich von Quertracheiden begleitet werden (heterozellular). Zwischen Holzstrahlzellen und Tracheiden besteht ein enger Kontakt über Tüpfel. Diese Tüpfelung im Kreuzungsbereich zwischen waagerecht angeordneten Holzstrahlzellen und axial ausgerichteten Tracheiden ist ein wichtiges Bestimmungsmerkmal für Nadelholz. Besonders auffällig sind die großen Fenstertüpfel in den Kreuzungsfeldern von Kiefer.

Die Holzstrahlen der Laubbäume bestehen ausschließlich aus Parenchymzellen; sie können einreihig und/oder mehrreihig sein und z.T. sehr breit werden, so daß sie schon mit bloßem Auge wahrnehmbar sind wie bei Buche oder Eiche.

Die Zellen der Holzstrahlen sind in einem Radialschnitt entweder liegend oder stehend, d.h. sie besitzen ihre größte Ausdehnung in radialer oder axialer Richtung. Bestehen Holzstrahlen nur aus liegenden Zellen, so sind sie homogen, während heterogene Strahlen aus liegenden und stehenden Zellen zusammengesetzt sind.

Als falsche Holzstrahlen bezeichnet man eine Gruppe von schmalen Strahlen mit dazwischen liegenden Fasern, so daß der Eindruck entstehen kann, als handele es sich um einen einzigen breiten Holzstrahl. Dieses ist besonders ausgeprägt bei der Hainbuche (Spannrückigkeit, vgl. Kapitel 2.1.3, Abb. 31).

Der Anteil des Strahlparenchyms am Holzgewebe ist im Vergleich zum Längsparenchym sehr viel höher (vgl. Tab. 10) und kann bis über 30 % betragen. Die

Tab. 10:   Zellartenanteile im Holzgewebe und Rohdichte

| Baumart | Tracheen | Anteile am Gewebe (in %) | | | |
		Fasern bzw. Tracheiden	Längsparenchym	Holzstrahlen	Rohdichte g/cm³
Abies alba	–	90*	(+)	10	0,45
Larix decidua	–	91*	1	8	0,59
Picea abies	–	95*	1	4	0,47
Pinus sylvestris	–	93*	–	7	0,52
Pseudotsuga menziesii	–	93*	–	7	0,51
Taxus baccata	–	86*	–	14	0,67
Acer pseudoplatanus	7	76	(+)	17	0,63
Aesculus hippocastanum	8	76	1	15	0,55
Alnus glutinosa	29	58	1	12	0,55
Betula pendula	24	64	2	10	0,65
Carpinus betulus	10	66	2	22	0,83
Castanea sativa	26	56	1	17	0,63
Fagus sylvatica	31	37	5	27	0,72
Fraxinus excelsior	12	62	11	15	0,69
Juglans regia	12	64	8	16	0,68
Liquidambar styraciflua	55	26	1	18	0,52
Platanus × hispanica	29	31	9	31	0,62
Populus nigra	34	56	(+)	10	0,45
Prunus avium	36	47	(+)	17	0,61
Pyrus communis	27	49	8	16	0,74
Quercus robur	8	58	5	29	0,69
Robinia pseudacacia	15	58	6	21	0,77
Salix alba	52	31	(+)	17	0,35
Sorbus aucuparia	32	47	1	20	0,75
Tilia platyphyllos	17	72	2	9	0,53
Ulmus glabra	29	51	6	14	0,68

Zusammengestellt aus WAGENFÜHR und SCHEIBER (1974) und PANSHIN und DE ZEEUW (1970).
(+) = spärlich, * = nur Tracheiden

Holzstrahlen sind daher das bevorzugte Speichergewebe, zumal sie in enger Verbindung mit den Assimilatleitbahnen des Bastes stehen und andererseits über Tüpfel einen guten Kontakt zu den Tracheen aufweisen. Mit dem Längsparenchym bilden die Holzstrahlen ein das Holzgewebe durchziehendes Netzwerk aus lebenden Zellen.

Stark spezialisierte Parenchymzellen treten bei einigen Nadelbäumen im Holz als Drüsenepithelzellen in den Harzkanälen auf, die als zusammenhängendes Röhrensystem das Holz sowohl axial wie auch radial (in den Holzstrahlen) durchziehen.

2.5.4   Gewebestrukturen

Vom Kambium werden innerhalb einer Vegetationsperiode unterschiedliche Zellen gebildet, und zwar hinsichtlich der Zellart, der Größe und der Verteilung. So sind die Zellen zu Beginn des jährlichen Zuwachses (Frühholz) stets größer als im übrigen Teil des Jahrrings (Spätholz), denn im Frühjahr sind weitlumigere Leitbahnen für den Wassertransport besonders wichtig.

Sehr anschaulich sind diese Unterschiede in den Blockdiagrammen von Lärche und Birke dargestellt, die Holz, Kambium und Bast sowohl im Querschnitt wie auch in den Längsschnitten (radial, tangential) zeigen. Deutlich ist zu erkennen, wie die Zellarten je nach Lage und Funktion mit anderen über Tüpfel verbunden sind (Abb. 24 und 25).

BRAUN (1959) konnte anhand von Querschnittserien nachweisen, daß insbesondere die Tracheen als Röhrensysteme sowohl innerhalb der Jahrringe als auch z.T. über Jahrringgrenzen hinaus miteinander vernetzt sind und vielfältige Tüpfelverbindungen zu den Parenchymzellen bestehen.

Innerhalb der Jahrringe treten gattungsspezifische Unterschiede im Vorkommen und in der Verteilung der Zellarten auf, so daß sich charakteristische Gewebemuster ergeben, die auch die Funktionen beeinflussen (vgl. Tab. 10).

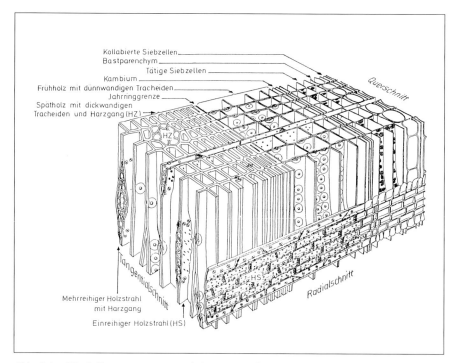

Abb. 24:   Blockdiagramm zur räumlichen Darstellung von Holz- und Bastgewebe eines Nadelbaumes am Beispiel der Lärche (nach MÄGDEFRAU 1951 aus GROSSER 1977).

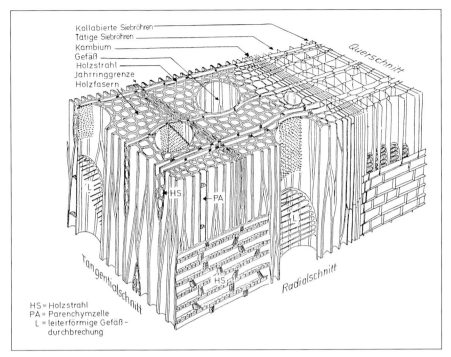

Abb. 25:   Blockdiagramm zur räumlichen Darstellung von Holz- und Bastgewebe eines Laubbaumes am Beispiel der Birke (nach MÄGDEFRAU 1951 aus GROSSER 1977).

Die besonderen Beziehungen zwischen Gewebestruktur und Wassertransport untersuchte BRAUN (1963) und stellte fünf hydrophysiologische Funktionstypen auf:

- Als primitiv gilt der bei den Nadelbäumen vorkommende Typ 1, bei dem Tracheiden die Funktionen Festigung sowie Leitung und Speicherung des Wassers übernehmen und über die Jahrringgrenzen hinaus durch Tüpfelverbindungen einen radialen Wassertransport ermöglichen (Abb. 26).
- Auch der bei vielen zerstreutporigen Gattungen (z. B. Apfel, Baumhasel, Birke, Birne, Buche, Erle, Hainbuche, Kirsche, Linde und Mehlbeere) auftretende Typ 2, bei dem Tracheen in ein Grundgewebe aus Tracheiden bzw. Fasertracheiden eingebettet sind, ist noch relativ primitiv. Die englumigen Tracheen sind auf den jeweiligen Jahrring beschränkt, und nur die Tracheiden an der Jahrringgrenze besitzen Tüpfelkontakte zu den Zellen anderer Jahrringe.
- Bei den ringporigen Gattungen Eiche und Ulme sowie beim Walnußbaum (halbringporig) sind die Frühholztracheen zwar sehr weitlumig und daher effektiv, aber diese Leitbahnen sind nicht mit den Tracheen anderer Jahrringe vernetzt, sondern jahrringeigen und werden bereits nach einer Vegetationsperiode funktionslos. Nur die letzten Spätholzgefäße und die Tracheiden haben Tüpfelkontakte an der Jahrringgrenze und versorgen auf die Weise im Winter und Frühjahr die Knospen (Typ 3). Die luftgefüllten Holzfasern sind von den Tracheen und Tracheiden zwar räumlich isoliert, doch besitzen die Tracheen nur unvollständige Scheiden aus Parenchymzellen.

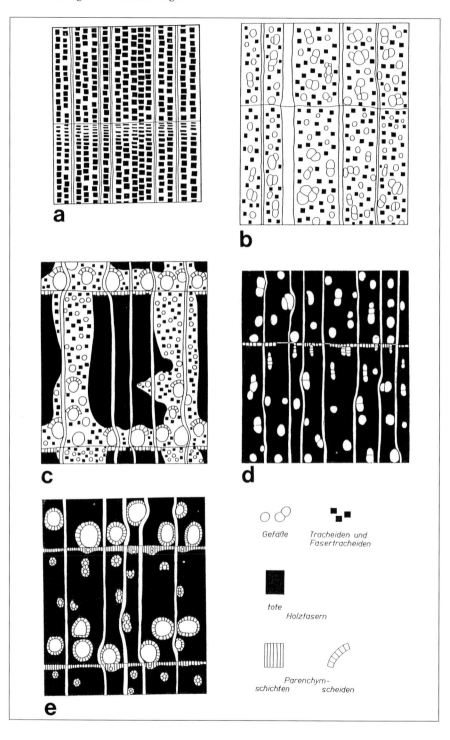

Eine vollkommene Trennung der Funktionen Wassertransport (Tracheen) und Festigung (Fasern) sowie eine Vernetzung der Tracheen über die Jahrringgrenze mit anderen Tracheen ist bei den folgenden Funktionstypen vorhanden:

- Bei den zerstreutporigen Gattungen Pappel, Roßkastanie und Weide dienen die Fasern auch als Wasserspeicher und stehen daher mit den Tracheen in engem Tüpfelkontakt. Die Tracheen besitzen aber nur unvollständige Parenchymscheiden (Typ 4).
- Am besten vor einer Luftembolie geschützt sind Baumgattungen, deren Tracheen vollständig von lebenden Zellen umgeben sind (Typ 5), z. B. Ahorn (lebende Fasern) sowie Esche, Gleditschie, Götterbaum, Robinie und Schnurbaum (Parenchymzellen).

2.5.5 Wassertransport

Der Transport des Wassers im Stamm erfolgt in den Tracheiden bzw. Tracheen, also in kapillaren Leitungsbahnen. Viele Botaniker haben sich im 19. Jahrhundert mit dem »Rätsel des Saftsteigens«, wie es HUBER (1956) in einem sehr lesenswerten Buch nennt, beschäftigt, bis BÖHM (1893) vor genau hundert Jahren das Prinzip der Kohäsion des Wassers entdeckte und eine Erklärung dafür fand, warum der Wassertransport bis in Höhen möglich ist, die weit über den durch Atmosphärendruck erreichbaren liegen.

Nach dieser Kohäsionstheorie befinden sich in den Leitungsbahnen von den Wurzelspitzen bis zu den transpirierenden Blättern ununterbrochene Wasserfäden, die durch molekulare Wasserstoffbrücken eine sehr hohe Zerreißfähigkeit von 30 bis 50 bar aufweisen. Andererseits haften die Wasserfäden an den Zellwänden durch Adhäsion, so daß auch bei einem starken Transpirationssog die lignifizierten Leitbahnen nicht kollabieren, da die Zellwände dem Sog elastisch nachgeben (MOHR und SCHOPFER 1978). Man hat sogar nachweisen können, daß bei einer hohen Transpiration die Baumstämme um die Mittagszeit einen geringeren Stammdurchmesser aufweisen als am frühen Morgen.

Die treibende Kraft oder der Motor des Wassertransports ist die Transpiration. Durch die Sogwirkung entsteht in den Tracheen ein Unterdruck, so daß im Wasser befindliche Gasblasen ein Zerreißen der Fäden bewirken können mit der Folge einer Embolie. Der Wassertransport ist daher gefährdet, wenn die Tracheen verletzt werden, z. B. auch bei den Injektionsverfahren (vgl. Kapitel 6.2.1).

Die Geschwindigkeit des Wasserstroms ist vor allem abhängig vom Durchmesser der Tracheiden bzw. Tracheen (Tab. 11).

Abb. 26 (linke Seite):   Hydrophysiologische Funktionstypen der Bäume
a) Typ 1: Bautyp Nadelbäume
b) Typ 2: Bautyp primitive Laubbäume
c) Typ 3: Bautyp Eiche
d) Typ 4: Bautyp Roßkastanie
e) Typ 5: Bautyp Esche
 (aus BRAUN 1963).

Tab. 11:   Geschwindigkeit des Wassertransports und Porendurchmesser (nach HUBER und SCHMIDT 1936)

Baumart	Poren-anordnung	Wasser-transport (m/h)	Poren-durchmesser (µm)
Picea abies	–	1,2	bis 45
Larix decidua	–	2,1	bis 55
Aesculus hippocastanum	Z	1,0	30 bis 60
Fagus sylvatica	Z	1,1	16 bis 80
Pyrus communis	Z	1.1	50 bis 80
Betula pendula	Z	1,6	30 bis 130
Alnus glutinosa	Z	2,0	20 bis 90
Acer pseudoplatanus	Z	2,4	30 bis 110
Liriodendron tulipifera	Z	2,6	50 bis 120
Tilia tomentosa	Z	3,4	25 bis 90
Juglans regia	HR	4,1	120 bis 160
Ulmus laevis	R	6,0	130 bis 340
Ailanthus altissima	R	22,2	170 bis 250
Castanea sativa	R	24,0	300 bis 350
Fraxinus excelsior	R	25,7	120 bis 350
Robinia pseudacacia	R	28,8	160 bis 400
Quercus robur	R	43,6	200 bis 300

Angegeben sind die Höchstwerte um die Mittagszeit in 1,3 m Höhe, Werte abgerundet.
Bei den Ringporern bezieht sich der Porendurchmesser auf die Frühholztracheen.
Z = zerstreutporig, R = ringporig, HR = halbringporig

Bei den Nadelbäumen und den zerstreutporigen Laubbäumen ist der Wassertransport mit 1 bis 4 m pro Stunde relativ langsam, während bei den ringporigen Baumarten die Geschwindigkeit bis über 40 m pro Stunde betragen kann. Allerdings ist am Wassertransport der Ringporer jeweils nur der letzte Jahrring beteiligt, bei den Zerstreutporern sind es dagegen etwa die letzten 10 bis 15 Jahrringe. Da der äußerste Jahrring durch Verletzungen oder andere Ursachen leicht geschädigt werden kann, sind die Ringporer besonders gefährdet (vgl. Ulmensterben, Kapitel 5.1.3).

Bezogen auf den Wassertransport gilt für Nadelbäume und zerstreutporige Laubbäume das Motto »Langsam, aber sicher«, für ringporige Baumarten dagegen »Schnell, aber riskant« (HUBER 1956).

2.5.6 Saftsteigen im Frühjahr

Mit dem Begriff Saftsteigen verbindet man heute nicht mehr den normalen Wassertransport, sondern einen im Frühjahr bei Bäumen stattfindenden Prozeß, der im Zusammenhang mit der Reakivierung der Wachstumsvorgänge steht.

Die im Herbst in den paratrachealen Parenchymzellen und in den Holzstrahlen gespeicherten Reservestoffe (vor allem Stärke) werden ab Februar/März enzymatisch umgewandelt und aktiv über große Tüpfel in die Tracheen ausgeschieden. Auf diese Weise wird das Wasser in den Tracheen bis zu einer Konzentration von etwa 1 % mit organischen Verbindungen (vor allem Zucker, aber auch in geringen Mengen organische Säuren, Aminosäuren, Vitamine, Enzyme usw.) angereichert. Dadurch entsteht ein hohes osmotisches Potential, so daß Wasser von den Wurzeln aus dem Boden aufgenommen und in das Holz- und Bastgewebe geleitet werden kann. Die Bäume geraten in dieser Mobilisierungsphase gewissermaßen »in Saft«.

Da der Wasseraufnahme aber nur eine äußerst geringe Wasserabgabe über Knospenschuppen und Lentizellen gegenübersteht, baut sich in den Wasserleitungsbahnen ein Überdruck auf (BRAUN 1983). Bei Verletzungen von Stamm oder Ästen bzw. Zweigen tritt dann ein sog. Blutungssaft aus.

Nach den Untersuchungen von ESSIAMAH und ESCHRICH (1982) beginnt das Saftsteigen beim Bergahorn schon Anfang Februar, bei der Sandbirke Mitte Februar bis Anfang März, bei Buche und Eiche dagegen erst Ende März bis Mitte April. Bei allen Baumarten endet das Bluten mit dem Austrieb der Knospen Mitte April bis Anfang Mai. Bei Buche und Eiche betrug der Blutungszeitraum etwa einen Monat, bei Bergahorn bis zu drei Monate.

Das Bluten bedeutet einen nicht unerheblichen Substanzverlust für die Bäume. Daher sollten Schnittmaßnahmen vor allem bei Ahornarten und Birken nicht zu diesem Zeitpunkt durchgeführt werden (vgl. Kapitel 6.2.2).

Wirtschaftlich von Bedeutung ist die Gewinnung von Blutungssaft beim Zucker-Ahorn *(Acer saccharum)* in Nordamerika zur Herstellung von Sirup (maple syrup). Nach ZIEGLER (1991) liefert ein kräftiger Baum Mitte März etwa 4 Liter Blutungssaft (enthält ca. 2,5 % Saccharose) pro Tag und 2 bis 3 kg Zucker im Frühjahr.

2.5.7 Alterung des Holzgewebes

Die vom Kambium nach innen abgegebenen Holzzellen sind während der Phase ihrer Ausdifferenzierung noch sämtlich lebend. Erst wenn nach etwa 3 bis 5 Wochen die endgültige Zellgröße und -form erreicht und damit auch die Zellwandbildung abgeschlossen ist, sterben die Tracheiden und Tracheen sowie die Holzfasern (mit Ausnahme der selten vorkommenden lebenden Fasern) ab und erhalten damit ihre volle Funktionsfähigkeit.

Die Parenchymzellen sind daher bei den meisten Bäumen die einzigen Zellen im Holzgewebe, die eine lange Lebensdauer von vielen Jahren oder Jahrzehnten aufweisen. Ihr Anteil am Gewebe ist aber relativ gering (vgl. Tab. 10) und beträgt im Mittel 15 bis 20 %.

Man bezeichnet denjenigen Teil des Holzes, in dem sich noch lebende Zellen befinden, als Splintholz und grenzt diesen Bereich ab von dem weiter innen liegenden und häufig dunkler gefärbten Kernholz, in dem sämtliche Zellen abgestorben sind.

Die Alterung des Holzes findet also im äußeren Stammbereich statt und ist zu lokalisieren zwischen dem jüngsten Splint und dem Beginn des Kernholzes; sie kann charakterisiert werden als ein allmählicher Verlust von Funktionen. Dabei lassen sich zwei Phasen unterscheiden,

– Verlust der Fähigkeit zum Wassertransport und
– Absterben der Parenchymzellen bei der Verkernung
Beide Phasen sind zeitlich und räumlich z.T. weit voneinander getrennt. ZIEGLER (1968) hat daher vorgeschlagen, den Begriff Splintholz weiter zu unterteilen in

Leitholz (zum Wassertransport befähigt) und Speicherholz (erfüllt die Funktion der Speicherung).

Die Fähigkeit zur Leitung von Wasser bleibt bei den Nadelbäumen und den zerstreutporigen Laubbäumen 10 bis 15 Jahre, z. T. aber auch über 20 Jahre erhalten. Bei den Ringporern sind die Tracheen dagegen nur eine Vegetationsperiode funktionstüchtig. Daher müssen diese Baumarten im folgenden Frühjahr zunächst leistungsfähige Tracheen anlegen, bevor der Austrieb der Blätter beginnen kann. Das ist der wesentliche Grund dafür, daß ringporige Baumarten relativ spät im Frühjahr austreiben (»spätaustreibende Ringporer«).

Thyllenbildung

Vielfach füllen sich die Tracheen nach dem Verlust der Wasserleitfähigkeit oder bei der während der Umwandlung zu Kernholz stattfindenden Abnahme des Wassergehalts mit Luft. Bei einigen Baumarten (Tab. 12) können diese Tracheen verstopft werden durch blasenartige Ausstülpungen der angrenzenden Parenchymzellen, wenn die Tüpfel mindestens einen Durchmesser von 10 µm aufweisen.

Die Wiener Botanikerin v. REICHENBACH (1845) prägte dafür den Namen Thylle (griech. thyllis = Beutel) und beschrieb deren Entstehung im Splintholz der Robinie (ZIMMERMANN 1979). Elektronenmikroskopische Untersuchungen bestätigten diese Befunde. Danach wird zunächst die Tüpfelmembran zwischen Parenchymzelle und Trachee enzymatisch aufgelöst, die Mikrofibrillen weichen auseinander und das Zytoplasma der Parenchymzelle kann in die Trachee einfließen. Die Thyllenwandung besteht zunächst aus Zellulose und kann später auch lignifizieren (LIESE 1970), vgl. Farbtafel II, Seite 82 sowie Abb. 27.

Bei der Robinie werden Thyllen bereits gegen Ende der Vegetationsperiode in den Tracheen des jüngsten Jahrrings gebildet (v. REICHENBACH 1845); bei der

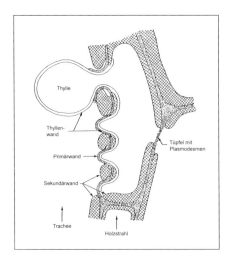

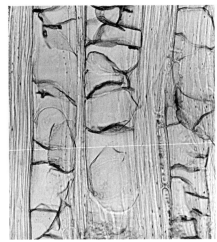

Abb. 27: Entstehung von Thyllen: Nach enzymatischer Auflösung der Tüpfelmembran fließt das Zytoplasma der Holzstrahlparenchymzelle in die Thylle ein (aus ESAU 1977).

Abb. 28: *Fagus sylvatica* (Rotbuche): Holz radial, Verthyllung der Tracheen im Buchenrotkern. Vergr. 290 : 1.

Tab. 12:   Vorkommen von Thyllen im Holzgewebe

Thyllen regel-mäßig vorhanden	Thyllen selten vorhanden	Thyllen fehlen	
Castanea	Fagus	Acer	Gleditsia
Catalpa	Fraxinus	Aesculus	Malus
Juglans	Liriodendron	Ailanthus	Platanus
Liquidambar	Ulmus	Alnus	Prunus
Populus		Betula	Pyrus
Quercus		Carpinus	Sophora
Robinia		Corylus	Sorbus
Salix		Crataegus	Tilia

Stiel-Eiche bleiben die aus dem Wassertransport ausgeschiedenen Tracheen dagegen noch bis zu 20 Jahre als Wasserspeicher erhalten und erst dann setzt eine intensive Thyllenbildung kurz vor Beginn der Verkernung des Holzes ein.

Da die Bildung von Thyllen stets an lebende Parenchymzellen gebunden ist, kann sie nur im Splintholz stattfinden. Von großer Bedeutung ist die Verthyllung bei der Entstehung von Schutzzonen nach einer Verwundung (vgl. Kapitel 2.5.12).

Verkernung des Holzes

Der Beginn der Kernbildung sowie die Ausprägung des Kernholzes sind bei den einzelnen Baumarten sehr unterschiedlich. Je weiter die Parenchymzellen durch das Dickenwachstum in den inneren Teil des Splintholzes geraten, desto schwieriger wird auch ihre Versorgung (z. B. mit Wuchsstoffen) durch Bast und Kambium. Dabei ist die Entfernung vom Kambium offenbar bedeutsamer als das Alter der Zellen des Parenchymgewebes.

Die Übergangszone vom Splintholz zum Kernholz ist gekennzeichnet durch hohe Stoffwechselaktivitäten. Wertvolle Nährelemente, die für den Baum von großer Bedeutung sind, wie Phosphor, Kalium, Schwefel und Stickstoff werden vor dem Absterben der Parenchymzellen in den Splintbereich zurücktransportiert, Calcium wird dagegen nicht verlagert.

Im Verkernungsbereich verringert sich andererseits der Wassergehalt der Gewebe (Tab. 13) und die in den Holzstrahlzellen vorhandenen Zucker (Saccharose, Glucose und Fructose) sowie Stärke werden verbraucht zur Bildung besonderer Kernholzstoffe (DIETRICHS 1964). Bei diesen handelt es sich vor allem um Gerbstoffe, deren bakterizide und fungizide Wirkung eine hohe Resistenz gegen-

Tab. 13:   Prozentualer Anteil von Wasser und Luft im Splint- und Kernholz (nach TRENDELENBURG und MAYER-WEGELIN 1955)

Baumart	Wasser		Luft	
	Splint	Kern	Splint	Kern
Abies alba	67	23	9	54
Larix decidua	60	21	13	48
Picea abies	60	20	16	57
Pinus sylvestris	60	13	13	61
Fagus sylvatica	50	40	14	23
Quercus robur	46	45	21	18

über Schädlingsbefall besitzt. Da der Luftgehalt im Kernholz erheblich höher ist, können die Gerbstoffe aufoxidiert werden zu tiefbraunen bis rötlich gefärbten Phlobaphenen.

Vom physiologischen Standpunkt aus erfolgt grundsätzlich bei allen Baumarten eine Kernbildung, da die Parenchymzellen einem natürlichen Alterungsprozeß unterliegen und nach einer gewissen Zeit absterben (HUBER 1961, NEČESANÝ 1966, BOSSHARD 1974); außerdem ist das Kernholz meist auch erheblich trockener als das Splintholz.

Kernholz ist im typischen Fall durch die Oxidation von Gerbstoffen deutlich dunkler gefärbt als das Splintholz. Es gibt aber auch etliche Baumarten, deren Kernholz sich farblich nicht oder kaum vom Splintholz unterscheidet oder die erst im hohen Alter einen Farbkern ausbilden können.

In der Praxis haben sich für diese Fälle Begriffe wie Splintholzbaum oder Reifholzbaum eingebürgert (vgl. auch ZTV-Baumpflege 1992). Diese Bezeichnungen sind teilweise falsch oder irreführend. So werden z. B. Ahorn, Birke und Hainbuche wegen fehlender Kernfärbung als Splintholzbäume bezeichnet, obwohl eine Kernbildung, wenn auch zeitlich verzögert, regelmäßig eintritt. Andererseits gilt die Fichte als Reifholzbaum, da der farblich nicht erkennbare Kern trockener (d. h. reifer) ist; chemische Analysen ergaben aber eindeutige Merkmale für das Kernholz (SANDERMANN 1966).

Eine helle Färbung des Kernholzes ist keineswegs ein Indiz für das Fehlen von Kernholzstoffen; häufig sind zwar Gerbstoffe vorhanden, sie bleiben aber unpigmentiert (BOSSHARD 1974). Als sinnvoll wird es daher angesehen, nur zu unterscheiden, ob ein Farbkern vorhanden ist oder ob dieser fehlt (Tab. 14). Nähere Angaben zur Färbung finden sich bei den einzelnen Holzbeschreibungen (Kapitel 2.5.9).

Andere Farbkernbildungen

Während die normale Kernbildung eine natürliche Alterung der Parenchymzellen zur Voraussetzung hat, können bei einigen Baumarten auch andere Kernbildungen auftreten, die oftmals als Falschkern, als fakultativer Kern oder als pathologi-

Tab. 14:   Vorkommen von Farbkernen bei Nadel- und Laubbäumen

Baumgattungen mit Farbkern		Baumgattungen ohne Farbkern
Larix	*Malus*	*Abies*
Pinus	*Platanus*	*Ginkgo*
Pseudotsuga	*Populus (alba, nigra)*	*Picea*
Taxus	*Prunus*	*Acer*
Ailanthus	*Quercus*	*Aesculus*
Castanea	*Robinia*	*Alnus*
Catalpa	*Salix*	*Betula*
Corylus	*Sophora*	*Carpinus*
Fraxinus	*Sorbus*	*Crataegus*
Gleditsia	*Ulmus*	*Fagus*
Juglans		*Populus (tremula)*
Liquidambar		*Pyrus*
Liriodendron		*Tilia*

scher Farbkern bezeichnet und auf verschiedene Ursachen zurückzuführen sind; zwei Beispiele sollen dafür angeführt werden, der Rotkern und der Naßkern.

Rotkern

Bei älteren Buchen ist häufiger an Stammquerschnitten ein rotbrauner Farbkern zu erkennen, der im Unterschied zu normalen Farbkernen keinen konzentrischen Umriß, sondern eine wolkige oder sternförmige Struktur aufweist mit Zonierungen unterschiedlicher Farbintensität. Die dunkleren Grenzlinien sind stets splintwärts gerichtet und enthalten besonders viele Thyllen und braun gefärbte Kernholzsubstanzen in den Parenchymzellen. ZYCHA (1948) hat nachgewiesen, daß die äußere Begrenzung des Rotkerns stets bei einem Wassergehalt von etwa 60 % liegt (zum Vergleich: äußerer Splint 80 bis 100 %, innerer Rotkern 50 bis 60 % Holzfeuchte); die wolkigen Begrenzungen zeigt Abb. 29.

Als Ursache für den Buchenrotkern kommen vor allem Astabbrüche im Kronenbereich in Frage, die zu einem Lufteinbruch in den zentralen Teil des Stammes füh-

Abb. 29: *Fagus sylvatica* (Rotbuche): Teil einer Stammscheibe, quer, Rotkern mit wolkigen Begrenzungen.

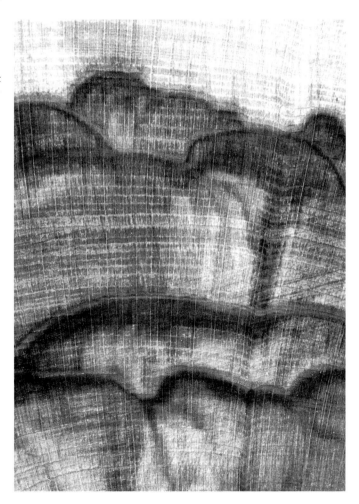

ren. Durch den plötzlich sinkenden Wassergehalt werden von den noch lebenden Zellen des inneren Splintholzes zunächst Thyllen gebildet und damit die Tracheen verstopft. Die Parenchymzellen sterben aber bald ab und verlieren dadurch ihre Semipermeabilität, so daß phenolische Substanzen aus den Vakuolen austreten können und oxidiert werden zu dunkelfarbigen Phlobaphenen (Abb. 28).

Im Prinzip handelt es sich um einen ähnlichen Vorgang, wie er bei der Verkernung auftritt, nur ist der Ablauf nicht kontinuierlich, sondern das Ereignis tritt vom Zentrum des Stammes aus sehr plötzlich ein; so ist auch die wolkige bzw. sternförmige Struktur (»Spritzkern«) zu erklären.

Durch die wolkige und von dunklen Linien begrenzte Struktur kann der Eindruck entstehen, als ob ein Pilzbefall vorliegt, und manche Buche ist deswegen aufgrund einer falschen Diagnose gefällt worden. Allerdings unterscheidet sich der Buchenrotkern in der Dauerhaftigkeit gegenüber Pilzbefall kaum von unverkerntem Holz, obwohl Rohdichte und Druckfestigkeit erhöht sind. Aus der Sicht der Holzwirtschaft wird die schlechte Tränkbarkeit von rotkernigem Holz (Thyllen!) negativ bewertet, vor allem für die Verwendung zu Bahnschwellen.

Braunfärbungen als Ergebnis einer Oxidation von phenolischen Substanzen sind auch an Hirnflächen von im Winter geschlagenen Buchen oder an Baumstümpfen zu erkennen, wenn deren Oberfläche bei hoher Luftfeuchte nicht so schnell austrocknet (HÖSTER 1974 b).

Naßkern
Mit dem Übergang von Splintholz in Kernholz ist normalerweise eine auffällige Abnahme des Wassergehalts festzustellen, so daß Kernholz in der Regel trockener ist. Bei einigen Nadel- und Laubbaumarten (z. B. bei Douglasie, Tanne, Buche, Pappel) kann sich allerdings im Zentrum des unteren Stammteils eine gegenüber dem Splintholz feuchtere Zone ausbilden, die man als Naßkern bezeichnet.

Davon zu unterscheiden ist ein pathologischer Naßkern, der z. B. bei Tanne, Pappel und Weide vorkommen kann, unregelmäßig geformt ist und große Teile des Splintholzes erfaßt, so daß die Wasserversorgung der Baumkrone gefährdet ist. Dieser Naßkern ist stark von Bakterien besiedelt und riecht oftmals nach organischen Säuren, vor allem nach Buttersäure. Es wird vermutet, daß die Bakterien über Wunden im Wurzelbereich eindringen.

Beide Formen des Naßkerns stellen aber keine Beeinträchtigung der Holzqualität dar, wie sie z. B. durch holzzerstörende Pilze verursacht würde.

2.5.8 Untersuchung von Holzproben

Für eine sichere Bestimmung der Holzart sind Dünnschnitte aus den drei Schnittrichtungen quer, radial und tangential erforderlich.

Auf einem Querschnitt sind vor allem Jahreszuwachs, Verhältnis Frühholz/Spätholz, Vorkommen von Harzkanälen, Porenverteilung, Verthyllung der Tracheen, Anteil und Anordnung von Fasern, Tracheiden und Parenchymzellen sowie Holzstrahlen zu erkennen.

Aus dem Radialschnitt ergeben sich weitere Informationen über Schraubenverdickungen und Durchbrechungen der Tracheen sowie über die Tüpfelung der Zellwände im Kreuzungsbereich zwischen Parenchymzellen der Holzstrahlen und den Tracheen bzw. Tracheiden. In Kombination mit dem Tangentialschnitt ist eine Entscheidung über den Typ und die Breite der Holzstrahlen möglich.

Die Holzproben sollten eine Würfelform aufweisen mit einer Kantenlänge von etwa 1 cm, wobei sich die Kantenflächen an den Schnittrichtungen orientieren. Am besten eignen sich dafür saftfrische Proben, die aber nur selten zur Verfügung stehen. Trockenes Holz ist nicht schneidfähig und muß daher vor der Herstellung von Schnitten mindestens 1 bis 2 Stunden in Wasser gekocht werden, bei härteren Hölzern sogar noch länger. Derartig vorbehandelte Proben oder auch saftfrisches Material kann anschließend bis zum Schneiden (oder auch unbegrenzt) aufbewahrt werden in 70 %igem Äthylalkohol.

Die Anfertigung von Dünnschnitten in den drei Schnittrichtungen ist mit einiger Übung möglich mit Hilfe spezieller Rasierklingen (z. B. Marke APOLLO Ever-Sharp). Wesentlich besser eignet sich aber ein Schlittenmikrotom (Schnittdicke 30 bis 50 μm) mit Messern, die beidseitig plan geschliffen sein müssen (vgl. HÖSTER 1969). Die Diagnose der in Glycerin auf einem Objektträger eingelegten und mit einem Deckglas abgedeckten Schnittpräparate kann anschließend mit einem guten Lupenmikroskop oder noch besser mit einem Lichtmikroskop erfolgen.

2.5.9 Beschreibung des Stammholzes wichtiger Baumarten

Für die folgenden Kurzbeschreibungen werden sowohl makroskopische Merkmale, die an Stammquerschnitten erkennbar sind, wie auch wichtige mikroskopische Strukturmerkmale herangezogen. Häufig sind die Arten einer Gattung holzanatomisch nicht klar unterscheidbar, vor allem beim Laubholz; in diesen Fällen erfolgt daher nur eine Gattungsdiagnose. Die Gattungen sind getrennt nach Nadel- und Laubbäumen in alphabetischer Reihenfolge geordnet.

1. Nadelholz

Abies alba MILL. *(Pinaceae),* Weiß-Tanne
Holz geblichweiß, ohne Farbkern; Jahrringgrenze scharf abgegrenzt. Übergang Frühholz/Spätholz meist scharf; Harzkanäle fehlen (wenn vorhanden, dann aufgrund von Verletzungen meist in tangentialen Reihen); Tracheiden ohne Schraubenverdickungen; Holzstrahlen homozellular.

Ginkgo biloba L. *(Ginkgoaceae),* Ginkgobaum
Holz gelblichweiß, ohne Farbkern; Jahrringgrenze deutlich, Übergang Frühholz/Spätholz gleitend; Harzkanäle fehlen; Tracheiden ohne Schraubenverdickungen; Holzstrahlen homozelluar.

Larix decidua MILL. *(Pinaceae),* Europäische Lärche
Splintholz gelblich, Kernholz rotbraun; Jahrringgrenze scharf abgegrenzt, Übergang Frühholz/Spätholz meist scharf; Harzkanäle vorhanden; Tracheiden im Frühholz besonders weitlumig, mit Zwillingstüpfeln; Holzstrahlen heterozellular.

Picea abies (L.) KARST. *(Pinaceae),* Gemeine Fichte
Holz gelblichweiß, ohne Farbkern; Jahrringgrenze scharf abgegrenzt, Übergang Frühholz/Spatholz meist gleitend, Harzkanäle vorhanden; Holzstrahlen heterozellular.

Pinus sylvestris L. *(Pinaceae),* Gemeine Kiefer
Splintholz gelblichweiß bis rötlichweiß, Kernholz rötlichgelb bis braunrot; Jahrringgrenze scharf abgegrenzt, Übergang Frühholz/Spätholz meist scharf; Harzkanäle vorhanden, Epithelzellen dünnwandig; Holzstrahlen heterozellular, im Kreuzungsfeld Fenstertüpfel (pinoide Tüpfel).

Pseudotsuga menziesii (Mirb.) Franco *(Pinaceae),* Douglasie
Splintholz gelblichweiß, Kernholz gelblichbraun bis rotbraun; Jahrringgrenze deutlich, Übergang Frühholz/Spätholz meist scharf; Harzkanäle vorhanden, Epithelzellen dickwandig; Tracheiden mit Schraubenverdickungen; Holzstrahlen heterozellular.

Taxus baccata L. *(Taxaceae),* Gemeine Eibe
Splintholz gelblich, Kernholz gelbbraun bis rotbraun; Jahrringgrenze deutlich, Übergang Frühholz/Spätholz meist gleitend; Harzkanäle fehlen; Tracheiden mit deutlichen Schraubenverdickungen; Holzstrahlen homozelluar.

2. Laubholz

Acer sp. *(Aceraceae),* Ahorn
Holz gelblichweiß, ohne Farbkern; Jahrringgrenze deutlich, zerstreutporig; Tracheen mit deutlichen Schraubenverdickungen, Gefäßdurchbrechungen einfach, Tracheen von lebenden Fasern umgeben; Holzstrahlen homogen.
　　Die folgenden Arten lassen sich holzanatomisch nicht sicher voneinander unterscheiden:
Acer campestre L., Feld-Ahorn
Acer platanoides L., Spitz-Ahorn
Acer pseudoplatanus L., Berg-Ahorn

Aesculus hippocastanum L. *(Hippocastanaceae),* Roßkastanie
Holz gelblichweiß, z.T. etwas rötlich, ohne Farbkern; Jahrringgrenze schwach sichtbar, zerstreutporig; Tracheen mit Schraubenverdickungen, Gefäßdurchbrechungen einfach; Holzstrahlen homogen, einreihig.

Ailanthus altissima (Mill.) Swingle *(Simaroubaceae),* Götterbaum
Splintholz gelblichweiß, Kernholz gelbbraun; Jahrringgrenze deutlich sichtbar, ringporig; Gefäßdurchbrechungen einfach; Holzstrahlen heterogen.

Alnus sp. *(Betulaceae),* Erle
Saftfrisches Holz durch Oxidation zunächst orangerot, nach Trocknung rötlichgelb, ohne Farbkern; Jahrringgrenze deutlich, zerstreutporig; Gefäßdurchbrechungen leiterförmig; Holzstrahlen homogen, einreihig, oft zu falschen Holzstrahlen zusammengesetzt.
　　Die folgenden Arten lassen sich holzanatomisch nicht unterscheiden:
Alnus glutinosa (L.) Gaertn., Schwarz-Erle
Alnus cordata (Loisel.) Desf., Herzblättrige Erle

Betula sp. *(Betulaceae),* Birke
Holz gelblichweiß bis rötlichgelb, ohne Farbkern; Jahrringgrenze deutlich, zerstreutporig; Gefäßdurchbrechungen leiterförmig; Holzstrahlen homogen.

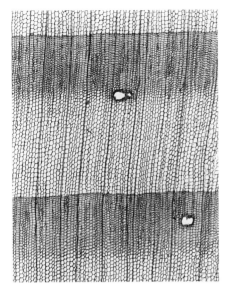

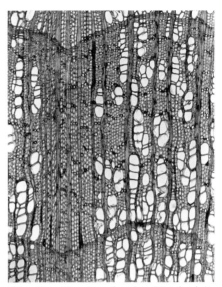

Abb. 30: *Larix kaempferi* (Japanische Lärche): Holz quer; innerhalb des Jahrrings ist ein plötzlicher Übergang von dünnwandigen Frühholztracheiden zu dickwandigen Spätholztracheiden zu erkennen, Harzkanäle im Spätholz. Vergr. 20:1.

Abb. 31: *Carpinus betulus* (Hainbuche): Holz quer; zerstreutporig, Jahrringgrenze wellig verlaufend (Spannrückigkeit), in der linken Bildhälfte falscher Holzstrahl, Tracheen überwiegend in radialen Reihen. Vergr. 35:1.

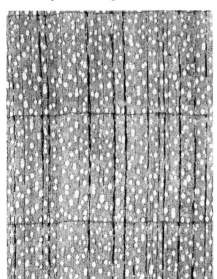

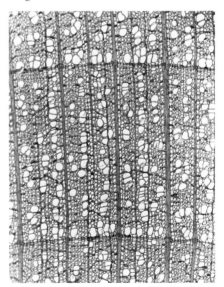

Abb. 32: *Acer platanoides* (Spitz-Ahorn): Holz quer; zerstreutporig, Tracheen meist einzeln, gleichmäßig über den Jahrring verteilt, Jahrringgrenzen deutlich sichtbar. Vergr. 10:1.

Abb. 33: *Tilia × vulgaris* (Holländische Linde): Holz quer; zerstreutporig, Tracheen einzeln, paarig oder in kurzen radialen Reihen, im ersten Frühholz etwas zahlreicher. Vergr. 20:1.

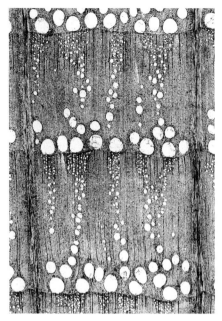 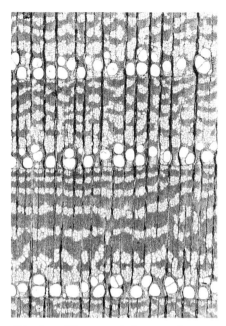

Abb. 34: *Quercus robur* (Stiel-Eiche): Holz quer; ringporig, Spätholzporen radial angeordnet, z.T. breite Holzstrahlen. Vergr. 10:1.

Abb. 35: *Ulmus* sp. (Ulme): Holz quer; ringporig, Spätholzporen tangential angeordnet. Vergr. 10:1.

Die folgenden Arten lassen sich holzanatomisch nicht unterscheiden:
Betula pubescens EHR., Moor-Birke
Betula pendula ROTH, Sand-Birke

Carpinus betulus L. *(Betulaceae),* Hainbuche
Holz gelblichweiß bis hellgrau, ohne Farbkern, deutlich spannrückig; Jahrringgrenze wenig ausgeprägt, wellig, zerstreutporig; Gefäßdurchbrechungen einfach; Holzstrahlen homogen bis heterogen, oft zu falschen Holzstrahlen zusammengesetzt.

Castanea sativa MILL. *(Fagaceae),* Kastanie
Splintholz grauweiß, Kernholz gelbbraun; Jahrringgrenze deutlich, ringporig; Gefäßdurchbrechungen einfach, Thyllen häufig, Holzstrahlen homogen, einreihig.

Catalpa bignonioides WALT. *(Bignoniaceae),* Trompetenbaum
Splintholz grauweiß, Kernholz bräunlichgrau; Jahrringgrenze deutlich, ringporig; Gefäßdurchbrechungen einfach, Thyllen häufig; Holzstrahlen homogen bis heterogen, ein- bis mehrreihig.

Corylus colurna L. *(Betulaceae),* Baum-Hasel
Splintholz rötlichweiß, Kernholz rötlich; Jahrringgrenze deutlich, leicht wellig, zerstreutporig; Gefäßdurchbrechungen leiterförmig; Holzstrahlen schmal, oft zu falschen Holzstrahlen zusammengesetzt.

Crataegus sp. *(Rosaceae),* Weißdorn
Holz rötlichweiß, ohne Farbkern; Jahrringgrenze deutlich, zerstreutporig; Gefäßdurchbrechungen einfach; Holzstrahlen homogen, schmal.
Die folgenden Arten sind holzanatomisch kaum zu unterscheiden:
Crataegus laevigata (Poir.) DC., Weißdorn
Crataegus × *lavallei* Hérincq ex Lavallée, Leder-Weißdorn
Es bestehen ferner holzanatomisch keine gesicherten Unterschiede zu einzelnen Arten der Gattungen *Sorbus* und *Pyrus.*

Fagus sylvatica L. *(Fagaceae),* Rotbuche
Holz rötlichweiß, meist ohne Farbkern, gelegentlich fakultative Kernbildung (Rotkern) mit wolkiger rotbrauner Färbung; Jahrringgrenze deutlich, zerstreutporig; Gefäßdurchbrechungen einfach und leiterförmig, Thyllen und Kernholzstoffe nur in Rotkern-Bereichen; Holzstrahlen homogen, einreihig und z. T. sehr breit, an der Jahrringgrenze verdickt.

Fraxinus excelsior L. *(Oleaceae),* Esche
Splintholz weißlich, Kernholz gelblich- bis rötlichweiß, später hellbraun, oft unregelmäßig gestreift oder wolkig; Jahrringgrenze deutlich, ringporig; Gefäßdurchbrechungen einfach, Thyllen häufig; Längsparenchym paratracheal als Scheide um die Gefäße, Holzstrahlen homogen.

Gleditsia triacanthos L. *(Caesalpiniaceae),* Gleditschie
Splintholz schwefelgelb bis grünlichgelb, Kernholz rot bis kupferbraun; Jahrringgrenze deutlich, ringporig; Gefäßdurchbrechungen einfach; Längsparenchym paratracheal als Gefäßscheide; Holzstrahlen homogen.

Juglans regia L. *(Juglandaceae),* Walnuß
Splintholz grauweiß bis rötlichweiß, Kernholz graubraun bis dunkelbraun; Jahrringgrenze deutlich, halbringporig; Gefäßdurchbrechungen einfach, Thyllen häufig; Holzstrahlen homogen.

Liquidambar styraciflua L. *(Hamamelidaceae),* Amberbaum
Splintholz weiß, Kernholz rötlichbraun; Jahrringgrenze wenig ausgeprägt, zerstreutporig; Gefäßdurchbrechungen leiterförmig, Thyllen vorhanden; Holzstrahlen heterogen.

Liriodendron tulipifera L. *(Magnoliaceae),* Tulpenbaum
Splintholz grauweiß bis gelblichweiß, Kernholz gelblichbraun bis olivbraun; Jahrringgrenze deutlich, zerstreutporig; Gefäßdurchbrechungen leiterförmig; Holzstrahlen meist heterogen.

Malus pumila Mill. *(Rosaceae),* Apfelbaum
Splintholz rötlichweiß, Kernholz hellbraun bis rotbraun; Jahrringgrenze schwach sichtbar, zerstreutporig; Gefäßdurchbrechungen einfach; Holzstrahlen schwach heterogen.

Platanus × **hispanica** Muenchh. *(Platanaceae),* Platane
Splintholz gelblich, Kernholz rotlichgrau; Jahrringgrenze deutlich, halbringporig; Gefäßdurchbrechungen einfach und leiterförmig; Holzstrahlen meist homogen, sehr breit, an der Jahrringgrenze auffällig verdickt.

Populus sp. *(Salicaceae)*, Pappel
Splintholz gelblichweiß, Kernholz entweder gleichfarbig *(P. tremula)* oder bräunlich *(P. alba)* oder hellbraun bis olivfarben *(P. nigra)*; Jahrringgrenze meist deutlich, zerstreutporig; Gefäßdurchbrechungen einfach; Holzstrahlen homogen, einreihig.

Die folgenden Arten lassen sich holzanatomisch nicht unterscheiden:
Populus alba L., Silber-Pappel
Populus canescens (AIT.) SM., Grau-Pappel
Populus nigra L., Schwarz-Pappel
Populus tremula L., Zitter-Pappel
Populus × *canadensis* MOENCH, Kanadische Pappel

Prunus avium L. *(Rosaceae)*, Süß-Kirsche
Splintholz gelblichweiß, Kernholz gelbbraun bis rötlichbraun; Jahrringgrenze deutlich, zerstreutporig bis halbringporig; Tracheen im Kernholz z. T. mit gelb- bis rotbraunen Inhaltsstoffen ausgefüllt, Schraubenverdickungen vorhanden, Gefäßdurchbrechungen einfach; Holzstrahlen heterogen.

Pyrus communis L. *(Rosaceae)*, Birnbaum
Holz gelblich bis rötlichbraun, ohne Farbkern; Jahrringgrenze schwach sichtbar, zerstreutporig; Tracheen sehr gleichmäßig verteilt, Gefäßdurchbrechungen einfach; Holzstrahlen homogen.

Es bestehen holzanatomisch keine gesicherten Unterschiede zu einzelnen Arten der Gattungen *Crataegus* und *Sorbus*.

Quercus sp. *(Fagaceae)*, Eiche
Splintholz gelblichweiß, Kernholz hellbraun bis gelblichbraun; Jahrringgrenze sehr deutlich, ringporig, Spätholzporen in radialer Anordnung; Gefäßdurchbrechungen einfach, Tracheen im Kernholz stark verthyllt; Holzstrahlen homogen, neben einreihigen z. T. sehr breite Strahlen.

Die folgenden Arten sind holzanatomisch nicht zu unterscheiden:
Quercus robur L., Stiel-Eiche
Quercus petraea (MATT.) LIEBL., Trauben-Eiche
Deutlich dickwandigere Spätholzporen, die meist nicht verthyllt sind, finden sich bei *Quercus rubra* L., Rot-Eiche.

Robinia pseudacacia L. *(Fabaceae)*, Robinie
Splintholz hellgelb, Kernholz gelbgrün bis gelbbraun; Jahrringgrenze sehr deutlich, ringporig; Gefäßdurchbrechungen einfach, Tracheen mit Schraubenverdickungen, bereits ab Herbst im äußersten Jahrring starke Thyllenbildung; Holzstrahlen homogen, Längsparenchym paratracheal.

Salix sp. *(Salicaceae)*, Weide
Splintholz weißlich, Kernholz hellrötlich bis hellbräunlich; Jahrringgrenze deutlich, zerstreutsporig; Gefäßdurchbrechungen einfach, Thyllen vorhanden; Holzstrahlen heterogen, einreihig.

Die folgenden Arten lassen sich holzanatomisch nicht unterscheiden:
Salix alba L., Silber-Weide
Salix caprea L., Sal-Weide

Sophora japonica L. *(Fabaceae),* Schnurbaum
Splintholz gelblich, Kernholz bräunlich; Jahrringgrenze deutlich ringporig; Gefäß-
durchbrechungen einfach, Tracheen mit deutlichen Schraubenverdickungen, keine
Thyllen; Holzstrahlen homogen.

Sorbus sp. *(Rosaceae),* Mehlbeere, Vogelbeere
Splintholz rötlichweiß, Kernholz gleichfarbig oder hellbraun; Jahrringgrenze deut-
lich, zerstreutporig; Tracheen mit Schraubenverdickungen, Gefäßdurchbrechun-
gen einfach; Holzstrahlen homogen.
   Die Arten der Gattung *Sorbus* lassen sich holzanatomisch nur schwer unter-
scheiden:
Sorbus aria (L.) Crantz., Mehlbeere
Sorbus aucuparia L., Vogelbeere
Sorbus intermedia (Ehrh.) Pers., Schwedische Mehlbeere
Auch gegenüber Arten der Gattungen *Crataegus* und *Pyrus* bestehen holzanato-
misch keine gesicherten Unterschiede.

Tilia sp. *(Tiliaceae),* Linde
Holz weißlich bis gelblich, ohne Farbkern; Jahrringgrenze wenig ausgeprägt, zer-
streutporig; Gefäßdurchbrechungen einfach, Tracheen mit deutlichen Schrauben-
verdickungen; Holzstrahlen homogen.
   Die folgenden Arten lassen sich holzanatomisch nicht unterscheiden:
Tilia cordata Mill., Winter-Linde
Tilia platyphyllos Scop., Sommer-Linde
Tilia × vulgaris Hayne, Holländische Linde
Tilia × euchlora K. Koch, Krim-Linde
Tilia tomentosa Moench, Silber-Linde

Ulmus sp. *(Ulmaceae),* Ulme
Splintholz gelblichweiß, Kernholz hellbraun bis dunkelbraun; Jahrringgrenze sehr
deutlich, ringporig, Spätholzporen in tangentialen Bändern; Tracheen mit Schrau-
benverdickungen, z.T. verthyllt, Gefäßdurchbrechungen einfach; Holzstrahlen
homogen.
   Die folgenden Arten lassen sich holzanatomisch nicht sicher unterscheiden:
Ulmus laevis Pall., Flatter-Ulme
Ulmus glabra Huds., Berg-Ulme
Ulmus carpinifolia Gled., Feld-Ulme

2.5.10   Bestimmung von Stamm- und Astholz

Das Holz der Äste und Zweige zeigt grundsätzlich den gleichen Aufbau wie das
Stammholz. Strukturelle Abweichungen sind vor allem zurückzuführen auf das
geringere Alter des Ast- und Zweigholzes. So ist die arttypische Holzstruktur in
den marknahen Jahrringen noch nicht vorhanden (das gilt auch für den Stamm)
und stellt sich erst nach einigen Jahren ein. Außerdem weisen die Äste und Zweige
eine mehr oder weniger ausgeprägte Schräglage auf, die häufig einen exzentri-
schen Querschnitt und meistens auch eine Reaktionsholzbildung zur Folge hat
(vgl. Kapitel 2.5.11). Ferner fehlen beim Ast- und Zweigholz oftmals altersbe-
dingte Veränderungen, wie Thyllen oder Verkernung.

Für eine eventuell notwendige Überprüfung der Diagnose wird auf die mit sehr guten Abbildungen versehenen Fachbücher von GROSSER (1977), SCHWEINGRUBER (1978, 1990) sowie WAGENFÜHR und SCHEIBER (1974) verwiesen.

Bestimmungstabelle Stamm- und Astholz

1. Holzgewebe mit Tracheen, Holzstrahlen meist mehrreihig (Laubholz)   8
- Holzgewebe aus Tracheiden, Holzstrahlen stets einreihig (Nadelholz) .   2
2. Harzkanäle vorhanden, Holzstrahlen heterozellular   5
- Harzkanäle fehlen, Holzstrahlen homozellular   3
3. Tracheiden mit Schraubenverdickungen, Übergang von Frühholz zu Spätholz gleitend, Kreuzungsfeldtüpfelung cupressoid
   Taxus baccata L., Gemeine Eibe
- Tracheiden ohne Schraubenverdickungen   4
4. Längsparenchym spärlich, Übergang von Frühholz zu Spätholz gleitend, Höhe der Holzstrahlen bis 5 Zellen, Kreuzungsfeldtüpfelung cupressoid
   Ginkgo biloba L., Ginkgobaum
- Längsparenchym fehlend oder sehr spärlich, meist scharfer Übergang von Frühholz zu Spätholz, Höhe der Holzstrahlen 10 bis 25 Zellen, Kreuzungsfeldtüpfelung taxodioid
   Abies alba MILL., Weiß-Tanne
5. (2). Tracheiden mit Schraubenverdickungen, scharfer Übergang von Frühholz zu Spätholz, Höhe der Holzstrahlen 8 bis 15 Zellen, Kreuzungsfeldtüpfelung piceoid
   Pseudotsuga menziesii (MIRB.) FRANCO, Douglasie
- Tracheiden ohne Schraubenverdickungen   6
6. Im Kreuzungsfeld von Längstracheiden und Holzstrahlparenchymzellen 1 bis 2 große Fenstertüpfel (pinoide Tüpfel), Holzstrahltracheiden mit gezähnten Wänden, Epithelzellen der Harzkanäle dünnwandig
   Pinus sylvestris L., Gemeine Kiefer
- Im Kreuzungsfeld von Längstracheiden und Holzstrahlparenchymzellen mehrere kleine Tüpfel (piceoide Tüpfel), Epithelzellen der Harzkanäle dickwandig   7
7. Übergang von Frühholz zu Spätholz meist scharf, Frühholztracheiden oft mit zwei nebeneinanderliegenden Hoftüpfeln (Zwillingstüpfel)
   Larix decidua MILL., Europäische Lärche
- Übergang von Frühholz zu Spätholz meist gleitend, Frühholztracheiden mit nur einer Reihe Hoftüpfel
   Picea abies (L.) KARST., Gemeine Fichte
8. (1). Holz zerstreutporig, selten halbringporig   17
- Holz ringporig   9
9. Holzstrahlen einreihig, selten zweireihig, homogen (nur liegende Zellen), 10 bis 30 Zellen hoch, Spätholzporen in radialer Gruppierung, dünnwandige Thyllen in den Frühholzporen
   Castanea sativa MILL., Kastanie
- Holzstrahlen einreihig und mehrreihig oder nur mehrreihig   10
10. Neben einreihigen vor allem sehr breite Holzstrahlen (bis 30 Zellen breit), mit bloßem Auge erkennbar, Spätholzporen in radialen Gruppen, Thyllen häufig in großen Frühholzporen, Tracheiden vasizentrisch
   Quercus sp., Eiche
- Holzstrahlen mehrreihig, bis 10 Zellen breit   11

11. Thyllen in Frühholzporen vorhanden (z. T. nur im Kernholz) 14
– Thyllen fehlen in Frühholzporen 12
12. Holzstrahlen heterogen (Randzellen quadratisch bis stehend), Längsparenchym reichlich
Ailanthus altissima (MILL.) SWINGLE, Götterbaum
– Holzstrahlen homogen, selten etwas heterogen 13
13. Tracheen mit deutlichen Schraubenverdickungen, Holzstrahlen homogen, selten heterogen, meist 4- bis 6reihig
Sophora japonica L., Schnurbaum
– Schraubenverdickungen nur in Spätholztracheen, Holzstrahlen homogen, 4- bis 8reihig
Gleditsia triacanthos L., Gleditschie
14. (11). Tracheen ohne Schraubenverdickungen, Thyllen selten vorhanden, Spätholzporen sehr dickwandig, einzeln oder in Paaren, Längsparenchym paratracheal
Fraxinus excelsior L., Esche
– Tracheen mit Schraubenverdickungen 15
15. Holzstrahlen homogen und heterogen, 2- bis 4reihig, Grundgewebe aus dünnwandigen Holzfasern
Catalpa bignonioides WALT., Trompetenbaum
– Holzstrahlen nur homogen 16
16. Thyllen sehr auffällig in Frühholzporen, Spätholzporen in Nestern, Holzfasern dickwandig, Holzstrahlen meist 3- bis 4reihig, Längsparenchym paratracheal
Robinia pseudacacia L., Robinie
– Thyllen selten in Frühholzporen, Spätholzporen in tangentialen Bändern, Holzstrahlen 4- bis 5reihig
Ulmus sp., Ulme
17. (8). Holz zerstreut- bis halbringporig 34
– Holz nur zerstreutporig 18
18. Tracheen mit einfachen Durchbrechungen 24
– Tracheen mit leiterförmigen Durchbrechungen, z. T. auch zusammen mit einfachen Durchbrechungen auftretend 19
19. Durchbrechungen der Tracheen leiterförmig und einfach, Holzstrahlen heterogen, z. T. sehr breit (bis 25 Zellen), mit bloßem Auge sichtbar
Fagus sylvatica L., Rotbuche
– Durchbrechungen der Tracheen stets leiterförmig 20
20. Holzstrahlen heterogen 22
– Holzstrahlen homogen 21
21. Holzstrahlen einreihig, oft zu falschen Holzstrahlen zusammengesetzt
Alnus sp., Erle
– Holzstrahlen 2- bis 4reihig, Tüpfelung der Tracheen sehr fein
Betula sp., Birke
22. (20). Holzstrahlen 1- bis 2reihig, oft zu falschen Holzstrahlen zusammengesetzt, Durchbrechungen der Tracheen mit 3 bis 5 (bis 10) Sprossen
Corylus colurna L., Baum-Hasel
– Holzstrahlen überwiegend mehrreihig 23
23. Durchbrechungen der Tracheen mit 15 bis 20 Sprossen, Thyllen vorhanden
Liquidambar styraciflua L., Amberbaum

– Durchbrechungen der Tracheen mit 2 bis 10 Sprossen, Thyllen selten
  Liriodendron tulipifera L., Tulpenbaum
24. (18). Tracheen ohne Schraubenverdickungen 31
– Tracheen mit Schraubenverdickungen 25
25. Holzstrahlen stets 1reihig, homogen
  Aesculus hippocastanum L., Roßkastanie
– Holzstrahlen meist mehrreihig 26
26. Holzstrahlen stets homogen 29
– Holzstrahlen wenigstens teilweise heterogen 27
27. Holzstrahlen stets heterogen, Schraubenverdickungen der Tracheen
  deutlich sichtbar, Längsparenchym sehr selten
  Prunus sp., Kirsche
– Holzstrahlen teils heterogen, teils homogen, Schraubenverdickungen
  der Tracheen nur schwach sichtbar 28
28. Jahrringgrenzen schwach wellig (Holz spannrückig), Holzstrahlen 1- bis
  mehrreihig, oft zu falschen Holzstrahlen zusammengesetzt, Poren oft in
  radialen Reihen
  Carpinus betulus L., Hainbuche
– Jahrringgrenzen geradlinig, Holzstrahlen meist zweireihig, Poren vorwiegend einzeln
  Crateagus sp., Weißdorn
29. (26). Poren meist einzeln, regelmäßig verteilt, Tüpfelung der Tracheen
  klein, Längsparenchym selten, vorwiegend apotracheal
  Sorbus sp., Mehlbeere, Vogelbeere
– Poren in radialen Reihen oder in Nestern, selten einzeln 30
30. Poren überwiegend paarig oder in kurzen radialen Reihen, Grundgewebe
  aus meist dickwandigen Fasern
  Acer sp., Ahorn
– Poren in radial ausgerichteten Nestern, etwas eckig, Grundgewebe aus
  dünnwandigen Fasern bzw. Fasertracheiden
  Tilia sp., Linde
31. (24). Holzstrahlen stets einreihig, Poren einzeln und in radialen Grup-
  pen, Grundgewebe aus Fasern 33
– Holzstrahlen 1- bis 3reihig, Poren meist einzeln, Grundgewebe aus Fasertracheiden 32
32. Poren häufig oval, Holzstrahlen schwach heterogen
  Malus pumila MILL., Apfelbaum
– Poren häufig eckig, Holzstrahlen homogen
  Pyrus communis L., Birnbaum
33. (31). Holzstrahlen homogen
  Populus sp., Pappel
– Holzstrahlen heterogen
  Salix sp., Weide
34. (17). Tracheen mit einfachen und leiterförmigen Durchbrechungen, Poren
  zahlreich, im Frühholz oft in Nestern, Holzstrahlen breit, 4- bis 10reihig,
  z.T. über 2 mm hoch
  Platanus × hispanica MUENCHH., Platane
– Tracheen nur mit einfachen Durchbrechungen 35
35. Tracheen mit Schraubenverdickungen
  Prunus sp., Kirsche

– Tracheen ohne Schraubenverdickungen, Poren locker verteilt, einzeln
und in kurzen radialen Gruppen, Holzstrahlen schmal, 1- bis 4reihig
Juglans regia L., Walnuß

2.5.11 Reaktionsgewebe

Die Struktur des Holzes der einzelnen Baumarten kann erheblich verändert sein,
wenn bestimmte Voraussetzungen vorliegen. Normalerweise wächst der Stamm
eines Baumes senkrecht zur Bodenoberfläche (= negativ geotrop). Auf einem
Stammquerschnitt erscheinen die Jahrringe daher konzentrisch und die Holzstruktur entspricht dem arttypischen Muster.

Gerät der Stamm aber in eine Schräglage (z. B. durch einseitigen Windeinfluß,
durch Sturm oder Hangrutschung), so versucht der Baum in eine stabilere Lage zu
gelangen, um sich eventuell wieder aufzurichten. Bei krautigen Pflanzen (z. B. Grä-
ser) wird dieses erreicht durch ein stärkeres Längenwachstum auf der Unterseite,
während auf der Oberseite ein geringeres Wachstum erfolgt.

Bei Bäumen ist das aber nur schwer möglich, denn der größte Teil des Stammes
besteht aus toten Festigungselementen und ist daher starr. Dennoch gelingt es jün-
geren Bäumen häufig, sich wieder aufzurichten und nur an der Stammbasis ist
noch ein sog. Säbelwuchs zu erkennen.

Reagieren kann bei den Bäumen nur das Kambium, das bei schrägstehenden
Nadelbäumen auf der Unterseite erheblich mehr Zellen produziert als auf der
Oberseite; bei Laubbäumen ist die Zellproduktion auf der Oberseite höher. Durch
dieses vermehrte einseitige Dickenwachstum werden die Stämme im Querschnitt
exzentrisch bis elliptisch und können dadurch ihre Schräglage stabilisieren.

Das bei den Nadelbäumen auf der Unterseite und bei den Laubbäumen auf der
Oberseite gebildete Zellgewebe unterscheidet sich erheblich vom normalen
Gewebe und wird als Reaktionsgewebe bezeichnet. Die Zellen dieses Gewebes
sind grundsätzlich in der Lage, einen Sproß wieder aufzurichten. Ein bekanntes
Beispiel ist die Aufrichtung von Seitentrieben bei Verlust des Gipfeltriebes.

Das Reaktionsgewebe der Nadelbäume bezeichnet man als Druckholz; es
besteht aus dickwandigen, im Querschnitt abgerundeten und stark lignifizierten
Tracheiden (vgl. Tab. 15), die während ihrer Ausdifferenzierung ein vermehrtes
Längenwachstum aufweisen und daher einen Längsdruck ausüben. Druckholz
kommt bei allen Nadelbäumen vor; bei starker Ausprägung besteht der radiale
Jahreszuwachs fast ausschließlich aus diesen Druckholztracheiden und nur wenige
Frühholzzellen zeigen einen normalen Bau (HÖSTER 1974 a). Auf der gegenüber-
liegenden Oberseite wird jeweils nur sehr wenig normales Gewebe angelegt.

Druckholz tritt aber nicht nur bei schiefstehenden Stämmen auf, sondern auch
bei Ästen auf der Unterseite und dient hier zur Stabilisierung (Abb. 36).

Das bei den Laubbäumen auf der Oberseite schrägstehender Stämme gebildete
Zugholz hat die Fähigkeit zur Kontraktion in der Längsrichtung und dient auf
diese Weise zur Aufrichtung von Stämmen. Im Unterschied zum Druckholz
kommt Zugholz aber nicht bei allen Laubbaumarten vor (vgl. Tab. 16). Vergleichende Untersuchungen haben gezeigt, daß Zugholz nur bei den Arten auftritt,
deren Grundgewebe aus Holzfasern besteht (HÖSTER und LIESE 1966).

Typisch für das Zugholz sind Fasern, deren innere Sekundärwand (S_2) nicht lignifiziert ist, d. h. nur aus Zellulose besteht (gelatinöse Fasern), so daß dieser
Bereich heller und glänzender erscheint und insgesamt einen höheren Zellu-

Farbtafel I
Querschnitte durch die Kambiumzone und die angrenzenden Gewebe. Durch eine Doppel-
färbung mit Safranin und Astrablau werden die aus Zellulose bestehenden Zellwände sowie
das Zytoplasma blau und die lignifizierten Zellwände sowie die Zellkerne rot gefärbt.

Links oben: *Picea abies* (Fichte): Querschnitt durch einen 27jährigen Stamm, Ruhezustand
des Kambiums (14. 4. 1972). Vergr. 300 : 1.

Kollabierte Siebzellen Jahrgang 1970 (Sz 70), Siebzellen Jahrgang 1971 mit zwei gerbstoff-
haltigen Parenchymzellen (Sz 71), Reihe kollabierter Siebzellen markiert Jahrringgrenze im
Bast (JRG), noch nicht funktionsfähige Siebzellen 1972 (Sz 72), 4 bis 5 Reihen abgeplatteter
Zellen der Kambiumzone (K), Jahrringgrenze (JRG), dickwandige Tracheiden des Spätholzes Jahrgang 1971 (SpH 71); in der rechten Bildhälfte ist ein Baststrahl (Bstr) zu erkennen, der
in einen Holzstrahl (Hstr) übergeht.

Links unten: *Populus* × *canadensis* 'Robusta' (Pappel): Querschnitt durch einen 24jährigen
Stamm, Ruhezustand des Kambiums (14. 12. 1971), Vergr. 300 : 1.

Weitlumige Siebröhren, Siebplatten mit Kallose verstopft, Jahrgang 1971 (Sr 71); kleinere
Parenchymzellen mit Stärkekörnern (Pz 71); bereits angelegte, aber noch nicht funktionsfä-
hige Siebröhren mit Geleitzellen, Jahrgang 1972 (Sr/Gz 72); 7 bis 8 Reihen abgeplatteter
Zellen der Kambiumzone (K); unvollständige Reihe nicht ausdifferenzierter Parenchymzel-
len, Jahrgang 1972 (Pz 72); Jahrringgrenze (JRG); dickwandige Holzfasern des Spätholzes
Jahrgang 1971; links und rechts Baststrahlen (Bstr), die in Holzstrahlen (Hstr) übergehen.

Rechts oben: *Populus* × *canadensis* 'Robusta' (Pappel): Querschnitt durch einen 8jährigen
Stamm, etwa zwei Wochen nach Beginn der Kambiumaktivität (9. 5. 1972), Vergr. 200 : 1.

Siebröhren und Parenchymzellen Jahrgang 1972 (Sr/Pz 72), breite teilungsaktive Kambiumzone (K), erste Frühholztracheen in radialer und tangentialer Ausdehnung (FH 72), Jahrringgrenze (JRG), Spätholzgewebe Jahrgang 1971 (Sp H 71).

Rechts unten: *Populus* × *canadensis* 'Robusta' (Pappel): Querschnitt durch einen 8jährigen
Stamm, etwa vier Wochen nach Beginn der Kambiumaktivität (23. 5. 1972), Vergr. 80 : 1.

Verholzte Bastfasern Jahrgang 1971 (Bf 71), Siebröhren (z. T. kollabiert) und Parenchymzellen Jahrgang 1971 (Sr/Pz 71), funktionsfähige Siebröhren und Parenchymzellen Jahrgang
1972 (Sr/Pz 72), breite teilungsaktive Kambiumzone (K), Frühholzzellen in Differenzierung
(FH 72), an der Jahrringgrenze (JRG) erste funktionsfähige Tracheen (Tr) und Fasern, lignifi-
ziertes Spätholzgewebe Jahrgang 1971 (Sp H 71).

Farbtafel II
Links oben: *Larix kaempferi* (Japanische Lärche): Querschnitt durch Stammholz. Druck-
holzgewebe: dickwandige, abgerundete und stark lignifizierte Tracheiden mit Interzellularen. Färbung: Safranin/Astrablau, Vergr. 480 : 1.

Rechts oben: *Quercus robur* (Stiel-Eiche): Querschnitt durch Stammholz. Zugholzgewebe:
dickwandige gelatinöse Holzfasern, bei denen im inneren Teil der Sekundärwand (blau
gefärbt) keine Lignifizierung erfolgt ist; dazwischen normale Holzfasern. Färbung: Safra-
nin/Astrablau, Vergr. 520 : 1.

Links unten: *Populus* × *canadensis* 'Robusta': Querschnitt durch Stammholz. Entstehung
von Thyllen in einer Trachee durch Ausstülpung der Protoplasten von Holzstrahlparenchymzellen. Färbung: Safranin/Astrablau, Vergr. 520 : 1.

Rechts unten: *Fagus sylvatica* (Buche): Querschnitt durch Stammholz, das von *Armillaria
mellea* (Hallimasch) teilweise abgebaut ist (linke und rechte Bildhälfte). Die schwarzen
Grenzlinien markieren das Zusammentreffen konkurrierender Myzelien; zwischen den
Grenzlinien ist das Holz nicht abgebaut (vgl. Kapitel 5.1.4), Vergr. 65 : 1.

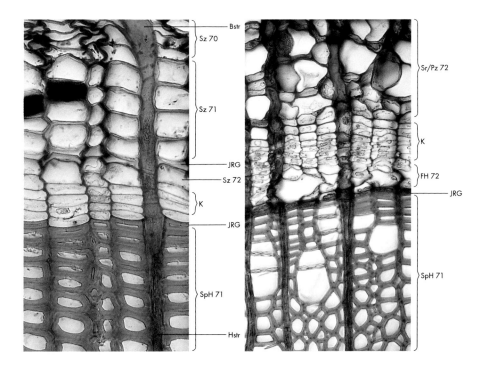

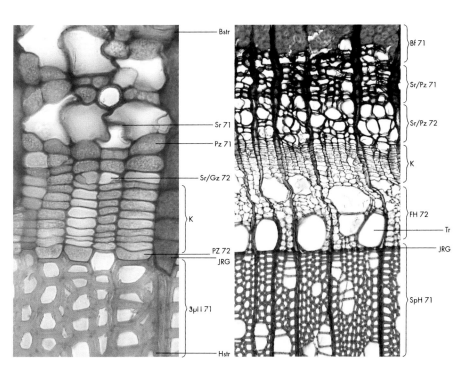

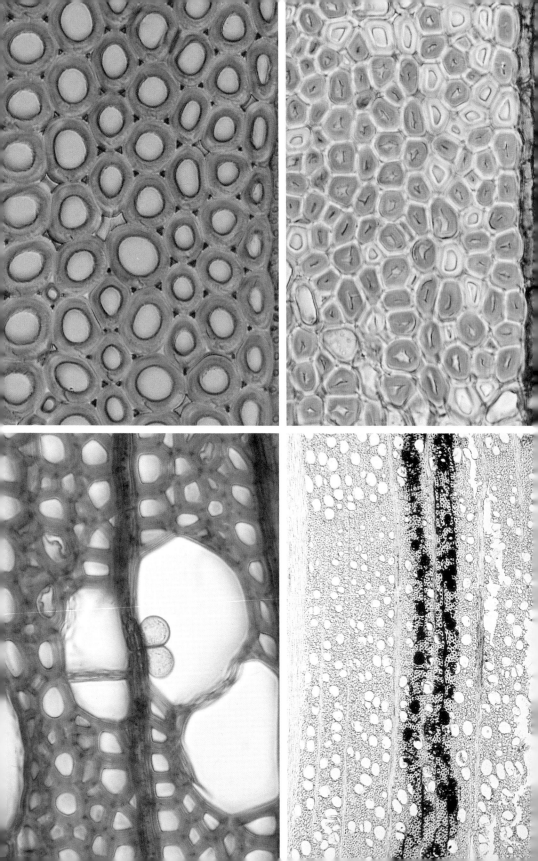

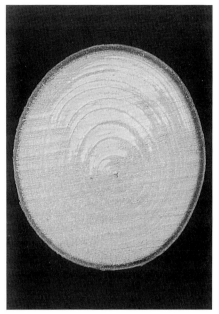

Abb. 36: *Picea abies* (Fichte): Astquerschnitt; stark exzentrisch, dunkelbraunes Druckholz auf der Astunterseite mit breiten Jahrringen und dickwandigen, stark lignifizierten Tracheiden (aus HÖSTER und LIESE 1966).

Abb. 37: *Alnus glutinosa* (Schwarz-Erle): Astquerschnitt; schwach exzentrisch, weißlich glänzendes Zugholz auf der Astoberseite mit etwas breiteren Jahrringen und zellulosereichen gelatinösen Holzfasern (aus HÖSTER und LIESE 1966).

loseanteil aufweist als das Normalholz (Tab. 15). Zugholz tritt auch bei Ästen auf der Oberseite auf, der jeweilige Anteil ist allerdings sehr variabel und abhängig vom Neigungswinkel der Äste (Abb. 37).

Das Reaktionsgewebe ist auf Dünnschnitten leichter zu erkennen nach einer Anfärbung mit Safranin und Astrablau. Dadurch werden die lignifizierten Teile der Zellwand rot und die aus Zellulose bestehende Zellwandschicht (S_2) blau gefärbt (Farbtafel II, Seite 82).

Tab. 15: Prozentuale Anteile von Lignin und Zellulose in der Zellwand von Reaktionsholz und normalem Holz

Baumart	Lignin (in %)		Zellulose (in %)	
	RH	NH	RH	NH
Picea abies	40,8	29,1	30,9	40,1
Pinus sylvestris	37,9	27,4	31,8	40,3
Betula sp.	17,6	21,3	57,7	47,0
Fagus sylvatica	13,0	20,0	57,0	38,0

Zusammengestellt nach PANSHIN und DE ZEEUW (1970)
RH = Reaktionsholz, NH = normales Holz

Tab. 16:   Vorkommen von Zugholz bei Laubbäumen

Acer	+++		*Liquidambar*	++
Aesculus	+++		*Liriodendron*	×
Ailanthus	+++		*Malus*	−
Alnus	+++		*Platanus*	−
Betula	+++		*Populus*	+++
Carpinus	++		*Prunus*	+
Castanea	+++		*Pyrus*	−
Catalpa	+		*Quercus*	++
Corylus	+++		*Robinia*	+++
Crataegus	−		*Salix*	+++
Fagus	++		*Sophora*	++
Fraxinus	−		*Sorbus*	++
Gleditsia	+++		*Tilia*	−
Juglans	++		*Ulmus*	+++

Legende: +++ = stark, ++ = häufig, + = gering, × = spärlich, − = fehlt

2.5.12   Wundreaktionen im Holzgewebe

Verletzungen des Kambiums führen in den beteiligten Geweben zu unterschiedlichen Reaktionen, deren Ausmaß vor allem abhängig ist von der Art der Schädigung, von der Wundgröße, vom Zeitpunkt der Verwundung, von der Baumart sowie vom Alter und der Vitalität des Baumes.

Die Wundreaktionen sind erstmals von FRANK (1884) beschrieben und im wesentlichen richtig gedeutet worden. In den letzten Jahren sind zu diesem Themenkomplex wichtige Arbeiten erschienen (u. a. DUJESIEFKEN et al. 1989, 1991; GROSSER et al. 1991, LIESE und DUJESIEFKEN 1989 a, SCHMITT und LIESE 1992 a, b; SHIGO 1985), die wesentlich zum Verständnis dieser Vorgänge beigetragen haben.

Die häufigste Schädigung ist eine offene Wunde, die äußerlich erkennbar ist und nach einiger Zeit überwallt wird. Verborgene Wunden entstehen z. B. durch Quetschungen des Kambiums oder durch Loslösung des Bastes vom Holzgewebe. Beide Arten der Schädigung werden an Beispielen erläutert.

Schadbild: Lokale Wunde mit Überwallung
Als Modell für eine derartige Schädigung kann ein Schadbild dienen, das in Nordamerika bei der Schwarznuß (*Juglans nigra* L.) durch einen saftsaugenden Specht (*Sphyrapicus varius* L., Sapsucker) verursacht wird (HÖSTER 1966). Dieser Specht befällt viele Baumarten (SHIGO 1963) und schädigt die Bäume, weil er im Frühjahr Löcher in die Borke und den Bast hackt, um den austretenden Saft mit seiner pinselartig aufgefaserten Zunge aufzusaugen.

Die Verletzungen reichen bis zum Kambium und führen durch einen Lufteinbruch in das Holzgewebe zu folgenden Reaktionen (Abb. 38 und 39):
– Absterben des Kambiums,
– Verfärbungen im Holzgewebe (Schutzholz) und
– Überwallung der Wunde (Wundholz).

Abb. 38: *Juglans nigra* (Schwarz-nuß): Teil einer Stammscheibe, quer, überwallte Wunde im Splint-holz, Verursacher: saftsaugender Specht. Es entsteht im Querschnitt die Struktur eines umgekehrten T, die vom Wundholz begrenzt wird durch eine Sperr-schicht oder barrier-zone (aus HÖSTER 1966). Vergr. 4 : 1.

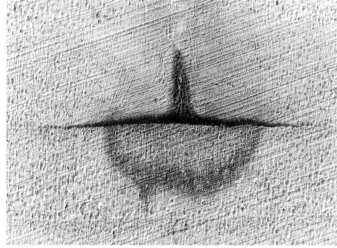

Abb. 39: *Juglans nigra* (Schwarz-nuß): Holz quer, überwallte Wunde mit Schutzholz und Wundholz. Das Schutzholz erstreckt sich über drei Jahr-ringe; das Wund-holz besteht über-wiegend aus Parenchymzellen, die Tracheen sind sehr spärlich und wesentlich kleiner (aus HÖSTER 1966). Vergr. 9 : 1.

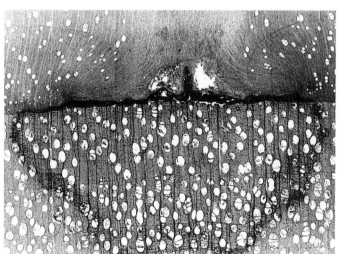

Absterben des Kambiums

Unmittelbar nach der lokalen Schädigung des Kambiums stirbt dieses auch in der näheren Umgebung ab. In tangentialer Richtung sind davon jeweils 4 bis 5 mm, in axialer Richtung 3 bis 5 cm betroffen, wobei die größte Ausdehnung des Schadens oberhalb der Verletzungsstelle stattfindet. Die gesamte nekrotische Zone im Kambium umfaßt damit bei einer punktförmigen Schädigung (etwa 3 mm Durch-messer) bereits eine Fläche von 8 cm^2! Auch nach einer späteren Überwallung kommt es in diesem Bereich zu keiner Verwachsung mit dem vor der Schädigung gebildeten Holzgewebe.

Verfärbungen im Holzgewebe (Schutzholz)

Der Begriff Schutzholz wurde von FRANK (1884) geprägt und umfaßt den gesamten verfärbten Bereich im Holzgewebe hinter der Fläche des abgestorbenen Kambiums (Abb. 40).

Auf dem Stammquerschnitt hat das Schutzholz etwa die Form eines Halbkreises mit einem Radius von ca. 5 mm, in den beiden axialen Richtungen (nach oben und unten) bleibt diese Verfärbung jeweils über einige cm erhalten. In diesem Bereich sind alle Parenchymzellen relativ schnell abgestorben, so daß eine Verthyllung der Tracheen kaum stattfinden konnte und eine Mobilisierung der gespeicherten Reservestoffe unterblieben ist. Die Braunfärbung ist auf eine Oxidation phenolischer Substanzen zurückzuführen. Dieses Schutzholz ist daher nicht vergleichbar mit verkerntem Holz und besitzt auch keine wesentlich erhöhte Resistenz gegenüber Mikroorganismen.

Von der Wundoberfläche abgesehen ist der gesamte randliche Bereich des Schutzholzes, eine höchstens 1 mm breite Grenzzone, auffällig dunkel gefärbt. Sämtliche Tracheen sind hier verthyllt und die Parenchymzellen sind ausgefüllt mit dunkelfarbigen Oxidationsprodukten. Thyllen sind aber auch noch außerhalb der Grenzzone im unverfärbten Holz zu finden. Die eigentliche Schutzwirkung gegenüber einem weiteren Lufteinbruch und auch gegenüber Mikroorganismen dürfte von der Grenzzone ausgehen (vgl. DUJESIEFKEN et al. 1988).

Die tangentiale Erstreckung des Schutzholzes endet nicht an Holzstrahlen, ebenso die radiale nicht an den Jahrringgrenzen, sondern der Verlauf der Grenzzone ist unregelmäßiger. Die auf dem Querschnitt erkennbare halbkreisförmige Begrenzung belegt den etwa gleichen Abstand von der Schadquelle, d. h. in einer bestimmten Entfernung ist den Parenchymzellen noch genügend Zeit geblieben, auf den Lufteinbruch mit einer Verthyllung der Tracheen und der Bildung von kernholzähnlichen Substanzen zu reagieren, vergleichbar etwa der Rotkernbildung (vgl. Kapitel 2.5.7).

Die stärkere axiale Ausdehnung des verfärbten Schutzholzes ist durch den schnelleren Transport von Luft in den unverthyllten Tracheen zu erklären.

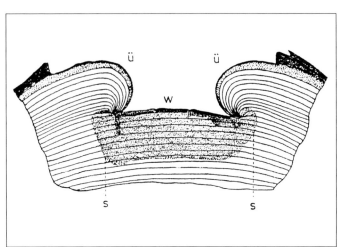

Abb. 40:
Schutzholz und Überwallung einer Stammwunde bei Birke, schematische Darstellung. Unter der flachen Wunde (W) hat sich eine Schutzholzzone (S) ausgebildet, von den Rändern erfolgt die Überwallung (Ü) der Wunde (nach FRANK 1884, aus GROSSER et al. 1991).

Überwallung der Wunde (Wundholz)

Während das Schutzholz keine strukturellen Veränderungen im Gewebeaufbau erfährt, unterscheidet sich das vom Kambium nach einer Verwundung gebildete Wundholz sehr stark vom normalen Holzgewebe.

So reagiert das ungeschädigte Kambium in Wundnähe mit der Bildung eines vielschichtigen Kallusgewebes, das vor allem aus Parenchymzellen besteht, die sich noch mehrfach teilen können und daher radial abgeflacht sind. Die Anordnung der Zellen ist in der Nähe der Wunde noch regelmäßig, wird im Bereich der Wunde aber zunehmend unregelmäßiger. Im Wundgewebe sind die Holzstrahlen häufig breiter und ihre Orientierung kann sehr unterschiedlich sein. Auffällig ist im Wundgewebe der geringe Anteil sehr kleiner Tracheen; auch der Faseranteil ist oftmals vermindert. Mit zunehmender Entfernung von der Wunde zeigt das Holzgewebe wieder eine normalere Struktur.

Eine besondere Bedeutung besitzen die vom noch intakten Kambium am Wundrand gebildeten Parenchymzellen, die sich mit fortschreitender Überwallung auch über die Wunde und damit über das Schutzholz schieben und dieses „abkapseln".

Diese Parenchymzellschicht schützt das Kambium und das neu gebildete Holzgewebe vor einem Luftzutritt bzw. einen Vordringen von Mikroorganismen aus der Wundzone und wird daher auch als Sperrschicht bzw. »barrier-zone« (SHIGO und MARX 1977, LIESE und DUJESIEFKEN 1989 a) bezeichnet. Die Sperrschicht ist daher ein Bestandteil des Wundholzes und begrenzt dieses zur Wundfläche.

Schadbild: Loslösung des Bastgewebes

Wenn zum Zeitpunkt beginnender Kambiumaktivität im April oder Mai ein Stammschaden eintritt, kann es leicht zu einer Loslösung des Bastgewebes vom Holz in den nicht direkt von der Schädigung betroffenen Teilen des Stammes kommen. Im Unterschied zur offenen Wunde erfolgt in diesem Bereich aber keine Überwallung.

Am Beispiel einer durch einen Verkehrsunfall geschädigten Linde sollen die Reaktionen von Kambium und Holzgewebe aufgezeigt werden (HÖSTER 1990). Auf einem Stammquerschnitt ist eine etwa 1 mm breite braun gefärbte Zone zu erkennen, die vom Wundrand ausgeht und auf dem gesamten Querschnitt sichtbar ist. Bei der fast 20 Jahre zurückliegenden Schädigung ist der Bast des Stammes über den gesamten Umfang vom Holz gelöst worden. Luft konnte eindringen und bewirkte Verfärbungen im zuletzt gebildeten Jahrring; insbesondere sind die Tracheen durch Einlagerungen z. T. blockiert (Thyllen fehlen bei Linde) und die Parenchymzellen weisen granuläre Substanzen auf (Abb. 41).

Nach der Schädigung ist aus noch teilungsfähigen Zellen wieder ein Kambium entstanden, so daß eine breite Sperrschicht (»barrier-zone«) aus 25 bis 30 radial abgeflachten Parenchymzellen und breiten Holzstrahlen gebildet werden konnte; vereinzelt sind kleinere Tracheen in diesem Gewebe vorhanden. Das auf die Sperrschicht folgende Gewebe weist wieder eine relativ normale Struktur auf.

Dieses Beispiel zeigt, daß eine geringfügige Loslösung des Bastes vom Holz für den Baum keine nachhaltigen Folgen haben muß, wenn umgehend eine Sperrschicht gebildet wird.

CODIT-Modell

Der amerikanische Forstpathologe SHIGO hat für die Wundreaktionen bei Bäumen in der ihm eigenen und vereinfachenden Art der Darstellung ein dreidimensionales CODIT-Modell (CODIT = Compartmentalization Of Decay In Trees)

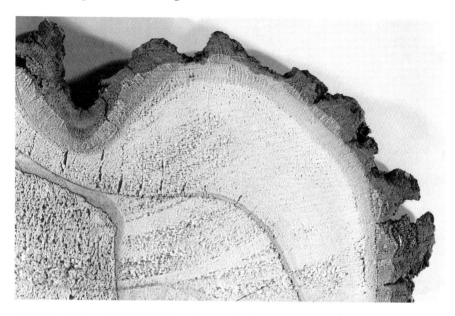

Abb. 41:   *Tilia* sp. (Linde): Teil einer Stammscheibe, quer. Bei einem 1968 erfolgten Unfall wurde der Bast außerhalb der Wundstelle über den gesamten Stammumfang vom Kambium leicht abgelöst. Die Wunde überwallte zunächst gut, infolge fehlender Wundbehandlung vermorschte das Stammholz aber so stark, daß der Baum 1985 gefällt wurde. In der linken Bildhälfte sind das vermorschte Holz sowie die beim pilzlichen Abbau entstandene schwarze Grenzlinie zu erkennen (vgl. Kapitel 5.1.4) in der mittleren und rechten Bildhälfte befindet sich die 1968 nach der Loslösung des Bastes gebildete Sperrschicht (barrier-zone). Die Holzprobe wurde freundlicherweise von Dipl.-Ing. K. SCHRÖDER, Grünflächenamt Osnabrück, zur Verfügung gestellt.

entwickelt (SHIGO und MARX 1977), das die Abschottung von Fäulnis in Bäumen anschaulich darstellen soll. In sehr schematischer Weise unterscheidet er im Holz vier »Wände«. Die »Wand 1« soll die Fäulnis in axialer Richtung begrenzen, die »Wand 2« verläuft parallel zur Jahrringgrenze und soll eine Ausbreitung in radialer Richtung verhindern und die »Wand 3« wird von Holzstrahlen gebildet, die eine Abschottung in tangentialer Richtung bewirken sollen.

Während diese drei »Wände« eine Begrenzung des Schutzholzes in axialer, radialer und tangentialer Richtung darstellen, wird die »Wand 4« erst nach der Schädigung vom Kambium gebildet als innerste Schicht des Wundholzes. Diese Sperrschicht (»barrier-zone«) ist am wirksamsten gegenüber Schädigungen.

Ob dieses CODIT-Modell hilfreich ist zum besseren Verständnis der nach einer Verwundung ablaufenden Prozesse, muß allerdings bezweifelt werden, denn zu unterschiedlich sind die Gewebestrukturen im Holz der einzelnen Baumarten. Außerdem werden die Grenzzonen des Schutzholzes nur selten von Jahrringgrenzen bzw. Holzstrahlen begrenzt (vgl. auch GROSSER et al. 1991).

Bereits FRANK (1884) hat darauf hingewiesen, daß die Schutzholzbildung dazu dient, das funktionstüchtige Holzgewebe vor eindringender Luft zu schützen.

Da die Bildung der Grenzzonen primär nicht als Abschottung gegenüber eindringenden Mikroorganismen aufzufassen ist, sondern als Schutz vor einer Luftembolie in den Tracheen der angrenzenden Holzgewebe, haben LIESE und DUJESIEFKEN (1988) vorgeschlagen, unter Beibehaltung der Abkürzung CODIT für den Buchstaben D anstelle von Decay (Fäulnis) die Begriffe Damage (Schaden) oder Disfunction (Funktionsstörung) zu verwenden.

Strategien der Abschottung

Aufgrund der unterschiedlichen Gewebestrukturen im Holz und der damit zusammenhängenden Funktionen, insbesondere zur Sicherstellung des Wassertransports, sind bei den einzelnen Baumarten auch Unterschiede in den Reaktionen auf Verwundungen zu erwarten.

Nadelbäume können auf eine Schädigung des Kambiums durch Verletzung oder durch Druckwirkungen (z. B. bei maschineller Ästung) reagieren mit der Bildung von Wundgewebe aus Parenchymzellen und der Anlage von Barrieren tangential angeordneter Harzkanäle (SACHSSE 1971). Der Schutz wasserleitender Tracheiden vor einer Luftembolie erfolgt durch Verschluß der Hoftüpfel.

Bei Laubbäumen kann eine Ausdehnung der Luftembolie auf andere Bereiche des Leitgewebes verhindert werden durch die Ausbildung von Thyllen oder durch eine Verstopfung der Tracheen mit fibrillärem Material (»plugs«), das in benachbarten Parenchymzellen gebildet wird (SCHMITT und LIESE 1992 a). Diese Art der Ausfüllung von Tracheen ist vor allem bei den Baumarten zu erwarten, die keine Thyllen bilden (z. B. bei Birke und Linde). Andererseits können nach Verletzungen auch thyllenähnliche Bildungen auftreten (z. B. bei der Platane).

Während das Kambium grundsätzlich bei allen Baumarten in der Lage ist, nach einer Schädigung ein Wundgewebe aus Parenchymzellen anzulegen, das als Sperrschicht oder »barrier-zone« einen wirksamen Schutz für das neu anzulegende Holzgewebe darstellt, ist die Abschottung im vorhandenen Holz unterschiedlich.

Da nur lebende Zellen auf eine Schädigung reagieren können, ist der Anteil von Parenchymzellen am Gewebe von zentraler Bedeutung (vgl. Tab. 10), aber auch die Beziehung von Parenchymzellen zu Tracheen (apotracheal bzw. paratracheal).

Baumarten mit einem hohen Anteil an Längsparenchym und vor allem an Holzstrahlparenchym sowie der Fähigkeit zur Bildung von Thyllen besitzen daher besonders gute Voraussetzungen für eine Abschottung der Gewebe. Bei Baumarten mit Thyllenbildung sind solche mit englumigen Tracheen (z. B. Buche) effektiver in der axialen Abschottung als Arten mit weitlumigen Tracheen (z. B. Eiche), da ein möglichst rascher Gefäßverschluß von Vorteil ist.

Nach DUJESIEFKEN et al. (1989) sind Buche, Eiche und Linde gut abschottende Baumarten, während Birke und Pappel schlecht abschotten können. Andererseits stellten GROSSER et al. (1991) fest, daß sich die Birke als eine erstaunlich gut abschottende Baumart erweist.

Diese unterschiedliche Einschätzung ist wahrscheinlich dadurch zu erklären, daß andere Einflußfaktoren eine stärkere Bedeutung haben können. So ist allgemein bekannt, daß geschwächte Bäume eine schlechte Abschottung und eine sehr langsame Überwallung aufweisen, ähnliches gilt für alte Bäume. Auch sind großflächige Wunden anders zu beurteilen als geringere Schädigungen.

Einfluß der Verletzungszeit
Von besonderer Bedeutung ist aber der Zeitpunkt der Verwundung. Nach Beendigung der kambialen Teilungen im August sowie nach Abschluß der Ausdifferenzierung der letzten Holzzellen eines Jahrrings im Oktober und der etwa gleichzeitig stattfindenden Blockierung der Siebröhren durch Kallosebildung auf den Siebplatten, tritt bei den Bäumen eine Ruhephase ein, zumal zu diesem Zeitpunkt auch der Laubfall einsetzt. Auf eine Verletzung können die lebenden Zellen daher kaum noch reagieren und es unterbleibt auch aufgrund niedriger Temperaturen eine Thyllenbildung.

Untersuchungen von LIESE und DUJESIEFKEN (1989 b) sowie von DUJESIEFKEN et al. (1991) ergaben, daß bei Verletzungen durch Bohrungen während der Ruhephase (Oktober bis März) meistens ausgedehntere Verfärbungen zu beobachten waren als im Frühjahr oder Spätsommer (Ende August).

Vor allem trocknete das Kambium am Wundrand bei Verletzungen in den Wintermonaten sehr stark zurück und die Wundholzbildung blieb gering, während bei Bohrungen im März oder April (bei einsetzender Teilungsaktivität des Kambiums) ein Zurücktrocknen kaum festzustellen war und die Wunden auch gut überwallten. Durch ein starkes Zurücktrocknen des Kambiums wird die Wunde deutlich vergrößert, so daß die anschließende Überwallung sehr viel länger dauert und damit auch die Gefahr des Pilzbefalls erhöht wird.

Aus diesen Gründen sollten Schnittmaßnahmen an Bäumen möglichst nicht während der Wintermonate durchgeführt werden, sondern erst ab April zum Zeitpunkt beginnender Kambiumaktivität (vgl. Kapitel 2.5.1 und 6.2.2).

2.6 Funktionelle Anatomie des Bastgewebes

Als sekundäres Phloem werden alle Bastzellen bezeichnet, die vom Kambium während des Dickenwachstums nach außen abgegeben werden. Reste des primären Phloems (entstanden am Vegetationspunkt) finden sich an der Peripherie und sind nur bei ganz jungen Sproßachsen zu erkennen; sie haben aber keine Funktion mehr.

2.6.1 Zellarten

Das Bastgewebe eines Baumes erfüllt drei wichtige Funktionen
- den Transport von Assimilaten,
- den mechanischen Schutz der Gewebe und
- die Speicherung von Assimilaten.
In der Evolution sind für diese Funktionen unterschiedliche Zellarten entstanden, wie Siebelemente (Siebzellen, Siebröhren), Bastfasern und Parenchymzellen.

Siebelemente
Ähnlich wie im Holzgewebe zwischen den primitiveren Tracheiden und den fortschrittlicheren Tracheen unterschieden wird, findet man im Bastgewebe bei den Nadelbäumen die einfacheren Siebzellen und bei den Laubbäumen stark spezialisierte Siebröhren, die den Transport der Assimilate von den Bildungsorten in der

Baumkrone bis zu den Verbrauchs- bzw. Speicherorten, z. B. in der Wurzel, übernehmen. Als Oberbegriff für beide Zellarten wird der Terminus Siebelemente verwendet.

Die Siebelemente sind im Unterschied zu den Wasserleitbahnen auch im funktionsfähigen Zustand lebende Zellen, allerdings besitzen sie keinen Zellkern mehr. Die Funktion der Steuerung des Stoffwechsels übernehmen bei den Laubbäumen benachbarte Geleitzellen, die einen großen Zellkern aufweisen; Siebelement und Geleitzelle sind durch Teilung aus derselben Mutterzelle entstanden und bilden eine funktionelle Einheit. Untereinander sind die Siebelemente durch Siebplatten verbunden, durch deren Poren Plasmastränge ziehen, die ein Kontinuum für den Langstreckentransport herstellen. Die Zellwand der Siebelemente besteht aus Zellulose und Pektin und ist daher dehnbar (Abb. 42).

Infolge des hohen Zuckergehaltes (10 bis 25 %ige wässerige Lösung) stehen die Siebelemente unter einem Überdruck, so daß bei einer Verletzung der Siebröhrensaft sofort austritt und das Transportsystem damit empfindlich gestört werden kann. Allerdings können die Siebelemente innerhalb weniger Minuten auf diese Schädigung reagieren und die Poren durch Phloem-Protein sowie durch das Polysaccharid Kallose verstopfen (BEHNKE 1990).

Abb. 42:   Siebröhre mit Geleitzellen, schematische Darstellung. Im oberen Teil der Länge nach aufgeschnitten. g = Geleitzellen, p = plasmatischer Wandbelag, s = Siebplatten in den Querwänden (s_1, s_2) bzw. in der Längswand (s_3) der Siebröhre (aus NULTSCH 1977).

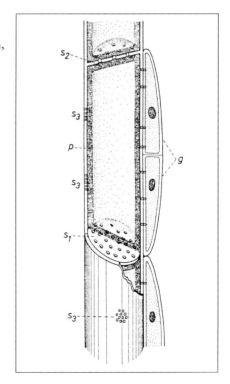

Die Lebensdauer der Siebelemente beträgt meistens nur eine Vegetationsperiode, so daß bereits im Herbst die Siebplatten durch Kallose verstopft werden, die Zellen ihren Turgordruck verlieren und kollabieren. Der gesamte Transport der Assimilate findet daher auch bei sehr großen Bäumen in einer nur etwa 1 mm breiten Schicht statt, die außen unmittelbar an das Kambium grenzt; man bezeichnet diese dünne Zone daher gelegentlich auch als Safthaut.

Bei Nadelbäumen und einigen Laubbäumen (z. B. Linde) kann die Kallose im Frühjahr wieder aufgelöst werden, so daß die Siebelemente erneut funktionstüchtig werden; in diesen Fällen beträgt deren Lebensdauer einige Jahre (JACOB und NEUMANN 1992).

Bastfasern

Unter Bastfasern sind langgestreckte Fasern zu verstehen, die vom Kambium abgegeben werden und daher bereits im funktionstüchtigen Phloem zur Festigung dieses Gewebes beitragen. Die sehr dickwandigen Fasern besitzen eine unverholzte oder verholzte Zellwand und treten häufig in Bündeln oder Nestern zu 20 bis 30 Zellen auf.

Bastfasern sind nur bei relativ wenigen Baumgattungen vorhanden, z. B. Ahorn (Spitzahorn), Eiche, Hainbuche, Linde, Pappel, Robinie und Weide (HOLDHEIDE 1951). Bekannt sind die Bastfaserbündel von Linden- und Weidenzweigen, die früher den Bindebast der Gärtner lieferten.

Parenchymzellen

Als Speichergewebe dient das in axialer Richtung angeordnete Bastparenchym sowie das Strahlparenchym in den radial verlaufenden Baststrahlen, die mit den Holzstrahlen über das Kambium in direkter Verbindung stehen. In den Zellen sind oftmals auch Kristalle abgelagert (z. B. Calciumoxalat). Die Zellwand der Parenchymzellen ist nicht lignifiziert; als länger lebende Zellen im Bastgewebe sind sie daher in der Lage, sekundär meristematisch zu werden oder noch in die Länge zu wachsen.

2.6.2   Gewebestrukturen und ihre Veränderungen

Siebelemente, Bastfasern und Parenchymzellen bilden das Gewebemuster des jüngsten Zuwachses im Bastgewebe. Nachdem die Siebelemente funktionslos geworden und kollabiert sind, ergeben sich schon im zweiten Jahr auffällige Veränderungen im Gewebe. Die Siebelemente und ihre Begleitzellen werden zusammengedrückt von den benachbarten Parenchymzellen, die sich dabei beträchtlich vergrößern. Man bezeichnet diesen Vorgang als Parenchymzellen-Inflation (lat. inflatus = aufgebläht). Durch den Kollaps der Siebelemente werden die Baststrahlen häufig verschoben und nehmen dann einen geschlängelten Verlauf.

Außerdem bewirkt das sekundäre Dickenwachstum eine immer stärkere Umfangserweiterung oder Dilatation (lat. dilatare = erweitern), die besonders den Bast betrifft. Dieses Gewebe würde durch die erheblichen tangentialen Spannungen zerreißen, wenn nicht ständig neue Parenchymzellen gebildet werden durch Teilungen der Längsparenchymzellen und der Baststrahlzellen. Besonders auffällig ist z. B. die keilartige Erweiterung der Baststrahlen bei der Linde.

Die Parenchymzellen können aber auch mit zunehmendem Alter noch Veränderungen erfahren unter Beibehaltung ihrer Zellform als Sklereiden oder nach intensivem Längenwachstum als Sklerenchymfasern. Bei beiden Typen wird die verholzende Zellwand erheblich dicker, so daß nur ein kleines Lumen übrigbleibt. Diese Umwandlungen bieten einen wirksamen Schutz für das aktive Phloem und das Kambium.

Sklereiden sind bei folgenden Baumgattungen vorhanden: Ahorn (Bergahorn), Birke, Buche, Erle, Platane und Roßkastanie. Sklerenchymfasern treten besonders häufig im Bast der Gattungen Ahorn (Spitzahorn), Eiche, Esche, Pappel, Robinie und Weide auf.

Die Ausbildung von Sklereiden bzw. Sklerenchymfasern im Bast hat auch eine Bedeutung für die Borkenstruktur (vgl. Kapitel 2.1.1).

2.6.3   Assimilattransport

Der Ferntransport von organischen Verbindungen erfolgt bei den höheren Pflanzen in den lebenden Siebelementen. Nur im Frühjahr kann kurzzeitig ein derartiger Transport auch in den Tracheen stattfinden (Saftsteigen, vgl. Kapitel 2.5.6).

Im Unterschied zum Wassertransport, der stets in einer Richtung von den Wurzeln zu den Blättern verläuft, wird die Transportrichtung in den Siebelementen von dem jeweiligen Bedarf bestimmt. Man unterscheidet daher zwischen den Produktionsorten (sources) und den Verbrauchs- bzw. Speicherorten (sinks), wobei letztere bei einer Mobilisierung der Reservestoffe auch wieder zu »sources« werden können. Ein Transport ist daher auch in der Gegenrichtung (bidirektional) möglich.

Produktionsorte sind vor allem die autotrophen Zellen der Blätter, Speicher- und Verbrauchsorte sind dagegen die heterotrophen Zellen in den Zweigen und Ästen, im Stamm und vor allem im Wurzelbereich, aber auch bei Blüten und Früchten. Ein großer Verbrauch entsteht in den Spitzenmeristemen von Sproß und Wurzel, aber auch im Kambium und in der Differenzierungszone.

Nach ZIEGLER (1991) besteht der Siebröhrensaft überwiegend aus Zucker (90 % der Trockensubstanz), und zwar vor allem aus Saccharose und Oligosacchariden (z. B. Raffinose), daneben kommen u. a. vor Aminosäuren, Vitamine sowie Wuchs- und Hemmstoffe. Die Transportgeschwindigkeit beträgt 0,5 bis 1 m/h.

Der Mechanismus des Assimilattransports ist noch nicht geklärt, doch geht man davon aus, daß es sich um eine Lösungsströmung handelt, bei der gelöste Stoffe mit Wasser im Lumen der Siebelemente geleitet werden (ZIEGLER 1991).

Analog der Vernetzung der Tracheen im Holzgewebe sind auch die Siebelemente intensiv miteinander verbunden, so daß bei Verletzungen Umleitungen des Assimilattransports grundsätzlich möglich sind.

2.7   Funktionelle Anatomie des Abschlußgewebes

Die Epidermis als primäres Abschlußgewebe eines Sprosses kann nur selten die durch das sekundäre Dickenwachstum verursachte Umfangserweiterung durch Dehnung oder Teilungsvorgänge auffangen. Daher wird schon frühzeitig ein sekundäres Abschlußgewebe (Periderm) gebildet, das aber in bestimmten Bereichen noch Öffnungen für den Gasaustausch (Lentizellen) aufweisen muß. Aber

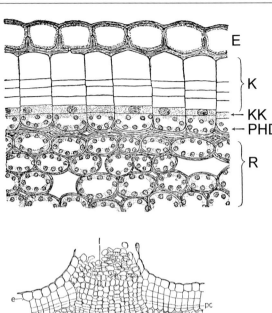

Abb. 43: Querschnitt durch das Periderm von *Sambucus nigra* (Holunder) kurz vor dem Aufreißen der Epidermis (E), KK = Korkkambium (Phellogen), K = Korkzellen (Phellem), PHD = Phelloderm, R = primäre Rinde (aus STRASBURGER 1951).

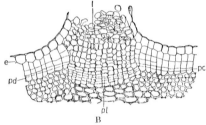

Abb. 44: Querschnitt durch eine Lentizelle von *Sambucus nigra* (Holunder). e = Epidermis, pc = Korkkambium (Phellogen) des Periderms, pl = Korkkambium (Phellogen) der Lentizelle, pd = Phelloderm, l = Füllzellen (aus STRASBURGER 1951).

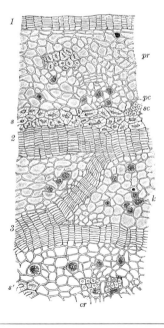

Abb. 45: Querschnitt durch die Borke von *Quercus petraea* (Trauben-Eiche). 1, 2, 3 = nacheinander gebildete Periderme, pr = durch Dilatation veränderte primäre Rinde, sc = Sklerenchymfasern, s, s' = Sklereiden, cr = Bastfasern, k = Zellen mit Calciumoxalat-Kristallen (aus STRASBURGER 1951).

schon bald reicht dieses Periderm nicht mehr aus, so daß weitere Periderme angelegt werden, deren Gesamtheit man als tertiäres Abschlußgewebe (Borke) bezeichnet.

2.7.1 Periderm

Bevor die Epidermis aufreißt, wird eine subepidermale Zellschicht des Rindengewebes meristematisch. Dieses Korkkambium oder Phellogen (griech. phellós = Kork) gliedert nach außen Korkzellen (Phellem) und nach innen meist eine unverkorkte Phellodermzelle ab, so daß radial angeordnete Zellreihen entstehen. Dieses aus Phellem, Phellogen und Phelloderm zusammengesetzte Gewebe wird als Periderm bezeichnet (Abb. 43).

Bei den Korkzellen besteht die Zellwand aus abwechselnden Schichten von wasserundurchlässigem Suberin (lat. suber = Kork) und Wachslamellen. Nach Beendigung der Wandbildung sterben die Korkzellen ab und füllen sich mit Luft, so daß die Zellen eine sehr gute Isolierung aufweisen gegenüber einer Wärmestrahlung und der Transpiration. In die Zellwand werden ferner Gerbstoffe eingelagert, die zu einer Braunfärbung führen und einen Schutz vor Pilzbefall darstellen.

Bereits sehr dünne Korklagen, wie sie bei Birken vorhanden sind und sich streifenartig ablösen lassen, vermindern die Transpiration erheblich.

Mehrschichtige Korklagen sind fast undurchlässig, so daß alle außerhalb des Periderms liegenden Zellen absterben. Um dennoch einen Gasaustausch zu ermöglichen, sind im Periderm interzellularenreiche Öffnungen vorhanden, die als Korkporen oder Lentizellen bezeichnet werden. Durch Auflösung ihrer Mittellamellen haben die Zellen nur einen losen Zusammenhalt (Abb. 44).

Bei einigen Baumarten, wie Buche und Hainbuche, bleibt das Phellogen des zuerst gebildeten Periderms (Oberflächenperiderm) über viele Jahre oder Jahrzehnte trotz Dilatationswachstums teilungsaktiv, so daß diese Baumarten glatte Stammoberflächen besitzen, die als Rinde bezeichnet werden.

2.7.2 Borke

Bei den meisten Baumarten kann das Oberflächenperiderm mit dem Dilatationswachstum nicht Schritt halten, so daß weitere Peridermbildungen in inneren, noch lebenden Bereichen der Rinde stattfinden (Innenperiderme). Das Phellogen dieser Periderme ist häufig nur über eine kurze Zeit tätig. Mit dem fortschreitenden Dickenwachstum und der damit zusammenhängenden Umfangserweiterung entstehen weiter innen immer wieder neue Periderme, vermehrt auch in Teilen des Bastgewebes. Auf diese Weise entsteht ein Mischgewebe aus vielen Peridermen mit dazwischen liegenden, jeweils sehr unterschiedlichen, Zellarten (Parenchymzellen, Bastfasern, Sklereiden). Dieses tertiäre Abschlußgewebe wird als Borke oder Rhytidom bezeichnet. Es handelt sich um ein totes Gewebe, das von innen durch die Anlage immer neuer Periderme ständig ergänzt wird und z. T. mehrere cm dick sein kann (Abb. 45).

Werden die Innenperiderme oberflächenparallel angelegt, so handelt es sich um eine Ringelborke (z. B. bei Birke oder Kirsche), sind sie segmentartig, dann entsteht eine Schuppenborke.

Eine dicke Borke, die zudem Einlagerungen von Gerbstoffen aufweist, bietet einen sehr guten Schutz vor mechanischen Schädigungen und vor einem Befall durch Pilze oder Insekten. Baumarten mit nur einem Oberflächenperiderm haben ein sehr dünnes Abschlußgewebe und sind daher empfindlich (z. B. Buchen nach plötzlicher Freistellung, vgl. Kapitel 4.2.1).

2.8 Funktionelle Anatomie des Wurzelholzes

Die Wurzeln der Bäume besitzen grundsätzlich den gleichen Gewebeaufbau wie der Stamm, allerdings gibt es einige wichtige Unterschiede, die auf die besonderen Funktionen der Wurzeln zurückzuführen sind.

2.8.1 Besonderheiten im Gewebeaufbau

Das Wurzelholz unterscheidet sich vom Holz der Stämme und Äste im wesentlichen durch folgende Merkmale
– ein Markgewebe fehlt,
– die Ringporigkeit geht in Zerstreutporigkeit über, und
– der Parenchymanteil ist wesentlich höher.
Während Stamm, Äste und Zweige im Zentrum ein Markgewebe aus Parenchymzellen besitzen (Rohrbauweise für Biegefestigkeit), das allerdings bei Stämmen keine Bedeutung mehr hat, fehlt dieses bei Wurzeln.

Bei starker Windbelastung unterliegen die Wurzeln der Gehölze einer erheblichen Zugbeanspruchung. In der Evolution haben sich daher Bauprinzipien bewährt, die das festigende Gewebe möglichst weit in das Zentrum verlagern (Kabelbauweise). Wurzeln sind daher stets daran zu erkennen, daß bei ihnen kein Markgewebe vorhanden ist, allerdings gilt das nicht für Wurzeln in der Nähe des Stammanlaufs.

Besonders auffällig ist bei den ringporigen Baumgattungen (z. B. Eiche, Esche, Robinie und Ulme) das zerstreutporige Wurzelholz, so daß auch die Jahrringgrenzen nicht mehr deutlich zu erkennen sind (RIEDL 1937). Auch bei anderen Baumarten variiert die Anordnung der Poren erheblich und ist daher für das Wurzelholz nicht mehr arttypisch (SCHWEINGRUBER 1978).

Bei vielen Baumarten besteht der Hauptanteil des Wurzelholzes aus Parenchymzellen, z. B. 59 % bei Platane (SÜSS und MÜLLER-STOLL 1973), ein Beleg für die große Bedeutung als Speicherorgan für Reservestoffe (z. B. Stärke, vgl. Abb. 46).

Das Wurzelholz ist daher homogener, poröser und weicher als das Stammholz.

2.8.2 Bestimmung von Wurzelholz

Die strukturellen Unterschiede zum Stammholz erschweren eine Bestimmung des Wurzelholzes. Eine Identifizierung erweist sich aber in einzelnen Fällen als zwingend notwendig, z. B. in Beweissicherungsverfahren, wenn Wurzeln Kanalrohre verstopft haben und der verursachende Baum gefunden werden soll (vgl. Kapitel 5.3.1).

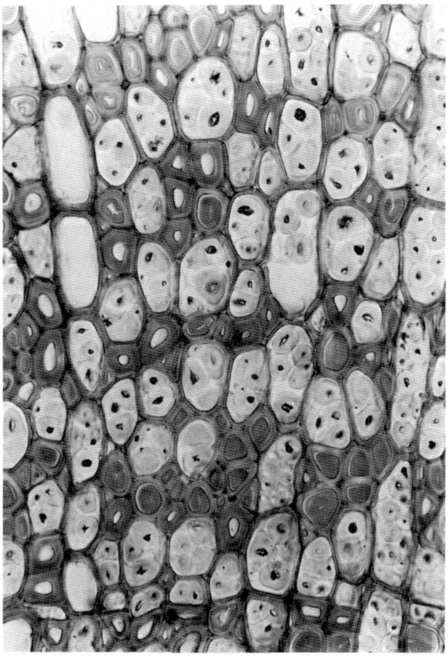

Abb. 46: *Quercus ilex* (Stein-Eiche): Wurzelholz quer. Der Hauptanteil des Wurzelholzes besteht aus Parenchymzellen, die mit großen Stärkekörnern ausgefüllt sind (Speichergewebe), dazwischen vereinzelt Fasern. Vergr. 530:1.

In diesem Fall erweist es sich als zweckmäßig, wenn die in Frage kommenden Baumarten bekannt sind; denn einige Baumgattungen lassen sich im Wurzelholz anatomisch nicht voneinander unterscheiden, z. B. Pappel und Weide.

Eingehende Beschreibungen sowie Abbildungen von Mikrotomschnitten von Wurzelholz geben CUTLER et al. (1987) für Bäume und Sträucher.

Bestimmungstabelle Wurzelholz

  1. Holzgewebe mit Tracheen, Holzstrahlen meist mehrreihig (Laubholz) 7
  – Holzgewebe aus Tracheiden, Holzstrahlen stets 1reihig (Nadelholz) 2
  2. Harzkanäle vorhanden 5
  – Harzkanäle fehlen 3
  3. Tracheiden mit Schraubenverdickungen
     Taxus baccata L., Gemeine Eibe
  – Tracheiden ohne Schraubenverdickungen 4
  4. Kreuzungsfeldtüpfelung cupressoid
     Ginkgo biloba L., Ginkgobaum
  – Kreuzungsfeldtüpfelung taxodioid
     Abies alba MILL., Weiß-Tanne
  5. (2). Tracheiden mit Schraubenverdickungen
     Pseudotsuga menziesii (MIRB.) FRANCO, Douglasie
  – Tracheiden ohne Schraubenverdickungen 6
  6. Kreuzungsfeldtüpfelung pinoid
     Pinus sylvestris L., Gemeine Kiefer
  – Kreuzungsfeldtüpfelung piceoid
     Larix decidua MILL., Europäische Lärche
     Picea abies (L.) KARST., Gemeine Fichte
     (Anmerkung: Gattungen anatomisch nicht zu unterscheiden)
  7. (1). Tracheen mit einfachen Durchbrechungen 13
  – Tracheen mit leiterförmigen Durchbrechungen, z.T. auch zusammen mit einfachen Durchbrechungen auftretend 8
  8. Durchbrechungen der Tracheen leiterförmig und einfach 12

– Durchbrechungen der Tracheen stets leiterförmig 9

9. Leiterförmige Durchbrechungen mit weniger als 10 Sprossen, Holzstrahlen 1- bis 3reihig, oft zu falschen Holzstrahlen zusammengesetzt
   Corylus colurna L., Baum-Hasel
– Leiterförmige Durchbrechungen meist mit mehr als 10 Sprossen 10

10. Holzstrahlen stets 1reihig, selten bis 3reihig oder zu falschen Holzstrahlen zusammengesetzt, Durchbrechungen mit 10 bis 20 Sprossen
    Alnus sp., Erle
– Holzstrahlen 1reihig und mehrreihig 11

11. Längsparenchym sehr selten, Durchbrechungen mit 5 bis 15 Sprossen
    Betula sp., Birke
– Längsparenchym häufig, Durchbrechungen mit 10 bis 20 Sprossen
  Liquidambar styraciflua L., Amberbaum

12. (8). Längsparenchym sehr häufig, Holzstrahlen 1reihig und mehrreihig (2 bis 20 Zellen breit), Holzfasern z.T. dickwandig
    Fagus sylvatica L., Rotbuche
– Längsparenchym zerstreut, Holzstrahlen mehrreihig (4 bis 14 Zellen breit), selten 1reihig, Holzfasern dünnwandig
  Platanus × hispanica MUENCHH., Platane

13. (7). Tracheen ohne Schraubenverdickungen 20
– Tracheen mit Schraubenverdickungen (z.T. nur schwach sichtbar) 14

14. Schraubenverdickungen nur schwach ausgebildet 17
– Schraubenverdickungen deutlich sichtbar 15

15. Holzstrahlen 1reihig
    Aesculus hippocastanum L., Roßkastanie
– Holzstrahlen 1- und mehrreihig 16

16. Längsparenchym schwach ausgebildet
    Acer sp., Ahorn
– Längsparenchym sehr häufig
  Tilia sp., Linde

17. (14). Längsparenchym relativ selten, zerstreut angeordnet
    Crataegus sp., Weißdorn
    Malus pumila MILL., Apfelbaum
    Prunus sp., Kirsche
    Pyrus communis L., Birnbaum
    Sorbus sp., Mehlbeere, Vogelbeere
    (Anmerkung: Gattungen anatomisch nicht zu unterscheiden)
– Längsparenchym häufig 18

Farbtafel III
Links oben: *Tilia × vulgaris* (Linde): Braunrote Blattrandnekrosen an den Blättern als typisches Symptom für Streusalzschäden.

Unten: *Gleditsia triacanthos* (Gleditschie): Nicht fachgerechte Behandlung einer Kernfäule durch Bestreichen mit einem Wundverschlußmittel (teilweise wieder entfernt, um die darunter befindliche Fäule sichtbar zu machen).

Rechts oben: *Fagus sylvatica* (Buche): Nach Freistellung der Bäume durch den Bau einer Ortsumgehung (vgl. Kapitel 4.2.1) an der Rinde aufgetretener Sonnenbrand. Typisches Symptom: großflächig aufplatzende Rinde nach Absterben von Kambium und Bast. (Foto: C. AMELUNG).

18. Ältere Tracheen z.T. mit Thyllen ausgefüllt, Längsparenchym stockwerkartig (Tangentialschnitt)
    Robinia pseudacacia L., Robinie
  – Ältere Tracheen ohne Thyllen 19
19. Holzstrahlen schmal (1 bis 4 Zellen breit), Längsparenchym stockwerkartig (Tangentialschnitt)
    Sophora japonica L., Schnurbaum
  – Holzstrahlen breiter (1 bis 6 Zellen breit), Längsparenchym nicht stockwerkartig
    Ulmus sp., Ulme
20. (13). Holzstrahlen 1reihig, selten 2reihig 24
  – Holzstrahlen mehrreihig 21
21. Holzstrahlen z.T. sehr breit (bis 40 Zellen), aber auch 1reihige, Längsparenchym häufig, ältere Tracheen z.T. mit Thyllen
    Quercus sp., Eiche
  – Holzstrahlen 1- bis 5reihig 22
22. Tracheen überwiegend einzeln und in radialen Reihen, Längsparenchym spärlich
    Carpinus betulus L., Hainbuche
  – Tracheen überwiegend einzeln und in Gruppen, Längsparenchym paratracheal oder in kurzen tangentialen Reihen 23
23. Tracheen mit Thyllen
    Juglans regia L., Walnuß
  – Tracheen ohne Thyllen
    Ailanthus altissima (MILL.) SWINGLE, Götterbaum
24. (20). Tracheen stets einzeln
    Castanea sativa MILL., Kastanie
  – Tracheen seltener einzeln, meist in Gruppen oder kurzen radialen Reihen   25
25. Holzgewebe zerstreutporig, viele Tracheen, Holzstrahlen 1reihig, sehr selten 2reihig
    Populus sp., Pappel
    Salix sp., Weide
    (Anmerkung: Gattungen anatomisch nicht zu unterscheiden)
  – Holzgewebe halbringporig, wenig Tracheen, Holzstrahlen 1- bis 2reihig
    Fraxinus excelsior L., Esche

Farbtafel IV
Oben: Eine hundertjährige Buche sollte im Zentrum einer Wohnanlage stehen, aber sie überlebte nicht die Bautätigkeit.

Der Planungsablauf: 1979 Erwerb der landwirtschaftlichen Fläche durch eine Wohnungsbaugesellschaft, 1980/81 Städtebaulicher Wettbewerb, Juni 1982 Baustelleneinrichtung und Kanalbauarbeiten, August 1982 Kranaufstellung im peripheren Wurzelbereich der Buche, Beginn der Tiefbau- und Hochbauarbeiten, Juni 1984 Einweihung der Wohnanlage.

Die Buche (Rekonstruktion aufgrund einer im Juni 1984 durchgeführten Jahrringanalyse): bis 1982 gute Vitalität (mittlere Jahrringbreite 1973/1982: 4,8 mm), im Jahr 1983 nur noch 0,3 mm Zuwachs, 1984 kein Austrieb vorhanden. (Foto: Juni 1984). Vermutete Ursachen des plötzlichen Absterbens: Bodenverdichtung durch Baufahrzeuge und Lagerung von Aushub sowie Materialien im Wurzelbereich mit der Folge, daß sämtliche Feinwurzeln erstickt sind; ferner Schädigungen durch Grundwasserabsenkung und Schädigung von Wurzeln bei Tiefbaumaßnahmen.

Unten: Baumtunnel auf Rügen. Gefährdung der Bäume durch Straßenausbau, Bankettschälung und Aufasten zur Herstellung des Lichtraumprofils.

3 Methoden zur Beurteilung von Bäumen

Im Bewußtsein der Öffentlichkeit besitzen Bäume einen hohen Stellenwert. Daher ist es verständlich, daß vor allem die Verwaltungen der Kommunen sowie die Straßenbauämter zur Absicherung ihrer Planungen und zur Verkehrssicherheit zunehmend Gutachten an Sachverständige vergeben. Dieses kann z. B. erforderlich sein, weil

– der Zustand der im Siedlungsbereich oder an Straßen stehenden Bäume sich aufgrund verschiedener Ursachen verschlechtert hat und fachlich fundierte Aussagen getroffen werden sollen zur Sanierung,

– ein Straßenausbau oder Radwegebau oder andere Baumaßnahmen geplant sind und in diesem Zusammenhang überprüft werden soll, ob die Bäume erhaltungswürdig sind im Hinblick auf ihre künftige Lebenserwartung und auf ihre ökologischen Funktionen,

– Aussagen zu treffen sind über bautechnische Maßnahmen während der Bauphase und über die Wahl der Bauweise, um eine langfristige Erhaltung der Bäume zu gewährleisten,

– in einem Beweissicherungsverfahren der gegenwärtige Zustand der Bäume dokumentiert werden soll,

– aus Gründen der Verkehrssicherheit Zweifel an der Stand- und Bruchsicherheit bestehen, oder

– in Gerichtsverfahren die Frage zu klären ist, ob der Umsturz eines Baumes vorhersehbar war.

Außerdem werden bei Streitigkeiten nach dem Nachbarrechtsgesetz gelegentlich Untersuchungen notwendig z. B. zur Feststellung des Pflanztermins einer Hecke bzw. der erreichten Höhe eines Baumes zu einem bestimmten Zeitpunkt.

Die Erfüllung dieser vielfältigen Ansprüche bereitet große Probleme. In vielen Gemeinden fehlt auf diesem Gebiet der notwendige Fachverstand (KLAFFKE 1990), andererseits besitzen Gutachter aufgrund ihrer Ausbildung sehr unterschiedliche Kenntnisse über baumphysiologische Vorgänge und verwenden daher teilweise Methoden, die nur sehr eingeschränkt Aussagen ermöglichen, häufig den Baum aber schädigen (HÖSTER 1991 a).

Vor diesem Hintergrund sollen verschiedene in der Praxis gebräuchliche Methoden vorgestellt werden im Hinblick auf den Erkenntnisgewinn und auf dabei verursachte Schädigungen. Bei den Methoden zur Beurteilung von Bäumen stehen zwei Problemkreise im Vordergrund, die Vitalität und die Stand- bzw. Bruchsicherheit.

Die Vitalität oder Lebenskraft eines Baumes ist altersabhängig und wird beeinflußt durch die jeweiligen Standort- und Umweltbedingungen sowie durch Schädigungen. Die Stand- und Bruchsicherheit hängt dagegen vor allem vom Ausmaß der Fäule im Wurzel- und Stammbereich ab.

3.1   Visuelle Beurteilung

Die am häufigsten angewendete Methode zur Erfassung der Vitalität ist die visuelle Ansprache. Sie setzt allerdings große Erfahrungen voraus, da die Vitalitätsmerkmale auch artspezifisch sind. So weist z. B. die Krone einer vitalen Stiel-Eiche stets eine lichtere Belaubung auf als die Krone einer vitalen Roßkastanie und das Längen- bzw. Dickenwachstum einer Pappel ist bei gleicher Vitalität stets größer als dasjenige einer Linde. Insofern können Vergleiche immer nur auf eine Baumart bezogen werden.

Eine visuelle Beurteilung ist möglichst im belaubten Zustand ab Anfang Juni durchzuführen, obwohl im Winterzustand die Kronenarchitektur und der Verzweigungsgrad deutlicher hervortritt. So hat z. B. ROLOFF (1989) die Entwicklung des jährlichen Längenwachstums der Triebe (u. a. bei Buche und Eiche) als wichtiges Merkmal zur Beurteilung der Vitalität von Waldbäumen herausgestellt.

Abb. 47: Durch die Umgestaltung des Platzes wurde die Baum-Hasel im Wurzelbereich so stark geschädigt, daß periphere Kronenpartien abgestorben sind.

Im Siedlungsbereich treten aber oft sehr kleinräumige Unterschiede in der Belastungssituation auf, so daß bei der Beurteilung der Vitalität von Bäumen wesentlich mehr Kriterien herangezogen werden müssen (vgl. auch EHSEN 1988 sowie Kapitel 7.1).
Beurteilt werden z. B.

– in der Baumkrone der Anteil der Belaubung (vor allem in der Peripherie), Blattgröße, Nekrosen, Blattverfärbungen, Spitzendürre, Längenzuwachs der Triebe, Schäden an Ästen, Aststummel usw.,

– am Stamm Rinden- und Holzschäden, nässende Stellen, Faulherde, Überwallungen, Einwüchse (z. B. Nägel), Pilzfruchtkörper,

– im Wurzelbereich Schädigungen und Faulstellen am Wurzelanlauf sowie weitere beeinträchtigende Faktoren, wie Abgrabungen, Aufschüttungen, Bodenverdichtungen, Bodenversiegelungen usw.

Bei der Untersuchung ist es zwingend erforderlich, den einzelnen Baum nicht nur von unten oder von einer Seite, sondern von allen Seiten anzuschauen, damit es nicht zu Fehleinschätzungen kommt; denn teilweise sind die unteren Kronenteile großblättrig und relativ dicht belaubt, die oberen Kronenpartien dagegen kleinblättrig und schütter. Daher liefert in diesen Fällen auch ein Lichtmeßgerät (Kronenmeter), das die Intensität des durch die Krone fallenden Lichtes mißt, keine verwertbaren Ergebnisse zur Bestimmung der Vitalität.
Eine visuelle Beurteilung hat auch den großen Vorteil, daß die Schadfaktoren aufgrund von Erfahrungen gewichtet werden können und mögliche Ursachen festgestellt werden. Als Nachteil wird die teilweise subjektive Einschätzung der Vitalität angesehen.

3.2   Color-Infrarot-Luftbilder

Zur Beurteilung von Baumschäden in Wäldern und Parks werden seit etwa 1972 Color-Infrarot-(CIR)-Luftbilder mit Erfolg eingesetzt. Die Empfindlichkeit der Filme reicht bis in den Bereich des Infrarots (zwischen 700 nm und 950 nm), so daß Pflanzen das eingestrahlte Sonnenlicht erheblich stärker reflektieren als im sichtbaren Bereich.
Blatt- oder Nadelschäden mindern die Reflexion der infraroten Strahlen, und auf CIR-Farbbildern erscheinen geschädigte Bäume in einer grau- bis blaugrünen Farbe, während vitale Bäume rot gefärbte Baumkronen aufweisen (VDI 3793, Bl. 1, 1990). Mit Hilfe dieser CIR-Luftbilder können zum gleichen Zeitpunkt großflächige Bestände aufgenommen werden, wobei der günstigste Termin auch aufgrund der besseren Wetterbedingungen (wolkenloser Himmel, kein Dunst) zwischen Mitte Juli und Mitte September liegt. In diesem Zeitraum sind die Schadsymptome an Nadeln und Blättern deutlich ausgeprägt und die herbstliche Laubverfärbung hat noch nicht eingesetzt.
Die Luftbildauswertung erfolgt unter Verwendung spezieller Interpretationsschlüssel nach den Merkmalen Kronenverlichtung, Nadel- und Blattvergilbungen und Farbverteilung. Derartige Schlüssel sind für Fichte, Buche und Eiche entwik-

kelt worden (VDI 3793, Bl. 2 E, 1990). Fehlinterpretationen können dann auftreten, wenn z. B. Winter-Linden im Juli blühen und mit den gelblichen Vorblättern
des Blütenstandes (Flugorgan) eine schlechtere Vitalität vortäuschen. Andererseits können Trockenschäden (gelbe Laubblätter) als Folge einer länger anhaltenden Trockenheit oder Insektenkalamitäten zu stark gewichtet werden. Diese Schäden beeinträchtigen zwar die aktuelle Vitalität, sind aber im Vergleich zu anderen
Schäden (z. B. Streusalz, Herbizide) zu vernachlässigen.

Während Waldbestände jeweils nur aus relativ wenigen Baumarten bestehen,
ist die Artenvielfalt im Siedlungsraum erheblich größer und kleinflächig häufig
stark durchmischt. Außerdem sind Stamm und Äste sowie die in der Stadt oft
wechselnden Standortbedingungen auf Luftbildaufnahmen nicht zu erkennen, so
daß Schadensursachen nicht ermittelt werden können. Die CIR-Aufnahmen liefern aber ein anschauliches Bild über die Vitalität des gesamten Baumbestandes zu
einem bestimmten Zeitpunkt; sie sind daher eine sinnvolle Ergänzung, ersetzen
aber keineswegs die visuelle Beurteilung vor Ort.

3.3   Jahrringanalyse

Die Entnahme von Bohrkernen (in Stammhöhe 1,30 m) für eine Jahrringanalyse ist
die wichtigste Methode zur Bestimmung des jährlichen Zuwachses bei Forstinven-
turen (ZÖHRER 1980). Die etwa 5 mm starken und meistens 20–30 cm langen
Bohrkerne werden mit einem Hohlbohrer (Zuwachsbohrer) aus dem Stamm entnommen, mit senkrecht stehender Faser auf konkave Holzleisten geklebt und
nach Glättung der Oberfläche mit einer speziellen Rasierklinge (Marke Apollo)
unter einem Stereomikroskop vermessen (Abb. 48).

Die Methode der Jahrringanalyse oder Dendrochronologie geht zurück auf den
amerikanischen Astronomen DOUGLASS, der um 1900 Beziehungen zwischen
Sonnenaktivität, Klima und Jahrringbreiten entdeckte und dabei u. a. feststellte,
daß besonders in Trockenjahren schmalere Jahrringe ausgebildet werden, die man
als Weiserjahre bezeichnet (SCHWEINGRUBER 1983).

Abb. 48: Bohr-
kernentnahme
mit dem
Zuwachsbohrer,
Bohrloch 8 mm
Durchmesser.
(Foto:
H. G. PREISSEL)

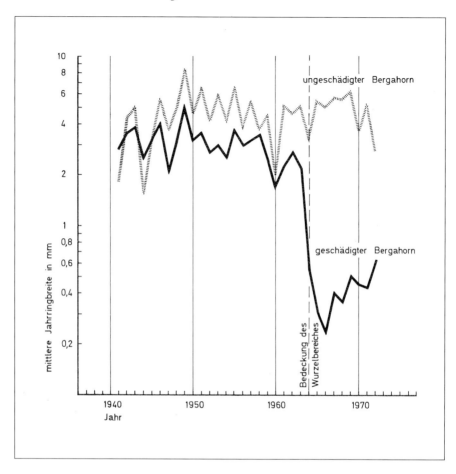

Abb. 49: Ergebnisse einer Jahrringanalyse: Vergleich der Jahrringkurven eines durch Bedeckung der Bodenoberfläche stark geschädigten Berg-Ahorns (Alter ca. 90 Jahre) mit einem im Rasen stehenden ungeschädigten Vergleichsbaum (aus ASLANBOGA et al. 1978.)

In den letzten Jahrzehnten ist diese Methode vor allem zur Datierung bau- und kunstgeschichtlicher Objekte (HUBER 1970, BAUCH 1971, HÖLL und BAUCH 1977) sowie zur Beurteilung der Vitalität und zum Nachweis von Schädigungen bei Bäumen eingesetzt worden (ECKSTEIN et al. 1974, 1976; ASLANBOGA et al. 1978, HÖSTER 1979).

Die Jahrringanalyse beruht auf folgenden Grundlagen:

Der jährliche Zuwachs im Holz wird in konzentrischen Ringen angelegt, die an Bohrkernen als Jahrringe erkennbar sind. Die Breite der Jahrringe ist Schwankungen unterworfen, die in ihrem Ausmaß abhängig sind von den Umweltbedingungen; so zeigt eine Zunahme der Jahrringbreite bessere, eine Abnahme schlechtere Wachstumsbedingungen an. Eine längere Folge von Jahrringbreiten stellt gewissermaßen ein Archiv dar, das Aussagen ermöglicht über die Vitalität der Bäume in

den zurückliegenden Zeiträumen und damit auch Hinweise gibt über ihr Wuchs-
potential und die künftige Lebenserwartung.

Bei ringporigen Baumarten ist eine Jahrringanalyse relativ leicht durchzuführen,
da die Jahrringgrenzen deutlich erkennbar sind und aus baumphysiologischen
Gründen in jedem Jahr ein neuer Jahrring gebildet werden muß, so daß die Zahl
der Jahrringe dem Alter entspricht. Das Holz zerstreutporiger Baumarten ist
dagegen weniger kontrastreich und außerdem können bei sehr ungünstigen
Lebensbedingungen einzelne Jahrringe teilweise oder völlig ausfallen. Mit einiger
Erfahrung sind diese Ringausfälle zu erkennen, insbesondere bei einem Vergleich
mit den Jahrringkurven ungeschädigter Bäume (Abb. 49).

Die graphische Darstellung der Jahrringkurven erfolgt auf halblogarithmischem
Papier. Auf der Abszisse werden die Jahre, auf der Ordinate die Ringbreiten in
logarithmischem Maßstab aufgetragen. Dieses hat den Vorteil, daß gleiche relative Änderungen der Jahrringbreite unabhängig von der Wüchsigkeit durch gleiche Strecken dargestellt werden und vor allem im kritischen Bereich der schmalen
Jahrringe (schlechte Vitalität) die Unterschiede viel deutlicher hervortreten.

Die auf diese Weise dargestellten Jahrringbreitenkurven zeigen auch auf einem
unbeeinflußten Standort Schwankungen, die u. a. auf die von Jahr zu Jahr unterschiedlichen Witterungsverhältnisse zurückzuführen sind. So ist z. B. der
Zuwachs in Trockenjahren (1959, 1976, 1992) oftmals bedeutend geringer, so daß
sich diese Jahre als Weiserjahre eignen.

Bei der Auswahl der zu untersuchenden Bäume ist darauf zu achten, daß sie ein
Alter von mindestens 40 bis 50 Jahren aufweisen. In der Jugendphase ist das Dik-
kenwachstum eines freistehenden Baumes relativ stark und erst nach einem Maxi-
mum im Alter von etwa 25 bis 30 Jahren nimmt es langsam wieder ab (Alterstrend), und erst zu diesem Zeitpunkt reagiert das Kambium sensibler auf Schadsymptome.

In den Zuwachskurven geschädigter Bäume ist nach Eintritt des Schadens ein
starker Abfall der Jahrringbreite zu erkennen, der sich deutlich vom Alterstrend
abhebt. In vielen Fällen kommt es nach der Schädigung wieder zu einer Erholung,
d. h. die Jahrringbreite steigt langsam wieder an. Dieses hängt davon ab, ob der
Baum z. B. über genügend Reservestoffe verfügt oder ob neue Wurzeln bzw. Blätter gebildet werden konnten; auch die nach fehlender apikaler Dominanz zu beob-
achtende Ersatztriebbildung führt zu einem leichten Anstieg der Jahrringbreite.

Da die Reaktion des Baumes auf einen Schaden stets unspezifisch mit einem
Rückgang der Jahrringbreite reagiert, sind keine Rückschlüsse auf die Ursachen
der Schädigung möglich. Ist dieses aber erforderlich, so müssen weitere Nachfor-
schungen angestellt werden, die umso leichter zum Erfolg führen, je deutlicher der
Eintritt des Schadereignisses aus den Jahrringkurven ablesbar ist.

Ein längerfristiges Absinken der Jahrringbreite auf Werte unter 1 mm bringt
nach den vorliegenden Erfahrungen für den Baum sehr große Probleme mit sich,
da der für den Wassertransport zur Verfügung stehende Querschnitt von Tracheiden und Tracheen sehr viel kleiner wird und auch wesentlich weniger Reservestoffe gespeichert werden können. Eine Rekonvaleszenz ist für den Baum dann
kaum noch möglich.

Aus Bohrkernen können aber noch weitere Informationen gewonnen werden,
z. B. durch eine Analyse der Gewebezusammensetzung innerhalb eines Jahrrings
(Höster und Spring 1971, Höster 1977) oder durch die Bestimmung des Spät-
holzanteils bei Nadelbäumen (Liese et al. 1975).

Abb. 50: Pappelholz längs aufgeschnitten zur Beurteilung von Schäden nach einer Bohrung.
Alter der Pappel: 16 Jahre
Stammdurchmesser (in 1,3 m Höhe): 22 cm
Zeitpunkt der Bohrung: Ende Oktober 1967
Bohrloch: 20 mm Durchmesser, 5 cm tief
Ausfüllung des Bohrlochs: Dübel aus Kiefernholz
Fällung des Baumes: Herbst 1971
Verfärbungen: oberhalb Bohrloch axial ca. 20 cm, unterhalb ca. 11 cm
Überwallung: 4,5 cm in vier Jahren

Obwohl eine Jahrringanalyse objektive Befunde für die Vitalität eines Baumes liefert, der Schadeintritt datiert werden kann und gleichzeitig der Bohrkern als Beweismittel erhalten bleibt, darf dabei nicht übersehen werden, daß mit der Bohrkernentnahme ein Bohrkanal von 8 mm Durchmesser entsteht, der von der Borke bis in das Kernholz reicht. Zwar wird der Bohrkanal zumindest im äußeren Teil wieder ausgefüllt mit einem Wundverschlußmittel (früher wurden Holzdübel verwendet) und überwallt nach einigen Jahren, doch der Schaden ist bereits beim Anbohren eingetreten, so daß Verfärbungen oberhalb und unterhalb des Kanals auf einer Gesamtlänge von 30 bis 50 cm entstehen mit entsprechender Schutzholzzone im Splintholz. Werden beim Bohren vermorschte Zonen tangiert, können sich Pilze im Bohrkanal bis in das Splintholz ausbreiten, die Schutzzonen allerdings kaum durchbrechen, so daß der Schaden lokal begrenzt ist (Abb. 50).

Die Methode der Bohrkernentnahme für jahrringanalytische Untersuchungen sollte daher nur in wirklich wichtigen Fällen durchgeführt werden. Keinesfalls dürfen am gleichen Baum zwei oder mehr Bohrkerne entnommen werden, wie das früher z. T. üblich war, um Mittelwerte zu bilden oder Ringausfälle auszuschließen.

3.4 Endoskopie

Das Endoskop ist ein Gerät, das in der Medizin zur Untersuchung von Körperhöhlen mittels elektrischer Beleuchtung und Spiegelbeleuchtung geeignet ist und mit großem Erfolg angewendet wird. Vor etwa 10 Jahren hat MÜLLER (1982) ein Baum-Endoskop (Arboskop) als neuartiges Untersuchungsgerät zur Innenbetrachtung der Baumsubstanz in die Praxis eingeführt. Das Gerät besteht aus einer stabförmigen Edelstahlröhre (8 mm Durchmesser), in der sich ein Linsensystem befindet, das von Lichtleitfasern umgeben ist. Am vorderen Ende befindet sich ein Objektiv (für Vorausbetrieb oder Seitblick), am entgegengesetzten Ende ein Okular sowie der Eingang des Lichtleiterkabels (DENGLER 1988 a).

Zur Vorbereitung der Untersuchung muß ein Bohrkanal mit einem Spiral-Stangenbohrer (12 mm Durchmesser) von der Borke bis zum Kernholz bzw. zur Höhlung hergestellt werden. Zum Abschluß der Untersuchung wird der Bohrkanal durch einen mit Wundverschlußmittel bestrichenen Holzbolzen wieder verschlossen (MÜLLER 1993).

Kaum ein Gerät ist schon bei seiner Einführung so positiv beurteilt worden. MÜLLER (1982, 1983) nennt folgende Vorteile bei der Endoskopie von Altbäumen
- Beurteilung der Stämme auf ihre allgemeine Beschaffenheit,
- wesentlich bessere Möglichkeit zur Beurteilung der Standfestigkeit,
- Früherkennung von Schäden im Stamminneren und von Adventivwurzeln sowie
- Überzeugung des Auftraggebers über den Zustand der Bäume.
Aus holzbiologischer Sicht ist der Erkenntnisgewinn allerdings sehr gering und steht in keinem Verhältnis zu den angerichteten Schäden, denn es sind meistens mehrere, über den Stammquerschnitt verteilte Bohrungen erforderlich (SCHRÖDER 1986), eventuell auch noch in verschiedenen Stammhöhen, um das gesamte Ausmaß der Innenfäule festzustellen. Besonders schwerwiegend sind Schädigungen durch Bohrungen im Wurzelbereich, da hier die Infektionsgefahr durch Pilze sehr viel höher ist. Auf endoskopische Verfahren sollte daher bei Bäumen ganz verzichtet werden, zumal mit dieser Methode auch keine definitiven Aussagen zur Verkehrssicherheit möglich sind (BRELOER 1989).

3.5 Shigometer

In der Holzphysik wird die Holzfeuchte durch die Messung des elektrischen Widerstandes (Kehrwert der elektrischen Leitfähigkeit) ermittelt. Der elektrische Widerstand ist im wesentlichen abhängig vom Wassergehalt, von der Elektrolytkonzentration und von der Temperatur des Holzes. Da von Mikroorganismen befallenes und abgebautes Holz erhöhte Konzentrationen an Kalium, Calcium und Magnesium aufweist, ändert sich auch der elektrische Widerstand des Holzgewebes. Auf dieser Basis haben SHIGO und SHIGO (1974) ein Meßinstrument zur Bestimmung des elektrischen Widerstandes entwickelt (Shigometer), mit dessen Hilfe Fäulnisbereiche in Leitungsmasten und hölzernen Brückenpfeilern oder im Holz von Bäumen lokalisiert werden können. Zu diesem Zweck wird zunächst ein Loch (2,4 mm Durchmesser) in den Stamm bis etwa 30 cm Tiefe gebohrt, um anschließend sehr langsam eine Doppelelektrode einzuführen. Im gesunden Holzgewebe ändert sich der Meßwert nur geringfügig, bei Erreichen der Fäulezone fällt der Wert schlagartig ab. Durch Messungen an verschiedenen Stellen kann das Ausmaß der Stammfäule abgeschätzt werden.

Nachteilig sind die durch Bohrungen entstandenen Schäden im Baum, aber auch mögliche Veränderungen des Feuchtegehaltes im Zeitraum zwischen Bohrung und Einführung der Elektroden, so daß dieses Verfahren nur noch selten zur Anwendung kommt.

3.6   Vitamat

Die Messungen mit dem Vitamat beruhen ebenfalls auf dem Prinzip der Ermittlung der elektrischen Eigenschaften des Holzgewebes. Im Unterschied zum Shigometer ist keine vorherige Bohrung notwendig, sondern mit einem am Stamm befestigten Kurbelgerät werden zwei beschichtete Stahlelektroden (2,8 bis 4,8 mm Durchmesser) in den Stamm getrieben. Die maximale Eindringtiefe beträgt dabei 30 cm. Die Messung der elektrischen Leitfähigkeit (Leitwertmessung) erfolgt kontinuierlich während des Einpressens der Elektroden und wird auf einem Bildschirm sichtbar gemacht (BUCHER und KUČERA 1991).

Als Ergebnis der Messungen entstehen Leitwertprofile für den Stamm, die Auskunft geben über die Holzfeuchte von Splint- und Kernholz, über das Vorkommen eines Naßkerns und über das Vorliegen einer Holzfäule. Die Interpretation der Meßergebnisse erfordert aber fundierte Kenntnisse über Anatomie und Physiologie des Holzes der verschiedenen Baumarten.

BUCHER et al. (1992) stellten für wichtige Baumgattungen Standardleitwertprofile auf (Tab. 17); die einzelnen Typen sind wie folgt definiert:

Typ Picea   (trockenes Kernholz): an der Grenze von Splint- und Kernholz deutlicher Abfall des elektrischen Leitwertes

Typ Populus (Naßkern): starker Anstieg des elektrischen Leitwertes an der Grenze von Splint- und Kernholz

Typ Fagus   (heller Kern bzw. Farbkern): Bei hellem Kernholz gleichbleibender elektrischer Leitwert im Splint- und Kernholz, bei Farbkern höherer Leitwert im Kernholz.

Bei Vorliegen eines Pilzbefalls müssen die gemessenen Leitwertprofile mit den Standardleitwertprofilen verglichen werden. Dabei bereitet eine Unterscheidung von Naßkern und Pilzbefall gewisse Schwierigkeiten.

Die mit dieser Methode gewonnenen Erkenntnisse sind gut geeignet für die Bestimmung der Holzfeuchte im Kernholz. Für die Analyse der Stammfäule sind nur punktuelle Aussagen möglich, so daß erst mehrere Messungen an verschiedenen Stellen einen Überblick über die Ausbreitung der Fäule geben können. Konkrete Aussagen zur Stand- und Bruchsicherheit sind allerdings nicht möglich.

Tab. 17:   Typen elektrischer Leitwertprofile bei Baumgattungen (BUCHER et al. 1992)

Leitwertprofil Typ Picea	Leitwertprofil Typ Populus	Leitwertprofil Typ Fagus
Picea	*Populus*	*Fagus*
Larix	*Salix*	*Acer*
Pinus	*Ulmus*	*Aesculus*
Pseudotsuga	*Abies*	*Alnus*
Quercus		*Betula*
		Carpinus
		Fraxinus
		Juglans
		Platanus
		Prunus

Die beim Einpressen der Elektroden verursachten Schäden sind zwar geringer einzuschätzen als bei Bohrungen, doch es entstehen Wunden in der Kambiumzone, und die Schutzzone kann durchstochen werden, so daß Pilze sich weiter ausbreiten können. Die Methode ist daher nicht zerstörungsarm.

3.7 Conditiometer

Bei dem Conditiometer handelt es sich um eine Weiterentwicklung des Shigometers zur Beurteilung der relativen Vitalität von Bäumen. Das Prinzip des Verfahrens beruht darauf, daß der elektrische Widerstand von Holz- und Rindengewebe sowie vom Kambium in begrenztem Umfang Aufschluß geben kann über den physiologischen Zustand dieser Gewebe. Das Conditiometer schickt einen Impulsstrom über die bis in den Kambialbereich eingeführten Doppel-Nadelsonden und mißt den Widerstand der Gewebe gegen diesen Strom in Kilo-Ohm.

Nach Angaben der Hersteller wird eine relative Vitalität gemessen, d. h. je höher der elektrische Widerstand, desto schlechter ist der Zustand des Baumes. Zur besseren Absicherung der Ergebnisse müssen nach EHSEN (1991) mehrere Messungen pro Baum durchgeführt werden, so daß ein Mittelwert gebildet und dieser mit den Mittelwerten anderer Bäume verglichen werden kann. Auf diese Weise lassen sich Bäume von unterschiedlicher Vitalität mit Hilfe des elektrischen Widerstandes differenzieren, allerdings gilt das nur innerhalb einer Art und bei gleichartigen Standortbedingungen.

EHSEN (1991) fand Übereinstimmungen zwischen der visuellen Beurteilung der Baumvitalität und den Ergebnissen der Conditiometer-Methode. Da aber auch dieses Verfahren deutliche Verletzungen im Kambialbereich verursacht, weil die Sonden von Hand oder mit dem Hammer in den Stamm gedrückt oder geschlagen werden, sollte diese Methode möglichst nicht zur Anwendung kommen, zumal keine Aussagen zur absoluten Vitalität gemacht werden können.

3.8 Densitomat (Xylo-Density-Graph)

Die Verfahren zur Dichtemessung beziehen sich auf die unterschiedliche Holzdichte innerhalb von Jahrringen. Besonders deutlich ausgeprägt ist dieses im Nadelholz bei dem regelmäßigen Wechsel vom dünnwandigen Frühholz zum dickwandigeren Spätholz. Der Forstbotaniker BÜSGEN hat 1906 ein Verfahren der Nadelstichhärte beschrieben, das von MAYER-WEGELIN (1950) weiterentwickelt wurde und als Härtetaster vielfach zur Anwendung kam. Bei diesem Verfahren wird eine Nadel mit gleichbleibender Kraft in das Holz getrieben; die unterschiedliche Härte des Holzes wird in einem Diagramm aufgezeichnet. Dadurch entstehen für das Holz der einzelnen Baumarten arttypische Härtediagramme (TRENDELENBURG und MAYER-WEGELIN 1955). Nach diesem Prinzip hat RINN (1988) ein Verfahren der Densitometrie entwickelt, das auf der elektronischen Messung des Bohrwiderstandes bei der radialen Durchbohrung von Stämmen (Bohrtiefe bis 100 cm) mit einer dünnen Bohrnadel (Durchmesser des Bohrkopfes 3 mm) beruht.

Abgesehen von den Schädigungen, die auch bei Anwendung dieses Verfahrens bei den Bäumen auftreten (vgl. Vitamat), ist die Interpretation der Ergebnisse problematisch, da der Verlauf der Bohrung nicht sichtbar wird. So kann z. B. aus einer ursprünglich radialen Bohrung eine halbtangentiale werden, wenn aufgrund einer leichten Exzentrizität des Stammes das Mark verfehlt wird. Trifft die Bohrnadel auf breite Holzstrahlen (z. B. bei Buche oder Eiche) und folgt diesen teilweise, so bleiben Dichteunterschiede aus. Dieses räumen RINN et al. (1990) auch ein, indem sie Dichtemessungen nur in Verbindung mit konventionellen Methoden zur Messung von Jahrringbreiten für sinnvoll halten. Auch andere Strukturanomalien wie Reaktionsholz können zu Fehlschlüssen führen (DENGLER (1992).

Der Densitomat (neuerdings Xylo-Density-Graph) soll nach RINN (1988) auch zur Stammfäulediagnose sowie zu Standsicherheitsuntersuchungen an Stadt-, Park- und Alleebäumen Verwendung finden. Für diese Zwecke ist das Verfahren allerdings nicht geeignet (BRELOER 1989), da auch diese Bohrungen nur punktuelle Aussagen treffen können über das Vorliegen einer Fäulnis und selbst ein durch viele Bohrungen belegtes Vorkommen großer Fäulebereiche oder Hohlräume im Baum erlaubt noch keine Aussage über die Stand- und Bruchsicherheit der Bäume.

3.9 Computer-Tomographie

Das aus der Medizin stammende Verfahren der Computer-Tomographie wird seit etwa 15 Jahen auch bei Bäumen angewendet zur Erkennung von Stammfäulen (HABERMEHL und RIDDER 1979). Nach dem Prinzip des Röntgenverfahrens wird eine Dichtemessung des Holzes einer sehr dünnen Stammscheibe vorgenommen und dabei ein vollständiges Schnittbild der durchstrahlten Ebene erzeugt (Tomogramm). Das Ziel der Tomographie ist die Ermittlung und Darstellung des Absorptionskoeffizienten für die durchdringende Strahlung (Cäsium-137) in Abhängigkeit von der Lage in dieser Scheibe (HABERMEHL und RIDDER 1992).

Mit Hilfe der Computer-Tomographie lassen sich Strukturunterschiede und Strukturveränderungen im Holzkörper sowie Fäulnisbereiche, Risse, Höhlungen und Adventivwurzeln feststellen. Da es sich um eine zerstörungsfreie Methode handelt, bestehen aus der Sicht der Baumbiologie keine Bedenken bei der Anwendung. Mit diesem mobilen Gerät können daher Erkenntnisse über eine mögliche Beeinträchtigung der Verkehrssicherheit gewonnen werden. Ob diese Methode aber geeignet ist, objektive Aussagen über die Stand- und Bruchsicherheit zu treffen, ist fraglich (vgl. dazu BRELOER 1989).

3.10 Beurteilung der Stand- und Bruchsicherheit

Aus Gründen der Verkehrssicherheit ist zu gewährleisten, daß weder Bäume als Ganzes noch seine Teile eine Gefahr für die Umwelt darstellen.

Nach der Rechtsprechung reicht eine visuelle Prüfung aus, solange nicht besonders verdächtige Umstände vorliegen, die eine genauere Untersuchung erfordern (BRELOER 1989). Ergänzt wird die Baumkontrolle häufig durch ein Abklopfen des Baumes mit einem leichten Plastikhammer, wodurch z. B. bei Faulstellen und Höhlungen im Stamm ein dunklerer Klang erzeugt wird als bei gesundem Holz. Das Verfahren ist zwar einfach, hat aber nur eine geringe Aussagefähigkeit und erfordert viel Erfahrung und eine ruhige Umgebung, um die Tonunterschiede wahrzunehmen. Da die Kontrollen aber im belaubten Zustand durchgeführt werden (Richtlinien 1984), ist nicht auszuschließen, daß es zu Störungen der Kambiumtätigkeit kommt, bei Bäumen mit dünner Rinde oder Borke auch zu Schädigungen.

Besteht der Verdacht, daß die Verkehrssicherheit nicht mehr gewährleistet ist, so sind weitergehende Untersuchungen erforderlich.

Bei der Beurteilung der Verkehrssicherheit unterscheidet man die Standsicherheit und die Bruchsicherheit. Diese beiden Begriffe sind wie folgt definiert (ZTV-Baumpflege 1992):

> Als **Standsicherheit** wird die natürliche Fähigkeit eines Baumes verstanden, daß er bei normalen äußeren Einflüssen nicht umstürzt.
>
> Als **Bruchsicherheit** wird die artspezifische Fähigkeit und Beschaffenheit des Baumes bezeichnet, dem Bruch von Stamm- und Kronenteilen bei äußeren Einflüssen ausreichend zu widerstehen.

Stand- und Bruchsicherheit sind gefährdet, wenn z. B. die auftreffende Windbelastung die Belastbarkeit der Haltewurzeln übersteigt bzw. Stämme oder Äste an Schwachstellen (z. B. durch Fäule bedingt) abbrechen können. Aber auch bei fast völliger Windstille besteht die Möglichkeit, daß Bäume umstürzen, wenn die Haltewurzeln abgefault sind.

In den letzten Jahren sind verschiedene Methoden zur Berechnung der Stand- und Bruchsicherheit entwickelt und in der Praxis eingesetzt worden; teilweise handelt es sich auch um modifizierte Verfahren, z. B.
- Standsicherheitsnachweis (SINN 1983),
- Elastomethode zur Ermittlung der Bruchsicherheit (WESSOLLY 1989),
- Inclinomethode zur Ermittlung der Standsicherheit (WESSOLLY 1989),
- Optisches Verfahren und Lasermessung zur Standsicherheit von Bäumen (SINN 1990),
- Computergestütztes Meßverfahren zur Analyse der Standsicherheit (MÄNNL 1992),
- Impulshammer-Verfahren (MATTHECK und BETHGE 1992),
- VTA-Visual Tree Assessment (MATTHECK und BRELOER 1992).

Über diese Verfahren ist ein Methodenstreit entstanden, wie eine fachgerechte Beurteilung der Verkehrssicherheit von Bäumen erfolgen sollte (MATTHECK und BRELOER 1992a, b, c, 1993), WESSOLLY 1992a, b, 1993, SINN und SINN 1992, SINN 1993), so daß zum gegenwärtigen Zeitpunkt eine abschließende Bewertung offenbleiben muß.

3.11 Bewertung der Untersuchungsmethoden

Die beschriebenen Verfahren sind in unterschiedlicher Weise für die Beurteilung der Vitalität bzw. der Stand- und Bruchsicherheit sowie für den Nachweis einer Stammfäule geeignet (Tab. 18).

Tab. 18:   Eignung von Methoden zur Untersuchung von Bäumen

Methode	Vitalität	Stamm-fäule*	Stand- und Bruch-sicherheit	Zerstörungs-frei
Visuelle Beurteilung	+++	+	+	ja
CIR-Luftbilder	++	–	–	ja
Jahrringanalyse	+++	+	–	nein
Endoskopie	–	++	+	nein
Shigometer	+	+	+	nein
Vitamat	+	+	+	nein
Conditiometer	+	–	–	nein
Densitomat	+	+	+	nein
Computer-Tomographie	–	+++	+	ja

Legende: +++ sehr gut geeignet, ++ gut geeignet, + geeignet mit Einschränkungen,
      – nicht geeignet
      *) bei einer Bohrung bzw. einem Einstich

Aus der Zusammenstellung in Tab. 18 wird deutlich, daß die meisten Untersuchungsverfahren Schädigungen bei Bäumen verursachen. Einige dieser Methoden sind primär zur Feststellung von Holzfäulen (z. B. in Leitungsmasten) oder zur Beurteilung von Forstbäumen (Zuwachsermittlung, Erkennung von Stammfäulen) entwickelt worden.

In letzter Zeit kommen diese Methoden aber auch bei Bäumen im Siedlungsbereich zur Anwendung. Häufig handelt es sich um Problembäume, die aufgrund schlechter Standortbedingungen oder vorhergegangener Beeinträchtigungen durch Bauarbeiten in ihrer Vitalität stark geschwächt sind.

Schädigungen durch Bohr- und Einstichverfahren wirken sich bei diesen Bäumen erheblich negativer aus als bei Forstbäumen, da die Wunden aufgrund des geringeren Zuwachses schlechter überwallen und die Abschottungsreaktionen im Holz langsamer ablaufen.

Aber auch künftig müssen in Ausnahmefällen derartige Methoden angewendet werden dürfen unter der Voraussetzung, daß die Schädigung in einer Relation zum Erkenntnisgewinn steht. Grundsätzlich sind aber zerstörungsfreie Methoden vorzuziehen (vgl. ZTV-Baumpflege 1992).

In zunehmendem Maße befassen sich Vertreter anderer Disziplinen (z. B. Physiker und Techniker) mit der Entwicklung neuer Methoden für die Untersuchung von Bäumen, teilweise ohne spezielle Kenntnisse über die Anatomie und Physiologie der Gehölze.

Hier zeigt sich eine deutliche Parallele zu den Baumchirurgen, deren Maßnahmen zur Pflege und Erhaltung geschädigter Bäume oftmals nicht mit den Grundlagen der Baumphysiologie in Einklang standen, wie es LIESE und DUJESIEFKEN (1989) zutreffend feststellten. Erst die Zusammenarbeit mit Holzbiologen brachte für die Baumpflege und Baumchirurgie entscheidende Fortschritte.

Für baumschonende Verfahren z. B. zur Ermittlung der Stand- und Bruchsicherheit von Bäumen wäre daher ein entsprechender Erfahrungsaustausch mit Holzphysikern, die über profunde Kenntnisse der Baumbiologie verfügen, ähnlich erfolgreich.

Baumverträglichkeitsprüfung

Es ist zu erwarten, daß auch künftig neue Methoden zur Bestimmung der Vitalität von Bäumen sowie zur Feststellung der Stand- und Bruchsicherheit entwickelt werden und zur Anwendung kommen. Aufgrund der bisher überwiegend negativen Erfahrungen muß daher in Zukunft sichergestellt werden, daß vor der Einführung neuer Verfahren eine Baumverträglichkeitsprüfung durchgeführt wird. Insbesondere sind dabei zu prüfen

- Kann mit der Methode der geforderte Zweck erreicht werden?
- Welche Schädigungen ergeben sich bei der Anwendung der Methode für den Baum?
- Stehen Erkenntnisgewinn und Schädigung des Baumes in einem angemessenen Verhältnis?
- Welche Auswirkungen ergeben sich bei der Anwendung der Methode auf die Umwelt?

Bäume sind Lebewesen und besonders im Siedlungsraum trotz schlechter Lebensbedingungen von ökologischer und gestalterischer Bedeutung, sie sind aber kein Experimentierfeld für baumschädigende Untersuchungsverfahren.

4 Schäden durch abiotische Faktoren

Unter abiotischen Schäden werden alle Schädigungen zusammengefaßt, die nicht direkt durch pflanzliche, pilzliche oder tierische Organismen hervorgerufen werden. Von großer Bedeutung sind Schäden im Wurzelbereich, die leider oft übersehen werden, weil die Folgen nicht sofort sichtbar sind, sondern oft erst Jahre später auftreten. Aber auch im Stammbereich können Schädigungen schwerwiegend sein.

4.1 Schäden im Wurzelbereich

Die Situation der Bäume im Siedlungsgebiet ist sehr häufig gekennzeichnet durch ungünstige Lebensbedingungen im Wurzelbereich, insbesondere durch Sauerstoffmangel, Wassermangel und Nährstoffmangel. Ursache für diese Mangelerscheinungen ist oftmals eine Bodenverdichtung oder eine Versiegelung der Bodenoberfläche.

Andererseits ist vor allem im straßennahen Randbereich die Schadstoffbelastung im Boden sehr hoch und erschwert zusätzlich das Wachstum der Bäume.

Bei der Anlage von Radwegen, bei Straßenverbreiterungen, bei der Verlegung von Kabeln und Rohrleitungen, durch Abgrabungen oder Aufschüttungen sowie bei anderen Bauarbeiten werden die Wurzeln oft schwer geschädigt, so daß die Bäume nach etlichen Jahren bei einem Sturm umstürzen können (Abb. 52).

Aus praktischen Gründen wird nach RAS-LG 4 (1986) als Wurzelbereich die Bodenfläche zwischen Stamm und Kronentraufe zuzüglich 1,5 m angesehen.

4.1.1 Bodenverdichtung

Die Bodenstruktur als räumliche Anordnung der Bodenpartikel beeinflußt vor allem den Luft- und Wasserhaushalt. Eine besondere Bedeutung haben in diesem Zusammenhang die Bodenporen, die nach SCHEFFER und SCHACHTSCHABEL (1982) eingeteilt werden in Grob-, Mittel- und Feinporen.

Die mit Luft gefüllten Grobporen besitzen einen Durchmesser von 10 bis 50 μm und sind für die Durchlüftung des Bodens sowie Versickerung des Oberflächenwassers von ausschlaggebender Bedeutung. In den Mittelporen (Durchmesser 0,2 bis 10 μm) wird das Wasser kapillar festgehalten und vor einer Versickerung bewahrt, so daß es von den Wurzeln aufgenommen werden kann. Die Feinporen (Durchmesser unter 0,2 μm) binden das Wasser dagegen so stark, daß es für die Wurzeln nicht verfügbar ist. Der Anteil der Grob- und Mittelporen im Boden ist daher für das Wurzelwachstum, aber auch für die mikrobielle Aktivität sehr wichtig.

Abb. 51:   Alte Dorflinde wurde zur Baum-
ruine durch Straßenbaumaßnahmen und
Asphaltierung des Wurzelbereichs (aus
HÖSTER 1987).

Abb. 52:   Eine aufgrund der
Belaubung vitale Linde nach
einem Orkan. Der Baum hatte
seine Haltewurzeln durch Bauarbeiten verloren.
(Foto: K. SCHRÖDER)

Sauerstoffmangel im Boden tritt nach MEYER (1983) viel häufiger als begrenzender Faktor für das Wachstum der Wurzeln auf als allgemein angenommen wird.
Die Bodenluft enthält weniger Sauerstoff und mehr Kohlendioxid als die Atmosphäre, da durch die Atmung der Wurzeln und Bodenorganismen Sauerstoff verbraucht wird und dieser nur langsam durch Diffusion nachgeliefert werden kann.
Daher ist der Sauerstoffgehalt in tieferen Bodenschichten allgemein geringer und
begrenzt dadurch auch die Wurzelausbreitung in die Tiefe. Nach MEYER (1982 b)
wird die biologische Aktivität im Boden erheblich erschwert, wenn der Sauerstoffgehalt auf unter 12 % sinkt und die CO_2-Konzentration auf über 6 % steigt.
  Verdichtungen der Bodenstruktur, z. B. durch Trittbelastung, parkende Kraftfahrzeuge und Baustellenverkehr führen zu einer Verschlechterung des Bodenluft-
haushalts, da der Anteil der Grobporen deutlich vermindert wird. Aber auch der

Abb. 53: Das Parken sollte auf der Baumscheibe durch Holzpfähle verhindert werden, doch der »Käfer« ist schmaler und trägt auf diese Weise zur Bodenverdichtung bei (aus HÖSTER 1991 b).

Gasaustausch zwischen Atmosphäre und Boden ist davon betroffen, weil die durchgehenden Porensysteme zerstört werden. Die geringere Luftkapazität sowie der Rückgang der Diffusion beeinträchtigen die Sauerstoffversorgung und damit das Wurzelwachstum sowie die mikrobielle Aktivität erheblich (Abb. 53).

Besonders gefährdet sind Baumarten, deren Wurzeln auf eine Symbiose mit Mykorrhizapilzen angewiesen sind, da diese Pilze eine hohe Atmungsintensität aufweisen und daher viel Sauerstoff benötigen, z. B. Buche oder Eiche. Andererseits können Erle, Esche, Pappel, Robinie, Schnurbaum, Ulme und Weide einen gewissen Sauerstoffmangel noch ertragen.

Eine Bodenverdichtung im Wurzelbereich setzt ferner die Wasserspeicherfähigkeit des Bodens herab, da auch der Mittelporenanteil verringert ist. Nach Niederschlägen sind die oberen Bodenschichten häufig schnell wassergesättigt und besonders nach Starkregen fließt dann ein großer Teil des Wassers oberirdisch ab.

Bei verdichteten Böden ist aber nicht nur die Sauerstoff- und Wasserversorgung der Wurzeln beeinträchtigt, sondern auch die Nährstoffversorgung, da für die Aufnahme der Nährsalze Sauerstoff vorhanden sein muß. Die Baumwurzeln werden sich daher vorwiegend im oberflächennahen Bereich ausbreiten, wodurch allerdings die Standsicherheit gefährdet sein kann.

Maßnahmen zur Aufhebung der Bodenverdichtung sind daher bei bestehenden Pflanzungen dringend notwendig, allerdings ist darauf zu achten, daß die Wurzeln keine zusätzlichen Schäden erfahren (vgl. Kapitel 6.3.5) und bei erforderlichen Neupflanzungen keine Bodenverdichtungen entstehen können.

4.1.2   Aufschüttungen

Als Aufschüttungen im Wurzelbereich sind sowohl vorübergehende Ablagerungen (z. B. Aushub, Sand, Kies) oder dauernde Bodenüberfüllungen zu verstehen.

Da das Wurzelsystem eines Baumes angepaßt ist an eine möglichst optimale Versorgung mit Sauerstoff, Wasser und Nährsalzen und sich daher je nach den Standortbedingungen in einer bestimmten Bodentiefe befindet, bedeutet jede Aufschüttung – auch wenn sie nur vorübergehend besteht – eine mehr oder weniger starke Schädigung der betroffenen Wurzeln. Durch das Gewicht des aufgeschütteten Materials werden die Poren im Oberboden zusammengedrückt und der

Abb. 54:   Auch eine nur zeit-
weilige Lagerung von Aushub im
Wurzelbereich der Roßkastanie
schadet dem Baum erheblich.

Abb. 55:   Die Weiden auf einem
Behörden-Parkplatz wurden
nicht nur eingepflastert, sondern
auch überschüttet, denn kein
älterer Baum kommt wie ein
Pfahl aus dem Erdboden, stets
ist ein Wurzelanlauf erkennbar.

Diffusionsweg für Sauerstoff zwischen Atmosphäre und Wurzeln wird erheblich verlängert, so daß meistens kein Sauerstoff mehr zu den Wurzeln gelangen kann und diese daher absterben (Abb. 54).

Besonders empfindlich reagieren Baumarten, die auf eine Symbiose mit Mykorrhizapilzen angewiesen sind (z. B. Buche); hier kann bereits der Auftrag einer 1 bis 2 cm dicken Lehmschicht zum Absterben der Bäume führen (RAS-LG 4, 1986). Nur wenige Baumarten, wie Pappeln oder Weiden, sind in der Lage, relativ rasch Adventivwurzeln zu bilden und das aufgeschüttete Substrat zu durchwurzeln. Überfüllungen des Bodens sind bei Bäumen an dem fehlenden Wurzelanlauf zu erkennen (Abb. 55). Eine solche Feststellung kann bedeutsam sein bei der Regulierung von Streitigkeiten nach den Nachbarrechtsgesetzen, denn ein Anspruch auf Zurückschneiden von Bäumen ist z. B. ausgeschlossen, wenn diese bei Inkrafttreten des Gesetzes über 3 m hoch waren.

4.1.3   Abgrabungen

Wird andererseits Oberboden im Wurzelbereich entfernt, so verliert der Baum dadurch einen großen Teil seines Feinwurzelsystems, aber auch viele Grobwurzeln, so daß die Versorgung von Stamm und Krone nicht mehr sichergestellt ist und der Baum auch die Standsicherheit verliert.

4.1.4   Bodenversiegelung

Unter Bodenversiegelung versteht man die Isolierung des Bodenkörpers von der Atmosphäre durch die Abdeckung mit Materialien, die völlig oder weitgehend undurchlässig sind, z. B. Asphalt- und Betondecken, Pflasterflächen mit Fugenverguß, Plattenbeläge, Verbundsteinpflaster und Klinker. Als geringer versiegelt gelten Mosaik- und Kleinpflaster mit großen Fugen sowie wassergebundene Decken. Dabei muß aber beachtet werden, daß auch diese Versiegelungen aus bautechnischen Gründen stets einen Unterbau von mindestens 25 cm Dicke aufweisen, der zudem verdichtet ist (Abb. 56).

Wassergebundene Decken werden häufig als relativ günstig eingestuft hinsichtlich der Wasserdurchlässigkeit. Die Tragschichten bestehen zwar aus Kies und Schotter bzw. Splitt, aber die Deckschichten enthalten einen hohen Anteil bindiger Substanzen. Dadurch wird die für Baumwurzeln notwendige Sauerstoffzufuhr unterbunden. Insofern sind wassergebundene Decken ebenfalls als stark versiegelt zu betrachten.

Auch Oberflächenbeläge, die weitfugig im Sandbett verlegt sind, besitzen einen höheren Versiegelungsgrad als allgemein angenommen wird. So konnte BORGWARDT (1992) nachweisen, daß bei Pflasterfugen schon kurze Zeit nach dem Einbau der Eintrag feinstrukturierter organischer Substanz sowie der Abrieb des mineralischen Anteils so deutlich ansteigt, daß die Wasserleitfähigkeit erheblich abnimmt.

Ähnliches dürfte auch für wasserdurchlässige Betonsteine gelten, die seit einigen Jahren im Handel sind. Auch hier werden sich die Poren relativ rasch mit feinkörnigem Material zusetzen.

Die Untersuchungen über den Versiegelungsgrad von Oberflächenbelägen beziehen sich fast ausschließlich auf Fragen der Wasserversickerung und nicht mit dem Gasaustausch, doch dürfte die Sauerstoffzufuhr eine entscheidende Bedeutung für das Wurzelwachstum besitzen. Das zeigen auch Wurzelaufgrabungen an Straßenbäumen, die in mehreren Städten durchgeführt wurden (KRIETER et al. 1989). Nach diesen Ergebnissen dringen die Wurzeln z. B. nicht in den Unterbau des asphaltierten Straßenkörpers ein, sondern biegen vorher ab, eine Beobachtung, die auch HOFFMANN (1956) bei einer Linde machte. Er führte dieses nicht

Abb. 56: Bodenversiegelung: Mißverhältnis zwischen Fußwegbreite und (kaum vorhandener) Baumscheibe.

auf einen Wassermangel unter dem Straßenkörper zurück, sondern auf den fehlenden Gasaustausch. Auch SPEERSCHNEIDER et al. (1992) stellten unterhalb der Fahrbahndecke bis in 1 m Tiefe feuchtere Bedingungen fest.

Nach den Untersuchungen von KRIETER et al. (1989) entwickeln sich Wurzeln bevorzugt entlang von Versorgungsleitungen und Tonziegelabdeckungen von Kabelleitungen sowie im Bereich der Rinnsteine und der Dränrohre, d. h. in Zonen relativ guter Durchlüftung.

4.1.5 Nährstoffmangel im Boden

In den Städten sind die Böden der Straßenränder stein- und kalkhaltig durch Beimengungen von Schutt und Mörtel, wobei oft kleinräumige Unterschiede auftreten; dieses gilt auch für die Nährstoffversorgung.

Untersuchungen in verschiedenen Städten haben ergeben, daß die Gehalte an Kalium unzureichend sind, häufig auch die Magnesiumgehalte, während die Phosphorversorgung sehr unterschiedlich ist (LEH 1991). Der Calciumgehalt ist dagegen in allen Städten relativ hoch und entsprechend auch der Wert der Bodenreaktion (pH über 7). Ein hoher pH-Wert erschwert aber die Aufnahme von wichtigen Spurenelementen (z. B. Bor, Eisen, Mangan, Kupfer und Zink) und wirkt sich zugleich noch ungünstig auf die Symbiose mit Mykorrhizapilzen aus, da nur wenige Pilze im alkalischen Milieu gedeihen können (MEYER 1982 b). Negativ zu bewerten ist ferner die fehlende Streuzersetzung, da im Herbst das Laub der Bäume entfernt wird und damit eine wichtige Nährstoffquelle entfällt (vgl. Kapitel 6.3.4).

Andererseits sind die Böden der Straßenränder vor allem durch die Emissionen des Kraftfahrzeugverkehrs mit Schadstoffen stark belastet. Es handelt sich dabei häufig um Blei, das nur wenig löslich ist und sich daher im Oberboden anreichern kann, sowie um das relativ leicht lösliche Cadmium. Aber auch Öltropfen von älteren, auf Baumscheiben parkenden Fahrzeugen können den Boden stark belasten und Bäume schädigen.

4.1.6 Streusalzschäden

Von besonderer Bedeutung sind Baumschäden, die bei der Verwendung von Streusalz entstehen. Die Ausbringung von Natriumchlorid im Rahmen des Straßenwinterdienstes setzte etwa 1960 ein und erreichte einen Höhepunkt im strengen und schneereichen Winter 1978/79 (Tabelle 19).

Tab. 19: Streusalzverbrauch im milden Winter 1974/75 und im strengen Winter 1978/79 (nach UBA 1981)

	1974/75	1978/79
Bundesautobahnen*)	13,95 t/km	42,95 t/km
Bundesstraßen*)	3,34 t/km	12,86 t/km
Landesstraßen Bad.-Württemberg	2,93 t/km	8,48 t/km
Hamburg (Straßen, Gehwege)	4700 t	40 000 t

*) Bundesrepublik Deutschland ohne Berlin (West), Bremen und Hamburg

Aufgrund der starken Baumschäden ist der Salzverbrauch seitdem allgemein zurückgegangen und einige Städte verwenden nur noch abstumpfende Mittel, wie Granulat oder Splitt (HÖSTER 1984, UBA 1985).

Auf Bundes-, Landes- und Kreisstraßen sowie in vielen Städten kommt seit einigen Jahren das Feuchtsalz FS 30 zur Anwendung, ein Gemisch aus 70 % Natriumchlorid und einer 30 %igen Sole aus 6 % Calciumchlorid und 24 % Wasser. Bei diesem Verfahren wird das trockene Natriumchlorid erst auf dem Streuteller durch die Sole angefeuchtet. Die Vorteile liegen in einer besseren Verteilung und Haftung auf der Fahrbahn und es sind daher geringere Mengen erforderlich (HANKE 1991).

Der deutliche Rückgang der Baumschäden in den letzten Jahren ist im wesentlichen darauf zurückzuführen, daß gegenüber früheren Jahren weniger Schnee- und Glatteissituationen in den Wintermonaten auftraten. Solange der Winterdienst aber nicht auf abstumpfende Stoffe umgestellt wird, sind daher bei entsprechenden Wetterlagen auch weiterhin Baumschäden zu erwarten.

Nach den Untersuchungen von RUGE (1968, 1982), LEH (1971), BLUM (1974), KREUTZER (1974) u. a. schädigt Natriumchlorid die Bäume auf folgende Weise (ASLANBOGA et al. 1978):

- Mit steigender Salzkonzentration nimmt der osmotische Wert der Bodenlösung zu und die Wasseraufnahme durch die Wurzeln wird erschwert,
- Natrium verschlechtert die Bodenstruktur, Bodenaggregate zerfallen, Nährsalze werden ausgewaschen und der Boden verschlämmt; ferner werden Aufnahme und Transport von Magnesium, Calcium und Kalium beeinträchtigt, so daß bei den Gehölzen Mangelerscheinungen auftreten,
- Chlorid-Ionen werden vorwiegend aufgenommen, wirken toxisch und rufen in den Blättern Nekrosen hervor (Farbtafel III, Seite 99).

Ein sicheres diagnostisches Merkmal für das Vorliegen von Streusalzschäden sind braunrote Blattrandnekrosen, die bei einer schweren Schädigung bereits wenige Wochen nach dem Austrieb auftreten können, sowie ein deutlich erhöhter Chloridanteil in den Blättern. Nach RUGE (1982) liegt ein Streusalzschaden bei Laubbäumen vor, wenn der Chloridgehalt nach dem Blattaustrieb 1 % (bezogen auf die Trockensubstanz) überschreitet, bei Nadelbäumen liegen die entsprechenden Grenzwerte in den Nadeln bei 0,3 bis 0,6 % Cl^-, d. h. Nadelgehölze sind wesentlich empfindlicher gegenüber Streusalzen.

Bei geschädigten Blättern steigt der Chloridgehalt bis zum Blattfall kaum noch an, da Chlorid aus den nekrotischen Bereichen ständig ausgewaschen wird, in den Boden gelangt und dort von den Wurzeln wieder aufgenommen wird. Während der Vegetationsperiode wird ein Teil der Chloridionen in den Parenchymzellen der Zweige und Äste gespeichert, im folgenden Jahr mobilisiert und in die auswachsenden Blätter geleitet.

Die Nekrosen weiten sich je nach Schädigungsgrad aus, so daß bei stark geschädigten Bäumen die gesamte Blattspreite braun verfärbt sein kann und die Blätter vorzeitig abgeworfen werden. Ein Neuaustrieb von kleineren Blättern ist möglich, doch werden auch diese bald nekrotisch und fallen ab. Dadurch vermindert sich die Stoffproduktion mit der Folge, daß der Jahreszuwachs im Holzgewebe geringer ausfällt. Dieses führt im folgenden Jahr zu einem schwächeren Austrieb und der Ausbildung kleinerer Blätter. Bei anhaltender Belastung verstärkt sich die Schadwirkung, so daß der Baum allmählich schütter wird und immer mehr Zweige oder ganze Astpartien absterben, bis der Baum schließlich nicht mehr austreibt.

Tab. 20: Empfindlichkeit von Gehölzen gegenüber Streusalz

sehr empfindlich	weniger empfindlich
Acer	*Ginkgo*
Aesculus	*Ailanthus*
Alnus	*Betula*
Carpinus	*Crataegus*
Corylus	*Fraxinus*
Fagus	*Gleditsia*
Platanus	*Quercus*
Populus	*Robinia*
Prunus	*Salix*
Sorbus	*Sophora*
Tilia	
Ulmus	

Dieser Prozeß kann sich je nach der Stärke der Schädigung über 10 bis 15 Jahre hinziehen und ist gut zu dokumentieren über Jahrringanalysen (HÖSTER 1979, 1982; MEYER und HÖSTER 1980). Besonders gefährdet sind früh austreibende, zerstreutporige Baumarten, weil zu diesem Zeitpunkt der Chloridgehalt im durchwurzelten Bodenbereich noch relativ hoch ist (vgl. Tab. 20). Spätaustreibende Ringporer sind dagegen meistens weniger gefährdet (HÖSTER 1982).

Bei der Verwendung von Feuchtsalz sind wegen der Reduzierung der Aufwandmenge und der verminderten Verwehung geringere Schädigungen zu erwarten (BROD 1988).

Gelegentlich treten typische Chloridschäden auch bei Bäumen auf, die in einiger Entfernung von der Straße in Grünanlagen stehen, obwohl ausgeschlossen werden kann, daß Streusalz oder chloridhaltige Dünger auf dem Wurzelbereich ausgebracht worden sind. In diesen Fällen könnte aus Kanalisationsleckagen oder Rinnsteinversickerung chloridhaltiges Bodenwasser in den Wurzelraum der Bäume gelangt sein. SPEERSCHNEIDER et al. (1992) stellten z. B. fest, daß im Sommer Wasser mit relativ hohen Chloridkonzentrationen von unterhalb der Fahrbahn seitlich in Richtung des Wurzelbereichs der Bäume strömen kann.

4.1.7   Herbizidschäden

Die Anwendung von Herbiziden ist nach dem Pflanzenschutzgesetz (PflSchG 1986) wie folgt geregelt: Nach § 6 (2) dürfen Pflanzenschutzmittel auf Freilandflächen nur dort eingesetzt werden, soweit diese landwirtschaftlich, forstwirtschaftlich oder gärtnerisch genutzt werden. Die Ausbringung von Herbiziden ist daher nicht erlaubt an Feld- und Wegrändern, auf Straßen, Rad- und Gehwegen, auf Hof- und Betriebsflächen, in Grünflächen und sonstigen Außenanlagen, die nicht vorwiegend für gärtnerische Zwecke genutzt werden, z. B. Kinderspielplätze sowie Spiel- und Liegewiesen (Rd.Erl.Nds.ML 1989). Allerdings kann die zuständige Behörde (Pflanzenschutzamt, Landwirtschaftskammer) nach § 6 (3) des Pflanzenschutzgesetzes Ausnahmen genehmigen, »wenn der angestrebte Zweck vordringlich ist und mit zumutbarem Aufwand auf andere Weise nicht erreicht werden kann und überwiegende öffentliche Interessen, insbesondere des Schutzes von Tier- und Pflanzenarten, nicht entgegenstehen«.

Abb. 57: Verheerende Wirkung eines
während des Blattaustriebs zur »Bekämpfung von Unkräutern« auf einem Sport-
platzgelände eingesetzten Herbizids mit
dem Wirkstoff Amitrol auf Spitz-Ahorn
(Foto: Juli 1992).

Genehmigungsfähig ist die Anwendung von Herbiziden im Bereich von Ver-
kehrsanlagen, z. B. bei
– Straßen und Wegen außerhalb des Zuständigkeitsbereichs der Straßenbauver-
waltung einschließlich eines 20 cm breiten Randstreifens beiderseits der befestigten Verkehrsflächen sowie bei
– Gehölzanpflanzungen auf Mittel-, Trenn- und Seitenstreifen während der
ersten Standjahre.
Die Anwendung von Herbiziden ist zeitlich befristet und dauert vom 1. April bis
zum 31. Mai. Auf Laufbahnen und Betriebsplätzen können die Behandlungen auch
noch später durchgeführt werden (Rd.Erl.Nds.ML 1989).
Nach dem Pflanzenschutzgesetz sind für Anwendungen auf Nichtkulturland
Herbizide mit folgenden Wirkstoffen zugelassen: Dalapon, Diuron, Glyphosat
und Glufosinat als Salz. Häufig werden diuronhaltige Mittel zur Wildkrautbeseiti-
gung verwendet, weil sie über die Wurzeln eindringen und sich daher gut eignen
für eine Bekämpfung von aus Samen auflaufenden Pflanzen. Die Wirkungsdauer
dieser Mittel beträgt nach RESCHKE (1991) bei normaler Aufwandmenge je nach
Bodenart und -feuchtigkeit 4 bis 8 Monate.
Diese Herbizide haben eine verheerende Wirkung auf Bäume, wenn sie im Wurzelbereich ausgebracht werden oder wenn die Möglichkeit einer Abschwemmung
oder eines Transports im Bodenwasser zu den Wurzeln besteht. Dieses wird bei
Erteilung einer Ausnahmegenehmigung häufig nicht bedacht, denn im Mittelpunkt stehen schädliche Auswirkungen auf Mensch, Tier und Grundwasser sowie
allgemein auf den Naturhaushalt.
Da die Spritzungen überwiegend in den Monaten April und Mai erfolgen (müssen), werden die Bäume zum Zeitpunkt des Austriebs der Blätter davon betroffen,
dem empfindlichsten Stadium ihrer Entwicklung (Abb. 57).
Folgende Symptome treten je nach Baumart und Anwendungstermin auf:
– Knospen bleiben in ihrer Entwicklung auf einem frühen Austriebsstadium stehen und treiben auch im Sommer nicht weiter aus,

– Blätter wachsen nicht zur vollen Größe aus, sie sind chlorotisch und wellig, die
  Blattfärbung kann weißlich, gelblich oder rosafarben sein,
– Notaustriebe am Stamm und den Ästen können auftreten.

Wird ein Teil der Wurzeln eines Baumes nicht geschädigt, so sind die entsprechenden Kronenpartien relativ normal belaubt; dennoch ist ein Herbizidschaden in den
meisten Fällen als Totalschaden einzustufen.

   Ein ähnliches Schadbild kann auftreten, wenn z. B. nach einem Unfall größere
Mengen von Benzin oder Öl in den Boden eingedrungen sind. Zur Absicherung
einer Diagnose sind daher Bodenuntersuchungen notwendig.

4.1.8   Erdgasschäden

Bei der Umstellung von Stadtgas auf Erdgas sind in vielen Städten Bäume in relativ
kurzer Zeit (wenige Wochen) gestorben. Beim Ausgraben der Baumwurzeln war
regelmäßig ein unangenehmer Geruch nach Fettsäuren (u. a. Buttersäure) festzustellen und die Wurzeln waren tief dunkelviolett gefärbt.

   Erdgas besteht zu über 80 % aus Methan, es ist trockener als das Stadtgas und
befindet sich unter einem höheren Arbeitsdruck. Die früher verwendeten Dichtun-
gen aus Weichfaserhanf trocknen dabei aus, Erdgas entweicht in den Boden und
verdrängt dort den Sauerstoff. Außerdem können im Boden lebende Methanbak-
terien das Methan oxidieren unter Bildung von Kohlendioxid und Wasser.
Geschieht dieses im Wurzelbereich von Bäumen, so entsteht Sauerstoffmangel
und in den Wurzeln treten vor dem Absterben Gärungsprozesse auf, bei denen sich
u. a. Buttersäure bildet.

   Verhindert werden können diese Schäden, die oftmals ganze Baumreihen
betreffen, durch sorgfältige Kontrolle der Leitungen und unverzügliche Abdich-
tung der Lecks.

4.1.9   Schäden durch Bauarbeiten

Bäume an innerörtlichen Straßen sind häufig ungünstigen Standortbedingungen,
wie Bodenverdichtung und Bodenversiegelung, ausgesetzt und weisen daher eine
geringere Vitalität auf. Kommt es zusätzlich bei Bauarbeiten zu Schädigungen im
Wurzelbereich, so sind die Folgen für die Bäume oft schwerwiegend. Allerdings
werden die Schadsymptome erst nach einigen Jahren deutlicher sichtbar, wenn die
Baumaßnahme schon fast vergessen ist. Die Bäume werden dann oftmals als
»krank« eingestuft, so daß sie schließlich entfernt werden müssen (Abb. 47).

   Derartige Schäden treten im Straßen- und Wegebau, bei Kabelverlegungsarbei-
ten oder sonstigen Maßnahmen des Tiefbaus auf. Ursachen sind u. a.
– Überfahren des Wurzelbereichs,
– Aufschüttungen und Lagerung von Materialien im Wurzelbereich,
– Abreißen oberflächennaher Wurzeln bei der Auskofferung und
– Kappung von stärkeren Wurzeln bei Ausschachtungen.

Um diese Schäden zu vermeiden, sind bereits 1973 Richtlinien zum Schutz von
Bäumen erschienen (vgl. Kapitel 7.3), die inzwischen in einer überarbeiteten Fassung vorliegen (DIN 18 920, 1990; RAS-LG 4, 1986), jedoch mangelt es häufig
noch an einer konsequenten Anwendung in der Praxis (vgl. auch BALDER 1988,
1990 a). Das betrifft vor allem die wichtigste Forderung, sämtliche Abgrabungen

Abb. 58: Beim Ausbau einer Landesstraße innerhalb einer Ortsdurchfahrt wurde 1987 eine Auskofferung bis in die unmittelbare Nähe des Stammes der Eiche (Umfang in 1,3 m Höhe 237 cm) ohne Beachtung der Bestimmungen der RAS-LG 4 vorgenommmen. Dabei kam es zu erheblichen Schädigungen im Wurzelbereich.

Abb. 59: Die Folgen der in Abb. 58 dargestellten Schädigungen zeigen sich im Juli 1992 in der Baumkrone. Der eingetretene Vitalitätsverlust der 140 Jahre alten, früher ortsbildprägenden Eiche ist so schwerwiegend, daß mit einer Fällung aus Gründen der Verkehrssicherheit gerechnet werden muß.

Abb. 60: Schwere Schädigung von Wurzeln einer Lindenallee bei Auskofferungsarbeiten (1986) für die Pflasterung eines Fußweges (aus HÖSTER 1987).

Abb. 61: Maschinelle Erstellung eines Grabens für eine Kabelverlegung in einer Spitz-Ahorn-Allee (1982) mit nachhaltiger Schädigung der Bäume (aus HÖSTER 1987).

Abb. 62: Der geradlinige Ausbau eines Fußweges (1991) nimmt keine Rücksicht auf Bäume, ein Beispiel für die Notwendigkeit einer Baumschutzsatzung.

in Handarbeit durchzuführen, da durch Bagger und andere Maschinen Wurzeln abreißen oder abbrechen können, und zwar nicht nur an der Baugrubenwandung, sondern auch dahinter bis zu den Ansatzstellen am Baum. Da diese Bereiche nicht sichtbar sind, kann sich unbemerkt eine Fäulnis bis in den Stamm ausbreiten.

Oberster Grundsatz sollte daher die Vermeidung dieser Schäden sein; dazu bedarf es aber einer besseren Abstimmung zwischen Bauamt und Grünflächenamt bzw. Umweltamt und einer Selbstbindung der Kommune durch eine Baumschutzsatzung, die schädigende Handlungen untersagt und bei unvermeidlichen Maßnahmen entsprechende Auflagen für die Durchführung der Arbeiten festlegt.

4.1.10 Schäden durch Bankettschälung

Zur Erhaltung der Funktionsfähigkeit von Fahrbahnen im außerörtlichen Bereich muß der Straßenseitenstreifen in zeitlichen Abständen zur Ableitung des Oberflächenwassers abgeschält werden. Bei den in letzter Zeit erstmals in größerem Umfang maschinell durchgeführten Schälarbeiten sind oberflächennahe Wurzeln der Alleebäume erheblich geschädigt worden.

Inzwischen wurden Richtlinien erlassen, um künftig eine schonendere Bankettschälung durchzuführen (NLS 1992, MA-StB 1992). Danach ist eine Bankettschälung zur Vermeidung von Wurzelschäden nur außerhalb des Kronentraufbereichs erlaubt. An diesem Beispiel wird deutlich, daß die getroffene Regelung erst nach Eintritt der Schäden erarbeitet wurde, obwohl die Schädigung der Baumwurzeln vorhersehbar war.

4.2 Schäden im Stammbereich

Die an Stämmen auftretenden Schäden sind auf viele Ursachen zurückzuführen und betreffen Bast und Kambium sowie das äußere Splintholz. Unvermeidbar sind Frostrisse und Blitzschäden; unbemerkt bleiben anfangs Sonnenbrandschäden nach plötzlicher Freistellung dünnrindiger Bäume.

Die meisten mechanischen Verletzungen gehen auf den Menschen zurück, z. B. durch Einschlagen von Nägeln, durch Einritzen von Namen und Zeichen in dünne Rinde, durch Astungsschäden sowie Schäden durch Baufahrzeuge oder durch Kraftfahrzeuge im Zusammenhang mit Unfällen.

Das Ausmaß der Schädigung ist abhängig von der Baumart, vom Alter und der Vitalität des Baumes und den Standortbedingungen, von der Wundgröße und dem Zeitpunkt der Schädigung sowie von der Art der Wundbehandlung.

4.2.1 Sonnenbrandschäden

Werden dünnrindige Bäume, z. B. Buchen, plötzlich freigestellt, so sind nach einiger Zeit auf der nach Süden und Südwesten exponierten Stammseite zunächst Risse zu erkennen, die zu einem partiellen Abblättern der Rinde führen. Verursacht wird diese als Sonnenbrand bezeichnete Schädigung durch eine Überhitzung der Kambialzone, so daß die Kambiumzellen auf einer großen Fläche absterben. Nach BUTIN (1989) kommt es anschließend zu Infektionen durch holzzerstörende Pilze, die im Stamm ausgedehnte Stammfäulen verursachen. Um die Gefährdung

Abb. 63: Unverständliche Durchschneidung eines alten Buchenbestandes durch eine vierspurige Trasse einer Bundesstraße; die unvermeidlichen Folgen sind Sonnenbrand (Farbtafel III, Seite 99) und Windwurf.

der Bäume zu vermindern, werden die Baumstämme oftmals mit Jute umwickelt und mit Lehm bestrichen, doch ist der Erfolg dieser Maßnahme umstritten.

Welche Auswirkungen in einem konkreten Fall zu erwarten sind, soll im folgenden Beispiel verdeutlicht werden.

Durchschneidung eines Buchenwäldchens durch eine vierspurige Trasse einer Bundesstraße im Rahmen einer Ortsumgehung (Abb. 63)

Gesamtfläche des Buchenwäldchens ca. 200 m × 130 m
Alter des Buchenbestandes ca. 120 bis 140 Jahre

Im landschaftspflegerischen Begleitplan (1981) wird ausgeführt, daß eine Durchschneidung des Waldgebietes auf einer Länge von 200 m zu einer Windwurfgefährdung führt und ein Schädlingsbefall zu erwarten ist. Auch die gutachterliche Stellungnahme der Naturschutzbehörde (1983) bewertet den Eingriff als erheblich. Im Planfeststellungsbeschluß von 1986 wird die geplante Trasse trotz der Einwände festgeschrieben. Im Februar 1988 werden 90 alte Buchen gefällt und im Juli 1989 wird der Straßenabschnitt dem Verkehr übergeben.

Trotz der Jute-Lehm-Bandagen bei den randständigen Buchen erkranken viele Bäume an Sonnenbrand, und der Windwurf nimmt im Laufe der fünf Jahre so erheblich zu, daß im Februar 1993 nur noch wenige Bäume von dem östlich gelegenen größeren Teil des Wäldchens übrig geblieben sind (vgl. AMELUNG 1992).

Dieses Beispiel zeigt, daß bei Trassen durch alte Buchenbestände mit großen Baumverlusten zu rechnen ist.

Abb. 64: Naturschutzbehörden in West- und Ostdeutschland schädigen Naturdenkmale, indem sie Schilder an die Bäume nageln.

4.2.2   Anbringen von Schildern

Weit verbreitet ist die Unsitte, Schilder mit Nägeln an Bäumen zu befestigen. Dabei ist es gleichgültig, aus welchem Material der Nagel besteht. Es werden damit stets Wunden geschaffen, über die Pilze in das Holz eindringen können. Unvereinbar mit dem Naturschutzgesetz ist es, wenn Naturschutzbehörden als erste Maßnahme nach der Unterschutzstellung eines Baumes gegen die von ihr erlassene Verordnung verstoßen, indem sie ein Schild »Naturdenkmal« an den Baum nageln (Abb. 64).

4.2.3   Schäden durch Verkehrsunfälle

Bei Verkehrsunfällen werden am Stamm Borke und Bast teilweise abgerissen und das Holzgewebe freigelegt. An der Aufprallstelle ist das Gewebe je nach der Härte des Holzes stark gestaucht und z.T. auch zersplittert.

Wenn sich am Rande der Wunde die Bastschicht nur leicht ablöst, ist das Kambium dort zerstört und auch der Bast ist nicht mehr funktionsfähig. Dennoch kommt es zur Bildung eines Wundgewebes aus sekundär teilungsfähig gewordenen Zellen des Holzparenchyms. Diese Zellen können als neues Kambium Bast- und Holzzellen bilden (vgl. Kapitel 2.5.12).

Das hat auch praktische Konsequenzen für die Wundbehandlung nach einem Unfall. Keinesfalls sollte man den gelösten Bast entfernen und dadurch die Wunde unnötig vergrößern. Denkbar ist eine lokale Anheftung des losen Bastes. Es wird hierbei zwar keine Verbindung zwischen altem Bast und Holz mehr geben, aber der Bast kann noch eine längere Zeit Schutz bieten, bis die neuen Gewebe diese Funktion wahrnehmen (HÖSTER 1990).

Diese Anregung wurde von der ZTV-Baumpflege (1992) übernommen. Sie geht zurück auf Untersuchungen von LI ZHENGLI und CUI KEMING (1988), die Bäume von *Eucommia ulmoides (Eucommiaceae)* Ende Juni an zwei 1 bis 2 m voneinander entfernten Stellen ringelten und den gesamten Bast vorsichtig von oben nach unten abzogen zur Verwendung für medizinische Zwecke. Danach wurde die Wunde sofort mit einer halbdurchsichtigen Folie abgedeckt. Entgegen den Erwartungen starben die auf diese Weise geringelten Bäume nicht, sondern es bildete sich innerhalb von 24 Stunden eine neue zarte Abschlußschicht und schützte die darunter liegenden, in Differenzierung befindlichen Holzzellen, aus denen ein neues Kambium hervorging.

An den Stämmen entstehen teilweise außerordentlich große Wunden, wenn die Verkehrsunfälle z. Zt. hoher Teilungstätigkeit des Kambiums im Mai stattfinden und sich der Bast dann sehr leicht vom Holz ablöst. An zwei Beispielen soll dargelegt werden, wie sich ein derartiger Schaden bei unterschiedlicher Wundbehandlung langfristig auf die Bäume auswirkt (Tab. 21 und Abb. 65–68 auf Seite 132).

Beide Bäume wurden über viele Jahre beobachtet. Nach anfänglich etwas schütterer Krone stellte sich trotz sehr großflächiger Wunden (über 60 % des Stammumfangs) schon bald wieder eine normale Belaubung ein, so daß sich die unfallgeschädigten Bäume nicht mehr von den anderen im Laub unterschieden. Auch der jährliche Dickenzuwachs im ungeschädigten Stammbereich ist nach den Ergebnissen der Jahrringanalyse bei den Bäumen als gut zu bezeichnen, und zwar unabhängig vom Ausmaß der Überwallung.

Tab. 21: Langfristige Entwicklung von Stammverletzungen bei unterschiedlicher Wundbehandlung (HÖSTER 1990)

1. Beispiel: *Tilia* × *vulgaris*		Unfallschaden: Anfang Mai 1980 (Abb. 65/66)
Zustand	Alter:	21 Jahre
Mai 1980	Stammumfang:	80 cm
	Vitalität:	2
	Wundbreite:	ca. 55 cm (= 69 % des Umfangs)
	Wundhöhe:	ca. 115 cm (bis Wurzelanlauf)
	Behandlung:	nach etwa 14 Tagen,
		Ausformung spitzelliptisch
		LacBalsam
Zustand	Alter:	31 Jahre
Februar 1990	Stammumfang:	109 cm
	Vitalität:	2 bis 3
	Wundbreite:	14 cm (= 13 % des Umfangs)
	Wundhöhe:	103 cm
	Ergebnis:	gute Überwallung
		Verfärbung bis 8 mm unterhalb Wundoberfläche
		Pilzbefall gering
2. Beispiel: *Tilia* × *vulgaris*		Unfallschaden: Anfang Mai 1981 (Abb. 67/68)
Zustand	Alter:	ca. 38 Jahre
Mai 1981	Stammumfang:	105 cm
	Vitalität:	2
	Wundbreite:	ca. 65 cm (= 62 % des Umfangs)
	Wundhöhe:	ca. 180 cm (bis Wurzelanlauf)
	Behandlung:	nach etwa 14 Tagen,
		Ausformung unregelmäßig,
		mehr oder weniger rechtwinklig
		LacBalsam
Zustand	Alter:	ca. 47 Jahre
Februar 1990	Stammumfang:	127 cm
	Vitalität:	2
	Wundbreite:	44 cm (= 35 % des Umfangs)
	Wundhöhe:	173 cm
	Ergebnis:	sehr schwache Überwallung,
		starker, tiefreichender Pilzbefall unterhalb der
		Wundoberfläche

Während im ersten Fall keine Fäulnis aufgetreten ist, findet bei der anderen Linde ein fortschreitender Holzabbau statt, der aber von außen nicht sichtbar wird, weil die gesamte Wundfläche mit einem Wundverschlußmittel bestrichen ist. Die Stand- oder Bruchsicherheit könnte daher eines Tages gefährdet sein.

Für die Praxis der Baumpflege ergeben sich daher Forderungen nach einer umgehenden fachgerechten Behandlung der Wunde, damit das offen liegende Holz nicht austrocknet und die Überwallung möglichst schnell einsetzen kann; ferner ist eine langjährige Kontrolle und Nachsorge sicherzustellen.

Abb. 65/66: *Tilia × vulgaris*, Stammschädigung durch Verkehrsunfall 1980 und Zustand der Wunde im Jahr 1990. Näheres in Tabelle 21 unter Beispiel 1.

Abb. 67/68: *Tilia × vulgaris*, Stammschädigung durch Verkehrsunfall 1981 und Zustand der Wunde im Jahr 1990. Näheres in Tabelle 21 unter Beispiel 2.

Abb. 69: Mögliche Schädigungen des Stammfußes von Bäumen durch parkende Kraftfahrzeuge. Auch aus diesem Grund ist ein Parkverbot auf Baumscheiben sinnvoll (aus HÖSTER 1991b).

4.2.4   Schäden durch Hundeurin

Vor allem aus den Westbezirken Berlins wird immer wieder berichtet, daß aufgrund des hohen Hundebestandes vielfach Baumschädigungen durch Hundeurin festzustellen sind (BALDER 1990b, 1993). Der sehr aggressive Harn (Harnstoffgehalt 1,5 bis 6 %) soll nach diesen Untersuchungen durch feine Risse in der Borke bis zum Bast und Kambium vordringen und dort zu Verätzungen führen, so daß Holzfäulen entstehen können. Schädigungen wurden insbesondere bei Ahornarten und bei der Robinie beobachtet. Zum Schutz der Bäume werden daher in Berlin z.B. Manschetten aus Dachpappe am Stammfuß angebracht.

Es ist noch unklar, wie diese Schäden zu bewerten sind und ob es sich um primäre oder sekundäre Ursachen handelt. Normalerweise besitzen die Straßenbäume an der Stammbasis eine dickere Borke, die aus toten Zellen besteht und keine Risse aufweist, die bis in den Bast reichen. Denkbar ist daher eine primäre Schädigung durch häufige Stoßstangenkontakte parkender Kraftfahrzeuge, die Kambiumschäden und Rißbildungen verursachen; denn die Stoßstangen befinden sich in etwa derselben Höhe wie die Applikationsorte des Hundeurins (Abb. 69).

4.3   Immissionsschäden

Unter Immissionsschäden sind in diesem Zusammenhang Schädigungen zu verstehen, die durch luftverunreinigende Stoffe bzw. Stoffgemische an Bäumen verursacht werden.

Als Luftverunreinigungen gelten alle Veränderungen in der natürlichen Zusammensetzung der Luft. Der Begriff Immission bezeichnet den Übertritt eines Schadstoffes in einen Akzeptor (z.B. Mensch, Tier, Pflanze, Sachgüter).

Der Gesetzgeber hat in der Technischen Anleitung Luft (TA Luft 1986) Immissionswerte für Langzeitwirkungen (IW 1) und Kurzzeitwirkungen (IW 2) festgelegt. Der Langzeitwert ist der arithmetische Mittelwert aller Einzelwerte eines Jahres (Jahresmittelwert), der Kurzzeitwert basiert auf Halbstundenwerten und ist der 98 %-Wert der Summenhäufigkeitsverteilung aller Meßwerte eines Monats

Tab. 22:   VDI-Richtlinien Maximale Immissionswerte zum Schutz der Vegetation
(Stand: Februar 1992)

Richtlinie	Schadstoff	Ausgabe
VDI 2310, Blatt 2 E	Schwefeldioxid	8.1978
VDI 2310, Blatt 3	Fluorwasserstoff	12.1989
VDI 2310, Blatt 4 E	Chlorwasserstoff	9.1978
VDI 2310, Blatt 5 E	Stickstoffdioxid	9.1978
VDI 2310, Blatt 6	Ozon	4.1989

oder Jahres, d. h. 98 % aller gemessenen Einzelwerte liegen unterhalb des festge-
stellten IW 2-Wertes (98 Perzentil).

Obwohl die Immissionen im Sinne der TA Luft als »auf Menschen sowie
Tiere, Pflanzen oder andere Sachen einwirkende Luftverunreinigungen« (TA Luft
1986) definiert werden, beziehen sich diese Immissionswerte nur auf den Schutz
vor Gesundheitsgefahren bzw. auf den Schutz vor erheblichen Nachteilen und
Belästigungen und gelten damit nur für den Menschen. Über eine mögliche
Gefährdung von Pflanzen und Tieren sagen diese Grenzwerte nichts aus.

Die VDI-Kommission »Reinhaltung der Luft« hat seit 1978 für einige Luftschad-
stoffe Richtlinien zum Schutz der Vegetation herausgegeben (Tab. 22); allerdings
handelt es sich überwiegend um Entwürfe, die noch nicht verabschiedet worden
sind. Die maximalen Immissionswerte sind abgeleitet aus experimentellen Untersuchungen und derzeit die einzigen Werte, die verläßlich Auskunft geben können,
bei welchen Schadstoffkonzentrationen Schädigungen auftreten. Als Kriterien für
die Aufstellung dieser Werte dienten die sichtbaren Schädigungen an Blättern und
die Auswirkungen auf die Wuchs- und Ertragsleistung.

In den Richtlinien werden drei Empfindlichkeitsstufen unterschieden
– sehr empfindliche Pflanzen
– empfindliche Pflanzen
– weniger empfindliche Pflanzen
Bei den in den folgenden Tabellen aufgeführten Gehölzen handelt es sich nur um
eine Auswahl von Baumarten, über die Untersuchungsergebnisse vorliegen.

Die Kurz- und Langzeitwerte beziehen sich auf unterschiedliche Zeitspannen
(Halbstundenwerte, Monatsmittelwerte, Mittelwerte über eine Vegetationsperiode von 7 Monaten).

4.3.1   Schwefeldioxid

Schwefeldioxid (SO$_2$) entsteht vorwiegend bei der Verbrennung fossiler Brenn-
stoffe, wie Braunkohle, Steinkohle und Erdöl. Die Aufnahme des Schadgases
erfolgt bei den Pflanzen vor allem über die Spaltöffnungen der Nadeln oder Blätter,
geschädigt werden primär die Chloroplasten in den Schließzellen der Spaltöffnungen sowie im Palisaden- und Schwammparenchym. Diese Gewebebereiche sterben ab (Nekrosen) und verfärben sich bräunlich bis rötlich. Bei den Nadelbäumen
gehen die Verfärbungen von den Nadelspitzen aus und erfassen bei einer starken
Schädigung die gesamte Nadel. Bei Laubbäumen verfärben sich in den Blättern
Gewebebereiche zwischen den Adern (Interkostalnekrosen). Die Schadbilder sind
bei den Baumarten ganz unterschiedlich ausgeprägt (vgl. VAN HAUT und STRAT-
MANN 1970, HARTMANN et al. 1988).

Tab. 23: Maximale Immissionskonzentrationen für Schwefeldioxid (in µg/m³) nach VDI 2310, Blatt 2 E (Entwurf)

Empfindlichkeit	97,5-Perzentil für Halbstunden-Einzelwerte	Mittelwert für Vegetationsperiode (= 7 Monate)
sehr empfindlich	250	50
empfindlich	400	80
weniger empfindlich	600	120

Tab. 24: Empfindlichkeit von Gehölzen gegenüber Schwefeldioxid (nach VDI 2310, Blatt 2 E)

sehr empfindlich	empfindlich	weniger empfindlich
Abies sp.	*Larix* sp.	*Pinus nigra*
Picea sp.	*Pinus sylvestris*	*Taxus baccata*
Pseudotsuga menziesii	*Carpinus betulus*	*Acer* sp.
Juglans regia	*Fagus sylvatica*	*Alnus* sp.
	Malus pumila	*Betula* sp.
	Tilia sp.	*Platanus* sp.
		Populus sp.
		Prunus sp.
		Quercus sp.
		Robinia pseudacacia
		Salix sp.

4.3.2 Fluorwasserstoff

Im Vergleich zum Schwefeldioxid kann Fluorwasserstoff (HF) schon in äußerst geringen Konzentrationen Schadwirkungen an Pflanzen hervorrufen.

Fluor kommt in der Natur nur in Form von Verbindungen in zahlreichen mineralischen Stoffen vor (z. B. Apatit, Flußspat oder Kryolith) und wird bei vielen industriellen Prozessen freigesetzt. Emittenten sind z. B. Ziegeleien, Zementwerke, Glashütten, Emaillierwerke, Düngemittelfabriken oder die Aluminiumindustrie. Die Aufnahme des Fluors erfolgt über die Spaltöffnungen der Nadeln und Blätter oder über die Wurzeln in die Bäume. Auffällige Schadmerkmale an den Blättern sind braune bis schwarze Verfärbungen und Nekrosen an den Blatträndern mit einer relativ scharfen Begrenzung zur grünen Blattspreite; bei starker Schädigung kann das gesamte Blatt nekrotisch werden. Langandauernde chronische Belastungen führen zu Kümmerwuchs und zum Absterben der Gehölze.

Tab. 25: Maximale Immissionskonzentrationen für Fluorwasserstoff (in µg/m³) nach VDI 2310, Blatt 3

Empfindlichkeit	Einwirkungsdauer		
	1 Tag	1 Monat	7 Monate
sehr empfindlich	1,0	0,3	0,2
empfindlich	2,0	0,6	0,4
weniger empfindlich	7,5	2,5	1,2

Tab. 26: Empfindlichkeit von Gehölzen gegenüber Fluorwasserstoff
(nach VDI 2310, Blatt 3)

sehr empfindlich	empfindlich	weniger empfindlich
Abies alba	*Larix decidua*	*Taxus baccata*
Picea abies	*Pinus nigra*	*Betula pendula*
Pinus sylvestris	*Acer campestre*	*Liquidambar styraciflua*
Pseudotsuga menziesii	*Acer platanoides*	*Platanus* sp.
Carpinus betulus	*Acer saccharinum*	*Prunus padus*
Sorbus intermedia	*Betula* sp.	*Quercus* sp.
	Fagus sylvatica	*Robinia pseudacacia*
	Juglans regia	*Ulmus* sp.
	Populus sp.	
	Prunus avium	
	Pyrus communis	
	Salix sp.	
	Tilia cordata	

Wegen meßtechnischer Schwierigkeiten erfolgen in Deutschland keine kontinu-
ierlichen Messungen von Fluorwasserstoff; Ergebnisse mit dem Bioindikator Wei-
delgras (Verfahren der standardisierten Graskultur, VDI 3792, Bl. 1) belegen aber
Konzentrationen, die Schäden an Gehölzen hervorrufen können.

4.3.3 Chlorwasserstoff

Chlorwasserstoff (HCl) entsteht z. B. bei der Verbrennung chlorhaltiger organischer Verbindungen. An Pflanzen verursacht der Schadstoff ähnliche Schäden wie
Fluorwasserstoff, allerdings erst bei höheren Konzentrationen.

Tab. 27: Maximale Immissionskonzentrationen für Chlorwasserstoff (in $\mu g/m^3$) nach
VDI 2310, Bl. 4 E (Entwurf)

Empfindlichkeit	Mittelwert über 24 Stunden	Monatsmittelwert
sehr empfindlich	1200	150
empfindlich	800	100

Tab. 28: Empfindlichkeit von Gehölzen gegenüber Chlorwasserstoff
(nach VDI 2310, Blatt 4 E)

sehr empfindlich	empfindlich	weniger empfindlich
Larix decidua	*Ginkgo biloba*	*Acer campestre*
Picea abies	*Pinus nigra*	*Quercus robur*
Betula sp.	*Pinus sylvestris*	*Quercus rubra*
Malus sp.	*Aesculus hippocastanum*	
Populus sp.	*Fagus sylvatica*	
	Fraxinus excelsior	
	Robinia pseudacacia	

4.3.4 Stickstoffdioxid

Bei den Pflanzenschäden durch nitrose Gase, z. B. durch Stickstoffdioxid (NO_2) handelt es sich an dieser Stelle nur um die Einwirkungen über die Blätter (der Pfad über die Wurzeln ruft Schäden bei den Mykorrhizapilzen und damit bei den Wurzeln der Bäume hervor). Im Vergleich zum Schwefeldioxid liegen die Toleranzgrenzen für Stickoxide erheblich höher. Die Blätter verfärben sich bei hohen Konzentrationen von Stickoxiden, schrumpfen und sterben ab. Die Schadbilder können je nach Baumart und Konzentration der nitrosen Gase sehr unterschiedlich sein.

Tab. 29: Maximale Immissionskonzentrationen für Stickstoffdioxid (in $\mu g/m^3$) nach VDI 2310, Bl. 5 E (Entwurf)

Empfindlichkeit	Mittelwert über 30 Minuten bei einmaliger Einwirkung	Mittelwert für die Vegetationsperiode (= 7 Monate)
empfindlich	6000	350

Tab. 30: Empfindlichkeit von Gehölzen gegenüber Stickstoffdioxid (nach VDI 2310, Blatt 5 E)

sehr empfindlich	empfindlich	weniger empfindlich
Larix decidua	Picea abies	Ginkgo biloba
Betula pendula	Acer platanoides	Pinus nigra
Malus sp.	Tilia cordata	Taxus baccata
Pyrus sp.	Tilia platyphyllos	Carpinus betulus
		Fagus sylvatica
		Quercus robur
		Robinia pseudacacia
		Ulmus glabra

4.3.5 Ozon

Ozon (O_3) ist ein sekundärer Schadstoff, der bei starker Sonneneinstrahlung durch photochemische Reaktionen aus den Vorläufersubstanzen Stickoxide und Kohlenwasserstoffe (Hauptemittenten: Kraftfahrzeuge) entsteht. Als starkes Oxidationsmittel greift Ozon vor allem die Zellmembranen der Pflanzen an und beeinflußt Photosynthese und Atmung. Ein typisches Schadbild sind punktförmige Nekrosen auf der Blattoberseite, betroffen ist das Palisadenparenchym. Bei Nadelbäumen weisen die Nadeln eine chlorotische Sprenkelung auf oder vergilben.

Tab. 31: Maximale Immissionskonzentrationen für Ozon (in $\mu g/m^3$) nach VDI 2310, Blatt 6

Empfindlichkeit	Einwirkungsdauer in Stunden				
	0,5	1	2	4	8
sehr empfindlich	320	160	110	90	70
empfindlich	480	320	240	190	160
weniger empfindlich	800	480	400	370	320

Tab. 32: Empfindlichkeit von Gehölzen gegenüber Ozon (nach VDI 2310, Blatt 6)

sehr empfindlich	empfindlich	weniger empfindlich
Larix decidua	*Pinus sylvestris*	*Picea abies*
Pinus nigra	*Liquidambar styraciflua*	*Pseudotsuga menziesii*
Gleditsia triacanthos		*Acer platanoides*
Juglans regia		*Betula pendula*
Liriodendron tulipifera		*Fagus sylvatica*
Platanus sp.		*Quercus robur*
Populus sp.		*Quercus rubra*
Sorbus aucuparia		*Robinia pseudacacia*
		Sophora japonica
		Tilia cordata

4.3.6 Andere Schadstoffe und Kombinationswirkungen

Darüber hinaus gibt es eine Reihe weiterer Schadgase, wie Schwefelwasserstoff, Ammoniak oder organische Verbindungen, die Schäden an Bäumen verursachen können. Ihre Auswirkungen lassen sich aber häufig nicht abschätzen. Ähnliches gilt für Schwermetalle, die insbesondere im straßennahen Bereich eine größere Bedeutung haben.

Für die Wirkung von Schadstoffen auf Bäume ist nicht nur die Höhe der Konzentration entscheidend, sondern auch die Expositionsdauer und die Häufigkeit ihres Auftretens. Bei mittleren und geringeren Belastungen, die sich nicht direkt durch Schadsymptome bemerkbar machen, tritt häufig eine Vitalitätsminderung und damit eine erhöhte Anfälligkeit ein gegenüber abiotischen und biotischen Einflüssen, z. B. extreme Klimabedingungen oder Schaderreger.

In den VDI-Richtlinien sind Grenzwerte nur für Einzelschadstoffe ausgewiesen. Diese Situation tritt aber im konkreten Fall nicht auf, da es sich stets um eine unterschiedliche Kombination von Schadstoffen in wechselnden Konzentrationen handelt. Die Schadstoffgemische wirken häufig synergistisch, z. B. können sich die Schäden bei gleichzeitigem Auftreten von Ozon, Schwefeldioxid und Stickstoffdioxid verstärken. Die Gesamtwirkung läßt sich gegenwärtig aber noch nicht quantifizieren (VDI 2310, Blatt 6).

Ferner gilt es zu beachten, daß es keine absolute Resistenz gegenüber Schadstoffen gibt, sondern nur eine relative Empfindlichkeit, die artspezifisch ist. Die in Baumschulkatalogen teilweise noch verwendeten Begriffe »rauchhart« oder »industriefest« sind daher wenig aussagekräftig, zumal es auch nicht ersichtlich ist, auf welche Schadstoffe sich die Angaben beziehen.

5 Schäden durch Organismen

Unter biotischen Schäden werden alle Erkrankungen zusammengefaßt, die von Organismen hervorgerufen werden, z. B. durch Viren, Bakterien, Pilze, Milben oder Insekten. Oftmals wird auch der Begriff »Parasitäre Krankheiten« verwendet, doch werden damit meist nicht die Schaderreger erfaßt, die sich ausschließlich von toter Substanz ernähren (Saprophyten) und z. B. nur das Kernholz der Bäume oder das Holz abgestorbener Wurzeln abbauen.

Aus der großen Fülle von Schaderregern sollen nur einige wichtige Beispiele behandelt werden, die für Straßen- und Parkbäume von größerer Bedeutung sind, ansonsten wird auf speziellere Literatur verwiesen (z. B. BUTIN 1989, JAHN 1990, MENZINGER und SANFTLEBEN 1980).

5.1 Schäden durch Pilze

5.1.1 Blattschäden

1. Mehltau
Die Mehltaupilze gehören systematisch zu den Schlauchpilzen (Ascomycetes) und besitzen ein reichverzweigtes Myzel aus septierten Hyphen. Es sind parasitische Pilze, die im Frühsommer auf der Blattoberfläche einen weißlichen Belag bilden und mit Saugorganen (Haustorien) in die Epidermiszellen der Blätter eindringen, um sich auf diese Weise mit Nährstoffen zu versorgen. Die Verbreitung erfolgt während der Vegetationsperiode durch reichlich gebildete Sporen.

Befallene Blätter sehen wie mit Mehl bestreut aus und rollen sich z. T. ein; bei starkem Befall sterben die Blätter ab. Die Schädigung der Bäume ist allgemein gering, allenfalls sind es ästhetische Gründe, die zu einer negativen Bewertung führen. Die Mehltaupilze sind in hohem Maße wirtsspezifisch; wichtige Vertreter sind in Tab. 33 aufgeführt.

2. Blattbräune
Als Blattbräune bezeichnet man fleckenartige braune Verfärbungen in der Blattspreite. Es handelt sich dabei um nekrotische Bereiche mit z. T. zackenförmigen Rändern. Bei einem starken Befall rollen sich die Blätter ein und vertrocknen; bei Platanen folgen die Nekrosen häufig den Blattadern. Die Fruchtkörper der zu den Schlauchpilzen (Ascomycetes) gehörenden Pilze finden sich meist auf der Blattunterseite und sind gelbbraun bis schwarz gefärbt. Auch wenn ein derartiger Befall sich bei feuchtkühler Frühjahrswitterung jährlich wiederholt (z. B. bei Platanen), so werden die Bäume doch meist nur gering geschwächt, und eine im Mai noch schüttere Krone erreicht Ende Juni nach dem Johannistrieb wieder eine volle Belaubung.

Tab. 33:　Häufige Erreger von Blattbräune und Mehltau

	Erreger	Baumart
Blattbräune	Apiognomonia errabunda (Rob.) Höhn.	Fagus sylvatica
	Apiognomonia quercina (Kleb.) Höhn.	Quercus robur
	Apiognomonia tiliae (Rehm) Höhn.	Tilia sp.
	Apiognomonia veneta (Sacc. & Speg.) Höhn.	Platanus × hispanica
	Asteroma carpini (Lib.) Sutton	Carpinus betulus
	Gnomoniella carpinea (Fr.) Monod	Carpinus betulus
	Guignardia aesculi (Peck) Stew.	Aesculus hippocastanum
	Pleuroceras pseudoplatani (Tub.) Monod	Acer pseudoplatanus
Mehltau	Microsphaera alphitoides Grif. & Maubl.	Quercus robur
		Quercus petraea
	Uncinula adunca (Wallr.) Lév.	Populus sp.
	Uncinula adunca (Wallr.) Lév.	Salix sp.
	Uncinula bicornis (Wallr.) Lév.	Acer pseudoplatanus
		Acer campestre
	Uncinula tulasnei Fuckel	Acer platanoides

Da die Hauptfruchtform auf den im Herbst abgefallenen Blättern überwintert, ist es ratsam, das befallene Laub aufzusammeln, um die Wahrscheinlichkeit einer Neuinfektion zu mindern; eventuell sollten auch befallene Zweige entfernt werden. Die Anwendung von Fungiziden zur Bekämpfung der Blattbräune ist nicht sinnvoll.

Wichtige Vertreter der wirtsspezifischen Pilze sind in Tab. 33 zusammengestellt.

5.1.2　Rindenschäden

Durch Pilze verursachte Rindenschäden gehen meist von Stamm- oder Astwunden aus und breiten sich nicht nur im jüngsten Bast, sondern auch im Kambium und in Teilen des Splints aus. Von einer Vielzahl möglicher Schaderreger sollen zwei Beispiele näher erörtert werden.

1. Rotpustelkrankheit

Bei neu gepflanzten Straßenbäumen beobachtet man im Frühsommer öfter ein Verwelken der jungen Triebe infolge von Wassermangel. Derartig geschwächte und absterbende Zweige der Gattungen Ahorn, Hainbuche, Linde, Roßkastanie und Ulme werden besonders leicht befallen von dem Schlauchpilz (Nectria cinnabarina (Tode) Fr., einem Wundparasiten, der über Rindenverletzungen oder Aststummel in die Zweige eindringt und sich im Bast- und Holzgewebe ausbreitet.

Dabei werden nicht nur Kambium und Bast zerstört, sondern durch Ablagerung toxischer Substanzen in die Gefäßbahnen wird auch die Wasserleitung unterbrochen. Leicht zu erkennen ist die Erkrankung an den roten Pusteln der Fruchtkörper, die im Winterhalbjahr auf der noch dünnen Borke sichtbar sind, aber auch an Holzverfärbungen. Befallene Zweige müssen daher stark zurückgeschnitten werden bis in das gesunde Holz.

Um einen Befall zu verhindern, ist eine ausreichende Bewässerung der Wurzeln bei der Pflanzung und in der Anwachsphase sowie eine gute Wundbehandlung unbedingt zu empfehlen.

2. Platanenwelke

Die Platanenwelke wird durch den Schlauchpilz *Ceratocystis fimbriata* (Ell. & Halst.) Davidson var. *platani* Walter hervorgerufen, der – wahrscheinlich aus Nordamerika eingeschleppt – seit 1972 in einigen Gebieten von Frankreich, Spanien, Italien und der Schweiz auftritt. Nach BUTIN (1989) ist nicht auszuschließen, daß der Pilz weiter nach Norden vordringt.

Die Infektion erfolgt vor allem über Wunden, die z. B. bei Astungsarbeiten entstehen, aber auch durch Wurzelverwachsungen. Der Pilz breitet sich rasch im Kambium sowie im jüngsten Bast und Splintholz aus, so daß Nekrosen entstehen, die zu einem großflächigen oder streifenartigen Aufplatzen der Rinde führen und damit ein Absterben des Baumes zur Folge haben. Dabei können auch Tracheen durch toxische Substanzen verstopft werden, so daß lokal eine Blockierung des Wassertransports auftritt, die zu Welkeerscheinungen führen kann. Es handelt sich aber nicht um eine Gefäßkrankheit im engeren Sinn, da die Platane als halbringporige Baumart nicht nur im letzten Jahrring Wasser leitet und Thyllen sehr selten gebildet werden.

Wegen der potentiellen Gefährdung der Platanen sollten Schnittmaßnahmen daher auf das unbedingt notwendige Maß beschränkt bleiben; außerdem ist eine sehr sorgfältige Wundbehandlung als Vorbeugungsmaßnahme dringend erforderlich. Der aus gestalterischen Gründen oft erwünschte und in südlichen Ländern verbreitete ständige Rückschnitt bei Platanen ist vor diesem Hintergrund neu zu überdenken.

5.1.3   Gefäßkrankheiten

Als Gefäßkrankheiten werden Erkrankungen an Bäumen bezeichnet, bei denen die Wasserleitungsbahnen als Folge einer Infektion verstopfen, so daß Blätter und Triebe verwelken. Besonders gefährdet sind ringporige Baumarten, die nur in einem einzigen Jahrring Wasser leiten. Bei einer sehr starken Infektion über den gesamten Stammumfang können diese Bäume absterben.

1. Holländische Ulmenkrankheit

Die von dem aus Ostasien eingeschleppten Schlauchpilz *Ceratocystis ulmi* (Buism.) C. Moreau verursachte Ulmenkrankheit trat 1918 erstmals in Holland auf, breitete sich von dort in den folgenden Jahren in ganz Europa und in Nordamerika aus und vernichtete den größten Teil des Ulmenbestandes, vor allem die typischen alten Ulmenalleen.

Nach dem Zweiten Weltkrieg wurde die Virulenz des Pilzes geringer, so daß sich die noch verbliebenen Ulmen langsam wieder erholen konnten. Dann trat in den sechziger Jahren in England ein weiterer sehr aggressiver Pilzstamm auf (vermutlich aus Kanada eingeschleppt) und vernichtete weitgehend die noch verbliebenen Ulmen.

Der Pilz wird vor allem durch den Großen Ulmensplintkäfer (*Scolytus scolytus*, Familie Scolytidae, Borkenkäfer) auf den Wirtsbaum übertragen. Dieser Käfer gehört zu den Rindenbrütern, die ihre Fraßgänge im Bast oder im jüngsten Splint-

Abb. 70: Ulme fast abgestorben, nur noch an wenigen Zweigen kleinere Blätter.

Abb. 71: Nach Entfernung von Borke und Bast sind die typischen Fraßgänge der Larven des Ulmensplintkäfers zu erkennen.

Abb. 72: Ast einer Ulme im Querschnitt mit Verfärbungen in den Frühholzporen der letzten Jahrringe.

holz anlegen; dort bildet der Pilz viele klebrige Sporen. Der 4 bis 6 mm lange Ulmensplintkäfer befällt geschwächte Ulmen, nagt einen Gang durch die Borke und legt im jüngsten Bast in einem senkrechten, bis 3 cm langen Muttergang Eier ab. Aus diesen entwickeln sich fußlose Larven, die waagerechte Fraßgänge anlegen und sich an deren Ende verpuppen und dort überwintern. Dadurch entsteht ein typisches Fraßbildmuster. Die dort ausschlüpfenden Jungkäfer sind an ihrem Körper behaftet mit Pilzsporen, nagen ein Ausflugloch und suchen dann die nächsten Ulmen für einen Reifungsfraß in den Zweigachseln auf, um die durch die Überwinterung erschöpften Reserven aufzufüllen (Abb. 70–73).

Bei dem Reifungsfraß übertragen die Ulmensplintkäfer Sporen auf diese Bäume. Die Pilzsporen keimen aus, das Myzel wächst durch die Hoftüpfel in die Lumina der großen Frühholztracheen und kann sich dort gut ausbreiten. Die Gewebe des jüngsten Zuwachses im Holz reagieren auf den Befall mit der Ausbildung von Thyllen und der Ablagerung phenolischer Substanzen; außerdem werden von den Pilzen sog. Welketoxine ausgeschieden. Auf einem Stammquerschnitt sind die punktförmigen dunklen Verfärbungen deutlich zu erkennen (Abb. 72).

Als Folge der Blockierung der Wasserleitbahnen vertrocknen einzelne Zweige oder ganze Äste; bei einem sehr starken Befall kann die gesamte Belaubung davon betroffen sein und die Ulme stirbt ab. Eine Infektion benachbarter Bäume kann aber auch über Wurzelverwachsungen erfolgen.

Befallen werden alle heimischen Ulmen, während aus der Heimat des Pilzes stammende ostasiatische Arten weitgehend resistent sind. Eine Bekämpfung mit Fungiziden ist noch nicht praxisreif. Es bleibt daher bislang nur die Möglichkeit der Fällung und sofortigen Entrindung schwer erkrankter Ulmen, wobei die Rindenabfälle und befallene Äste verbrannt werden müssen.

2. Amerikanische Eichenwelke

Die Eichenwelke ist bislang nur aus Nordamerika bekannt und wird verursacht durch den Pilz *Ceratocystis fagacearum* (Bretz) Hunt. Befallen werden insbesondere Roteichen (z.B. *Quercus rubra, Quercus coccinea, Quercus falcata*), die wenige Wochen nach der Infektion absterben können, sowie Weißeichen (z.B. *Quercus alba, Quercus prinus, Quercus bicolor*), bei denen der Krankheitsverlauf mehrere Jahre oder Jahrzehnte dauern kann und eine völlige Genesung möglich ist (RUETZE und LIESE 1985).

Eine häufige Ursache für Neuinfektionen sind Wurzelverwachsungen von benachbarten Bäumen. Als Überträger kommen in Nordamerika meistens Glanzkäfer (Familie Nitidulidae) und andere Insektenarten in Frage, die vom fruchtigen Duft der Sporenlager angelockt die klebrigen Sporen des Pilzes auf die Wunden gesunder Bäume übertragen. Rindenbrütende Käfer sind dagegen offenbar in geringerem Maße an der Verbreitung des Pilzes beteiligt (RUETZE und LIESE 1985).

Die Pilze keimen auf der Wunde und können sich im jüngsten Jahrring ausbreiten, insbesondere in den großen Frühholztracheen. Als Abwehrreaktion werden Thyllen gebildet, die das Wasserleitsystem blockieren und die Blätter vertrocknen lassen.

Da ein Verwelken der Blätter aber auch andere Ursachen haben kann, ist zur sicheren Diagnose eine Isolierung des Pilzes und die Kultur des Myzels auf Malzagar erforderlich.

Im Falle einer Einschleppung des Pilzes nach Europa sind nicht nur die Roteichen, sondern auch die heimischen Eichenarten gefährdet. Eine besondere Bedeu-

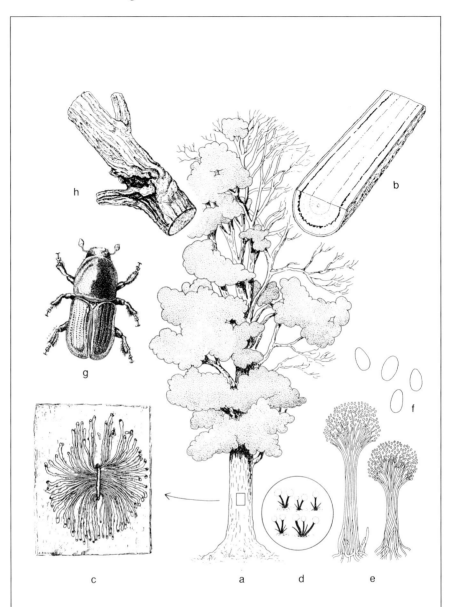

Abb. 73: *Ceratocystis ulmi,* Pilz- und Krankheitsentwicklung an der Ulme. (a) Gesamtansicht eines erkrankten Baumes, (b) Längs- und Querschnitt durch einen befallenen Ast mit typischer Verfärbung, (c) Fraßgänge der Larven des Ulmensplint-käfers mit Pesotum-Stadium des Pilzes (d und e), sowie Konidien (f), (g) kleiner Ulmensplintkäfer, (h) älteres Fraßbild an der Zweigbasis (aus BUTIN 1989).

tung kommt dabei dem Eichensplintholzkäfer (*Scolytus intricatus*) zu, der in Norddeutschland in den Eichenwäldern häufiger anzutreffen ist (SCHOPF et al. 1984).

Um eine mögliche Ausbreitung der Eichenwelke auf den europäischen Kontinent zu verhindern, hat die Europäische Gemeinschaft in einer Richtlinie (EG 1985) besondere Vorschriften für den Import von Eichenrundholz aus Kanada und den USA erlassen (Amtsbl. Nr. L 379 vom 31.12.1985, S. 45).

5.1.4 Holzschäden

Beim Abbau des Holzes durch Pilze können drei Typen unterschieden werden: Braunfäule, Weißfäule und Moderfäule. Der Fäuletyp ist abhängig von der enzymatischen Ausstattung der einzelnen Pilzart. Von den Pilzhyphen werden Enzyme in das Holz ausgeschieden (Ektoenzyme), die das unlösliche Substrat in eine lösliche Form überführen und auf diese Weise für den Pilz als Nährstoff- und Energiequelle verfügbar machen.

Die Erreger der **Braunfäule** vermögen mit ihren Enzymen nur die Kohlenhydrate der Zellwand abzubauen. Von den im Lumen der Zelle auf der inneren Wandschicht (Tertiärwand) wachsenden Hyphen werden vor allem Zellulasen ausgeschieden, die in die Zellwand diffundieren und die langen Zelluloseketten in immer kleinere Bruchstücke zerlegen. Da das Lignin nicht angegriffen wird, erscheint das Holz zunächst rötlich und wird dann braun. Das abgebaute Holz bekommt Quer- und Längsrisse, wird bröckelig und zerfällt dann würfelig, wobei es auffällig an Gewicht und Volumen verliert. Man bezeichnet diesen Fäuletyp daher auch als Destruktionsfäule. Braunfäulepilze treten überwiegend bei der Zersetzung von Nadelholz auf, nur wenige Pilzarten können Laubholz abbauen (Tab. 34, vgl. auch Kapitel 5.1.6).

Die eine **Weißfäule** verursachenden Pilze können mit ihren Ektoenzymen nicht nur die Kohlenhydrate durch Zellulasen abbauen, sondern auch das Lignin durch spezielle Oxidasen. Bereits 1928 hat BAVENDAMM erstmals darauf hingewiesen, daß Weißfäulepilze Phenoloxidasen (zum Abbau von Lignin) in das Substrat ausscheiden; seither dient der BAVENDAMM-Test zur Unterscheidung von Hyphen der Braunfäule- und Weißfäulepilze.

Der Abbau des Holzes verläuft bei den einzelnen Pilzarten nicht gleichartig. Es kann z. B. zunächst nur das Lignin oder nur die Zellulose oder auch beides gleich-

Tab. 34:   Braunfäulepilze und ihre Wirtsgattungen

Pilzart	Baumgattung
Daedalea quercina	*Castanea, Fagus, Fraxinus, Platanus, Populus, Quercus, Tilia*
Fistulina hepatica	*Castanea, Fagus, Platanus, Quercus*
Fomitopsis pinicola	*Abies, Picea; Betula, Fagus*
Gloeophyllum sepiarium	Nadelbäume
Laetiporus sulphureus	*Larix, Picea; Aesculus, Betula, Populus, Prunus, Quercus, Robinia, Salix, Sorbus*
Phaeolus spadiceus	*Larix, Picea, Pinus, Pseudotsuga*
Piptoporus betulinus	*Betula*

Abb. 74:   Bei einem Sturm umge-
stürzte Linde zeigt im Stammquerschnitt eine weitreichende Fäulnis, die
bis in das Splintholz und das Kambium vorgedrungen ist. Als Ursache
sind wahrscheinlich Wurzelschädigungen beim Bau des Parkplatzes
anzunehmen.
(Foto: H. J. HELM)

Abb. 75:   *Fagus sylvatica* (Buche),
Holz mit Befall durch *Armillaria mellea*
(Hallimasch); Ausbildung schwarzer
Grenzlinien.

zeitig abgebaut werden. Als Ergebnis der Fäule liegt daher ein mehr oder weniger
weißes Holz vor, das weich und bröckelig ist. Das Holz verliert beim Abbau stark
an Gewicht, doch bleibt das Volumen erhalten. Die Art der Fäule wird daher auch
als Korrosionsfäule bezeichnet.

Auffällig sind im weißfaulen Holz oftmals schwarze Grenzlinien, die einen wir-
ren Verlauf haben können. Sie treten vor allem beim Hallimasch und beim Zunderschwamm auf. Die Grenzlinie entsteht während des Holzabbaus und wird von
einer Pilzkolonie vor sich hergeschoben, bis diese auf andere (konkurrierende)
Myzelien trifft, die ihrerseits eine derartige Linie ausgebildet haben. Auf diese
Weise entstehen Doppellinien, zwischen denen das Holz noch kompakt ist, während außerhalb der Grenzlinien der Abbau deutlich vorangeschritten ist.

Nach BUTIN (1989) kommen diese schwarzen Grenzlinien durch eine verstärkte
Tätigkeit der Phenoloxidasen zustande, die pilzeigene oder baumeigene Substanzen in Melanine umwandeln. Bei starkem Abbau bleiben oftmals nur noch die
schwarzen Krusten übrig (Abb. 75 und Farbtafel II, Seite 82).

Weißfäulepilze sind spezialisiert auf Laubholz, nur sehr wenige Arten können
auch Nadelholz abbauen (Tab. 35, vgl. auch Kapitel 5.1.6).

Ein dritter Fäuletyp, die **Moderfäule**, wird von Ascomyceten und einigen primitiven Fungi imperfecti hervorgerufen. Die Fäule tritt dort auf, wo eine ständige
Wassersättigung vorhanden ist und andere Pilze nicht mehr wachsen können. Das
dürfte bei den Bäumen vor allem im Bereich innerer Wassertaschen der Fall sein.
Das Ergebnis der Fäule ist ein langsamer Abbau von Zellulose in den Zellwänden.

Tab. 35:   Weißfäulepilze und ihre Wirtsgattungen

Pilzart	Baumgattung
Armillaria mellea	*Picea, Pinus; Acer, Populus, Quercus, Tilia*
Bjerkandera adusta	*Acer, Aesculus, Quercus, Sorbus, Tilia*
Fomes fomentarius	*Acer, Alnus, Betula, Carpinus, Fagus, Tilia*
Ganoderma adspersum	*Aesculus, Fagus, Prunus, Quercus, Sorbus, Tilia*
Ganoderma lipsiense	*Fagus, Populus, Tilia*
Ganoderma lucidum	*Fagus, Quercus*
Grifola frondosa	*Castanea, Quercus*
Heterobasidion annosum	*Larix, Picea, Pinus, Pseudotsuga*
Inonotus hispidus	*Fraxinus, Juglans, Malus, Platanus, Sorbus*
Meripilus giganteus	*Aesculus, Fagus, Platanus, Quercus, Sorbus, Tilia*
Phellinus igniarius	*Malus, Populus, Salix*
Phellinus robustus	*Castanea, Quercus, Robinia, Sorbus*
Phellinus tremulae	*Populus*
Pholiota squarrosa	*Acer, Alnus, Betula, Carpinus, Fagus, Fraxinus, Malus, Populus, Quercus, Robinia, Salix, Sophora, Sorbus, Tilia*
Pleurotus dryinus	*Aesculus, Carpinus, Fagus, Platanus, Populus, Quercus, Tilia*
Pleurotus ostreatus	*Aesculus, Betula, Fagus, Fraxinus, Platanus, Populus, Salix, Sorbus, Tilia*
Polyporus squamosus	*Acer, Aesculus, Fagus, Populus, Salix, Tilia*
Pycnoporus cinnabarinus	*Betula, Fagus, Prunus, Quercus, Sorbus*
Schizophyllum commune	*Fagus, Tilia*
Trametes versicolor	*Acer, Fagus, Tilia*

Eine große wirtschaftliche Bedeutung hat diese Fäule bei der Verwendung von Holz im Wasserbau oder bei Kühltürmen.

Die **Bläuepilze** (*Ceratocystis*-Arten) bewirken dagegen keinen Abbau von Holz, da sie sich ausschließlich von den Speicherstoffen der Holzstrahlzellen ernähren. Die Hyphen sind relativ dick und braun gefärbt; die bläuliche Färbung ist eine physikalische Erscheinung.

5.1.5   Lebensweise holzzerstörender Pilze

Die holzzerstörenden Braun- und Weißfäulepilze gehören systematisch zu den Basidiomyceten. Ihre Fruchtkörper sind häufig sehr groß, auffällig gefärbt und schmiegen sich an Stämme oder umwachsen Äste. Eine typische Form an senkrechten Stämmen ist z. B. die Konsolenbildung, bei der die mehrjährigen Fruchtkörper sich halbkreisförmig ausbilden und nach unten immer neue Schichten anlegen (z. B. beim Zunderschwamm, Abb. 76).

Hinsichtlich der Lebensweise der Pilze kann man unterscheiden zwischen Saprophyten, die totes Holz abbauen, und Parasiten, die lebende Gewebe abtöten (Tab. 36). In den meisten Fällen handelt es sich bei den holzzerstörenden Pilzen aber um fakultative Parasiten, die sowohl parasitisch wie auch saprophytisch leben können (Saproparasiten).

Die Infektion der Bäume erfolgt sehr häufig über Wunden am Stamm oder an Ästen sowie an Wurzeln; bevorzugte und oft nicht bemerkte Bereiche sind auch

Tab. 36:   Schadwirkungen von Braun- und Weißfäulepilzen

Reine Saprophyten	*Gloeophyllum sepiarium*
	Pycnoporus cinnabarinus
Pilze mit relativ geringer Aggressivität	*Bjerkandera adusta*
	Fistulina hepatica
	Meripilus giganteus
	Pholiota squarrosa
	Pleurotus dryinus
	Schizophyllum commune
	Trametes versicolor
Pilze mit hoher Aggressivität	*Daedalea quercina*
	Ganoderma lucidum
	Grifola frondosa
	Heterobasidion annosum
	Inonotus hispidus
	Laetiporus sulphureus
	Phaeolus spadiceus
	Phellinus igniarius
	Phellinus robustus
	Phellinus tremulae
	Pleurotus ostreatus
	Polyporus squamosus
Schwächeparasiten bei stark geschädigten Bäumen	*Armillaria mellea*
	Fomes fomentarius
	Fomitopsis pinicola
	Ganoderma adspersum
	Ganoderma lipsiense
	Piptoporus betulinus

Astabbruchstellen und stehengebliebene Aststummel infolge falscher Schnittmaß-nahmen. Die Anfangsstadien einer Fäule werden häufig übersehen und erst das Auftreten von Fruchtkörpern am Stamm und an den Ästen zeigt, daß im Holz bereits eine oftmals ausgedehnte Fäule vorliegt. Besonders anfällig sind geschwächte Bäume, da diese wegen des verminderten Zuwachses nicht in der Lage sind, die Wunde abzuschotten und schnell zu überwallen. Gute Lebensbedin-gungen für die Bäume sind daher eine wichtige Voraussetzung für die Wider-standskraft gegenüber Pilzen.

Nur selten ist eine Pilzart auf eine einzige Baumart oder Baumgattung speziali-siert; die meisten holzzerstörenden Pilze können zahlreiche Baumgattungen befal-len. Aus der letzten Zeit liegen zwei Untersuchungen über das Vorkommen von Pilzen an Straßen- und Parkbäumen vor, und zwar für Hamburg (SEEHANN 1979) und für Wiesbaden (SCHADEWALDT 1986).

Im folgenden Kapitel werden die in den Tabellen 34–36 aufgeführten Braun-und Weißfäulepilze beschrieben und ihre Schadwirkungen auf Bäume aufgezeigt. Die Nomenklatur und systematische Zuordnung richtet sich nach KRIEGLSTEI-NER, G. J., Verbreitungsatlas der Großpilze Deutschlands (West), Band 1, Verlag E. Ulmer, Stuttgart 1991.

5.1.6 Wichtige Braunfäule- und Weißfäulepilze

1. Armillaria mellea (Vahl) Kumm. *(Tricholomataceae)*
Hallimasch
Der Hallimasch ist einer der wichtigsten Schadpilze und kann fast alle Nadel- und Laubbaumarten befallen. Im Boden bildet er braunschwarze, 1 bis 2 mm dicke Myzelstränge (Rhizomorphen) und lebt vorwiegend saprophytisch auf Holzresten oder Baumstubben. Im Spätherbst erscheinen die honiggelben und büschelig wachsenden Fruchtkörper.

Die Gefährlichkeit des Pilzes beruht darauf, daß er mit den Rhizomorphen auch in die Wurzeln von lebenden Bäumen eindringen kann, wenn diese geschwächt sind, z.B. durch Schadstoffbelastungen, Trockenheit oder Schädlingsbefall. Der Pilz breitet sich dann vor allem in der Kambiumzone der Wurzeln und der Stammbasis aus und bringt diese Bereiche zum Absterben.

Ein Befall des Holzgewebes führt zu einer sehr ausgeprägten Weißfäule, die sich häufig auf die Wurzeln und den unteren Stammabschnitt beschränkt; man bezeichnet sie daher auch als Stockfäule. Fruchtkörper finden sich bei geschädigten Bäumen an der Stammbasis und vereinzelt auch einige Meter hoch am Stamm.

2. Bjerkandera adusta (Willd.) Karst. *(Coriolaceae)*
Angebrannter Rauchporling
Die Fruchtkörper sind in jungem Zustand zunächst weiß und verfärben sich dann schwärzlich, so daß sie wie angebrannt aussehen. Es ist ein vorwiegend saprophytisch lebender Pilz, dessen Fruchtkörper an Baumstubben dachziegelig angeordnet sind. SEEHANN (1979) fand diesen Pilz häufiger in bis zu 5 m Stammhöhe an Hamburger Straßenbäumen (vor allem bei Ahorn, Linde und Roßkastanie), wo er großflächig als Wundparasit absterbende Stammteile besiedelte und lokal eine intensive Weißfäule verursachte. Im Vergleich zu anderen Pilzarten ist die Aggressivität aber offenbar geringer, insbesondere bei einer raschen Überwallung der Wunden.

3. Daedalea quercina (L.) Pers. *(Coriolaceae)*
Eichenwirrling
Der Pilz lebt meist saprophytisch auf Eichenstubben, kann aber auch als Wundparasit lebende Bäume befallen und verursacht eine intensive Braunfäule. Insbesondere sind Eichenarten gefährdet, aber auch bei Buche, Esche, Kastanie, Linde, Pappel, Platane und Walnuß wurde der Pilz beobachtet.

Die 5 bis 30 cm großen Fruchtkörper sind konsolenförmig bis kegelig und ledrig-zäh; die graubraune Hutoberseite ist konzentrisch gezont, auf der Unterseite sind die Poren labyrinthartig-lamellig aufgelöst (Name Daedalea!). Bei einem starken Befall kann die Verkehrssicherheit der Bäume beeinträchtigt sein.

4. Fistulina hepatica (Schaeff.) Fr. *(Fistulinaceae)*
Leberpilz, Ochsenzunge
An alten Eichen (seltener bei Platanen und Kastanien) tritt dieser Pilz als Wundparasit auf und verursacht zunächst im Kernholz unregelmäßig auftretende braunrote Holzverfärbungen (Hartröte), die aber noch keine wesentliche Festigkeitsminderung bewirken (v. AUFSESS 1973); erst im fortgeschrittenen Stadium tritt Braunfäule auf.

Die fleischroten Fruchtkörper sind zungen- oder leberförmig gelappt, beim Anschneiden tritt ein roter Saft aus. Da die Fäule relativ langsam voranschreitet, scheint der Pilz keinen großen Schaden anzurichten.

5. Fomes fomentarius (L.) Fr. *(Coriolaceae)*
Zunderschwamm

Der Zunderschwamm ist einer der auffälligsten Porlinge und kommt vor allem an Buchen vor. Die Fruchtkörper sind hufförmig, bis zu 50 cm breit und deutlich geotrop, d. h. die Röhrenschichten sind am stehenden Stamm in Richtung der Längsachse des Baumes ausgerichtet; nach dessen Umstürzen wachsen sie im rechten Winkel zur Stammachse weiter. Die konsolenartigen Fruchtkörper sind mehrjährig, holzig hart und weisen eine gefurcht-zonierte schiefergraue Oberfläche auf. Der Zunderschwamm hatte vor Erfindung der Zündhölzer eine große Bedeutung für die Gewinnung von Zunder.

Die in sehr großer Menge ausgestreuten Sporen sorgen für eine weite Verbreitung. Über Stammwunden oder Astabbrüche dringt der Pilz in das Holz ein und verursacht bei den geschwächten Bäumen eine rasch voranschreitende Weißfäule.

Sind an einem Stamm Fruchtkörper sichtbar, so besteht die große Gefahr, daß der Baum plötzlich umstürzt, obwohl er noch voll belaubt sein kann. Eine solche Situation ist nicht nur bei Stürmen zu erwarten, sondern sie kann auch bei einer relativen Windstille auftreten oder nach starken Regenfällen durch das dann erhöhte Gewicht der nassen Laubmenge. Wenn die Verkehrssicherheit davon betroffen ist, muß ein solcher Baum daher umgehend gefällt werden.

Abb. 76: *Fagus sylvatica* (Rotbuche) mit Fruchtkörpern von *Fomes fomentarius* (Zunderschwamm).

6. Fomitopsis pinicola (Swartz) Karst. *(Coriolaceae)*
  Rotrandiger Baumschwamm
Im Habitus sehr ähnlich ist der Rotrandige Baumschwamm, dessen konsolenför-
miger Fruchtkörper anfangs orangerot gefärbt ist mit gelblichem Rand und später
schwärzlich wird mit rotem Rand. Im Unterschied zum Zunderschwamm vermag
dieser Pilz nur die Zellulose abzubauen und es entsteht eine typische Braunfäule.
Gelegentlich kommen beide Pilzarten auf demselben Baum vor. Es werden vorwiegend stark geschädigte oder absterbende Buchen befallen.

7. Ganoderma adspersum (Schulz.) Donk *(Ganodermaceae)*
  Wulstiger Lackporling
Die dicken konsolenförmigen Fruchtkörper stehen oftmals übereinander und
befinden sich vorwiegend an Wunden der Stammbasis. Nach SEEHANN (1979) ist
dieser Pilz im Stadtgebiet sehr oft anzutreffen, vor allem bei Linden, aber auch bei
Eiche, Mehlbeere und Roßkastanie. Der Pilz gehört daher zu den häufigsten
Schwächeparasiten im Siedlungsbereich. Da sich an der Stammbasis der Bäume die
Feuchtigkeit länger hält, kann dieser Pilz dort eine intensive Weißfäule hervorru-
fen und die Standsicherheit der Bäume beeinträchtigen.

8. Ganoderma lipsiense (Batsch) Atk. *(Ganodermaceae)*
  Flacher Lackporling
Für diesen Pilz sind flache mehrjährige Fruchtkörper typisch, die bis zu 75 cm
breite Konsolen bilden. Die Oberseite ist konzentrisch gezont, meist höckerig und
grau bis braun gefärbt; der scharfe Rand ist weiß.
  Der Pilz lebt vorwiegend saprophytisch auf Stubben und verursacht eine intensive Weißfäule. Als Schwächeparasit tritt er vor allem bei Buche auf, aber auch bei
der Pappel und anderen Baumarten, und zwar vorwiegend im Wurzelbereich und
im unteren Stammteil, so daß die Standsicherheit der befallenen Bäume gefährdet
ist.

9. Ganoderma lucidum (Curt.) Karst. *(Ganodermaceae)*
  Glänzender Lackporling
Die einjährigen bis zu 30 cm breiten Fruchtkörper sind wegen ihrer lackartigen
rotbraun gefärbten Kruste sehr auffällig. Als Saprophyt und Parasit verursacht der
Pilz Weißfäule vorwiegend bei Eiche und Buche, seltener bei anderen Laub- und
Nadelbaumarten.

10. Gloeophyllum sepiarium (Wulf.) Karst. *(Coriolaceae)*
  Zaunblättling
Als Saprophyt ist der Zaunblättling einer der wichtigsten Zersetzer von Nadelholz. Wenn die auffälligen 3 bis 4 cm breiten rostbraunen Fruchtkörper auftreten,
ist das Holz im Innern durch Braunfäule bereits weitgehend zerstört.

11. Grifola frondosa (Dicks.) S. F. Gray *(Scutigeraceae)*
  Klapperschwamm
Relativ selten tritt dieser vielhütige Pilz am Stammfuß älterer Eichen auf; seine
Sammelfruchtkörper werden bis 50 cm breit und können ein Gewicht bis zu 20 kg
erreichen. Der Name Klapperschwamm ist zurückzuführen auf ein klapperndes
Geräusch, das beim Schütteln älterer Fruchtkörper durch Aneinanderschlagen der
Hüte entsteht. Die Infektion des Baumes erfolgt über die Wurzeln; der Pilz ist sehr

langlebig und verursacht eine intensive Weißfäule bei älteren Wurzeln sowie im unteren Stammteil.

12. Heterobasidion annosum (Fr.) Bref. *(Coriolaceae)*
Wurzelschwamm

Aus forstlicher Sicht ist der Wurzelschwamm der bedeutendste Schadpilz, der vor allem bei Nadelbäumen, insbesondere bei der Fichte große Schäden anrichtet.

Man bezeichnet die im Stamminneren beim Holzabbau auftretende röt-lichbraune Verfärbung als »Rotfäule«, ein technischer Begriff, der nicht mit Braun-fäule verwechselt werden darf (ZYCHA 1976). Vom Pilz werden sowohl Zellu-lose als auch Lignin abgebaut, so daß per Definition eine Weißfäule vorliegt. Nach ZYCHA werden allerdings nur 70 % der Rotfäule durch diese Pilzart ver-ursacht; von den übrigen Pilzarten ist der Hallimasch noch von größerer Bedeu-tung.

Die Infektion der Fichten erfolgt über die Wurzeln entweder an kleinen Wunden oder bei dünnen Wurzeln unter enzymatischer Auflösung der Korkschicht über Rinden- und Holzstrahlen in das Wurzelinnere (PEEK und LIESE 1976).

Im Stamm kann die Kernfäule bis in größere Höhen aufsteigen, ohne daß die Vitalität der Bäume dadurch merklich beeinflußt wird. Auffälliges Merkmal befallener Fichten ist die flaschenartige Anschwellung der Stammbasis. Die mehr-jährigen Konsolen der Fruchtkörper besitzen eine braune, runzelige und verkru-stete Oberfläche und befinden sich am Stammfuß oder an flachstreifenden Wurzeln.

Bei der Kiefer führt ein Befall mit dem Wurzelschwamm zu einer umfangreichen Wurzelfäule, die zum Absterben der Bäume führt.

13. Inonotus hispidus (Bull.) Karst. *(Hymenochaetaceae)*
Zottiger Schillerporling

Der an Straßenbäumen, in Parks und Gärten öfter auftretende Pilz verursacht eine intensive Weißfäule im Kernholz von Buche, Esche, Linde, Walnuß und Platane sowie an alten Apfelbäumen. Über Wunden durch Astabbrüche oder Schnittmaß-nahmen gelangt der Pilz in das Kernholz.

Die einjährigen Fruchtkörper sind 10 bis 30 cm breit und 3 bis 5 cm dick, ober-seits zottig-filzig, anfangs rostrot bis braun und nach dem Absterben schwarz. Bei Auftreten der Fruchtkörper kann davon ausgegangen werden, daß die Fäule bereits tief in das Holz eingedrungen ist; eine Abnahme des betreffenden Astes ist daher sinnvoll.

14. Laetiporus sulphureus (Bull.) Murr. *(Laetiporiaceae)*
Schwefelporling

Der Schwefelporling ist sehr gut zu erkennen an der orangeroten Oberseite der Fruchtkörper und den schwefelgelben Poren auf der Unterseite. Die Fruchtkörper sind dachziegelig angeordnet und 10 bis 40 cm breit. Vom Pilz werden bevorzugt befallen Eichen, Robinien, Birn- und Kirschbäume, aber auch Roßkastanien und Weiden.

Der Pilz gilt als gefährlicher Parasit, der über Wunden eindringt und das Kernholz durch eine intensive Braunfäule völlig zerstören kann; mit Hilfe eines speziellen Enzyms (Tyrosinase) vermag der Pilz die phenolischen Substanzen im Holz zu entgiften (BUTIN 1989). Das Splintholz wird dagegen meist nicht ange-griffen.

Abb. 77:   *Meripilus giganteus* (Riesenporling), Fruchtkörper.

15. Meripilus giganteus (Pers.) Karst. *(Scutigeraceae)*
Riesenporling

Die Fruchtkörper des Riesenporlings treten bei Straßen- und Parkbäumen in letzter Zeit häufiger auf als Spätfolge von Bodenverdichtungen und Baumaßnahmen, besonders bei Buchen, aber auch bei Eichen, Linden und Platanen.

Der saprophytisch lebende Pilz infiziert absterbende oder tote Wurzeln, dringt von dort langsam in das Stammholz vor und verursacht eine Weißfäule. Wenn die riesigen Fruchtkörper (bis zu 1 m Durchmesser und bis zu 50 kg schwer) auftreten, sind die befallenen Wurzeln bereits stark zerstört und die Standfestigkeit des Baumes kann beeinträchtigt sein. Die Fruchtkörper treten oftmals in einiger Entfernung vom Stamm mitten im Rasen auf. Der Zeitraum zwischen Schädigung der Wurzeln und erstem Auftreten von Fruchtkörpern kann 15 Jahre und länger betragen.

16. Phaeolus spadiceus (Pers.) Rauschert *(Coriolaceae)*
Kiefern-Braunporling

Der Braunfäulepilz befällt vorwiegend Kiefer und Douglasie und verursacht bei diesen Baumarten eine intensive Kernfäule, die vorwiegend auf den unteren Teil des Stammes beschränkt ist. Die Infektion erfolgt über die Wurzeln.

Die Fruchtkörper des Pilzes können bis zu 30 cm groß werden; sie wachsen zu mehreren dachziegelartigen Hüten aus, die eine wollig-filzige Oberfläche aufweisen und anfangs orangegelb, später rostrot gefärbt sind.

17. Phellinus igniarius (L.) Quél. *(Hymenochaetaceae)*
Gemeiner Feuerschwamm

Der Fruchtkörper des Gemeinen Feuerschwamms ist wulstartig abgerundet und härter als der des ähnlich aussehenden Zunderschwamms. Der Weißfäuleerreger wird häufig an alten Pappeln und Weiden gefunden, gelegentlich auch an alten Apfel- und Birnbäumen, bei denen er eine ausgedehnte Kernfäule verursacht.

18. Phellinus robustus (Karst.) Bourd. & Galz. *(Hymenochaetaceae)*
Eichen-Feuerschwamm

Der Pilz ist vor allem auf alte Eichen spezialisiert, bei denen er eine Weißfäule im oberen Stammbereich verursacht; seltener kommt er bei Kastanien und Robinien vor.

Die kompakten und etwa 10 cm breiten Fruchtkörper sind sehr hart und befinden sich häufig in der Nähe von alten Astabbruchstellen. Da der Pilz sehr langsam wächst, ist er für die Eichen weniger gefährlich als z. B. der Schwefelporling.

19. Phellinus tremulae (Bond.) Bond. & Boris. *(Hymenochaetaceae)*
Espen-Feuerschwamm

Ausschließlich auf Pappeln beschränkt ist der Espen-Feuerschwamm, der vorwiegend auf Zitterpappel, seltener auf Grau- oder Silberpappel vorkommt. Der Pilz dringt über Aststummel ein und zerstört als Weißfäuleerreger das gesamte Kernholz; Splintholz wird meist nicht befallen. Die kompakten 5 bis 10 cm breiten Fruchtkörper besitzen eine leicht zonierte graue Kruste mit einem scharfen Rand; sie finden sich meist an alten Astabbruchstellen.

20. Pholiota squarrosa (Pers.) Kumm. *(Strophariaceae)*
Sparriger Schüppling

Der Pilz ist weit verbreitet und befällt eine große Anzahl von Laubbäumen (z. B. Ahorn, Apfelbaum, Birke, Buche, Eiche, Erle, Esche, Hainbuche, Linde, Mehlbeere, Pappel, Robinie, Schnurbaum, Weide). Der Pilz dringt über Wurzeln oder Wunden am Stammfuß in den Baum ein und verursacht im unteren Stammbereich eine Weißfäule, die sich meistens nur langsam ausbreitet. Die büschelig wachsenden Fruchtkörper besitzen am Stiel und auf dem Hut rotbraune Schuppen, die etwas sparrig abstehen.

21. Piptoporus betulinus (Bull.) Karst. *(Polyporaceae)*
Birkenporling

Der nur auf Birken vorkommende Birkenporling ist ein Schwächeparasit. Über Aststummel kann der Pilz in die Bäume eindringen und im Stamm eine intensive Braunfäule verursachen.

Die Fruchtkörper sind einjährig und auf der Oberseite von einer dünnen braunen Haut überzogen, die im Alter rissig wird. Befallene Äste und Stämme sind sehr bruchgefährdet und sollten daher entfernt bzw. gefällt werden, sofern eine Verkehrsgefährdung besteht.

22. Pleurotus dryinus (Pers.) Kumm. *(Polyporaceae)*
Berindeter Seitling

Als Wundparasit kommt dieser Pilz bei vielen Laubbäumen vor (z. B. Buche, Eiche, Hainbuche, Linde, Pappel, Platane, Roßkastanie) und verursacht eine meist örtlich begrenzte Weißfäule. Die Fruchtkörper treten häufig an alten Astwunden auf; der Hut ist exzentrisch gestielt, anfangs weiß, später grau werdend.

23. Pleurotus ostreatus (Jacq.) Kumm. *(Polyporaceae)*
Austernseitling

Auch der Austernseitling ist ein Wundparasit, der bei vielen Bäumen auftritt (z. B. Birke, Buche, Esche, Eberesche, Linde, Pappel, Roßkastanie, Weide) und eine intensive Weißfäule erzeugt; als Saprophyt besiedelt der Pilz Baumstubben.

Die Fruchtkörper erscheinen meist spät im Jahr büschelig gehäuft an den Wundstellen; sie sind seitlich gestielt, die Farbe des Hutes ist schiefergrau bis graublau oder graugrün, die weißen Lamellen laufen am Stiel herab.

Der Austernseitling ist einer der wenigen holzzerstörenden Pilze, die als Speisepilz Verwendung finden; er wird auch kultiviert auf künstlich mit Myzel beimpften Stammstücken.

24. Polyporus squamosus (Huds.) Fr. *(Polyporaceae)*
Schuppiger Porling

Dieser Pilz ist der auffälligste Vertreter der Gattung, da die seitlich gestielten Fruchtkörper mit einer Breite von über 50 cm besonders groß werden und die dunkelgelbe Oberfläche mit konzentrisch angeordneten braunen Schuppen bedeckt ist.

An Straßen- und Parkbäumen (z. B. Ahorn, Buche, Linde, Pappel, Roßkastanie, Weide) tritt der Pilz häufiger als Wundparasit auf und erzeugt im Stammholz eine ausgedehnte Weißfäule, so daß befallene Bäume relativ rasch absterben können; als Saprophyt wird der Pilz seltener beobachtet.

25. Pycnoporus cinnabarinus (Jacq.) Karst. *(Coriolaceae)*
Zinnobertramete

Es handelt sich bei der Zinnobertramete um einen reinen Saprophyten, der nur abgestorbenes Holz befällt und keine pathologischen Eigenschaften besitzt; bevorzugt besiedelt werden Birke, Buche, Eberesche, Eiche und Kirsche. Die einjährigen Fruchtkörper sind relativ klein und zinnoberrot.

26. Schizophyllum commune Fr. *(Schizophyllaceae)*
Spaltblättling

An durch Sonnenbrand geschädigten Buchen tritt der Spaltblättling öfter auf und verursacht im Splintholz eine meist begrenzte Weißfäule. Die 2 bis 5 cm großen Fruchtkörper treten herdenartig auf; sie sind muschelförmig gelappt, lederig-zäh und besitzen eine wollig-filzige grauweiße Oberseite, die »Lamellen« sind an der Schneide längsgespalten (Name!). Häufiger findet man den Pilz als Saprophyt an lagernden Stämmen.

27. Trametes versicolor (L.) Pil. *(Coriolaceae)*
Schmetterlingsporling

Der vorwiegend saprophytisch lebende Pilz gilt als einer der stärksten Holzzersetzer im Buchenwald. Der Schmetterlingsporling kann aber auch als Wundparasit auftreten, z. B. an durch Sonnenbrand geschädigten Buchen oder an Ast- und Stammwunden vieler Baumarten. Meistens verursacht er aber nur eine begrenzte Weißfäule. Auffällig ist die in Brauntönen seidig-glänzende Zonierung der dachziegelig angeordneten Fruchtkörper.

5.2   Schäden durch tierische Organismen

Unter den tierischen Schädlingen, die bei Straßen- und Parkbäumen auftreten, haben vor allem die Milben (z. B. Spinnmilben) und Insekten (z. B. Blattläuse, Blattwespen) eine größere Bedeutung.

Spinnmilben

Die Spinnmilben besitzen am Kopfende Spinndrüsen, aus denen Spinnfäden ausgeschieden werden, die bei großen Kolonien dichte Gespinste bilden. Mit Stechborsten verletzen die Spinnmilben die Blätter, verflüssigen den Zellinhalt durch den ausgeschiedenen Speichel und saugen dann den Saft auf. Aufgrund dieser Schädigungen werden die Blätter zunächst weißscheckig, färben sich braun und vertrocknen.

Häufiger tritt im Siedlungsbereich insbesondere bei trockenwarmer Witterung die Lindenspinnmilbe *Eotetranychus tiliarum* Herm. auf. Die Achselbärte in den Aderzwickeln der Blattunterseite dienen den Milben als Unterschlupf, man bezeichnet sie daher auch als Domatien. Die Schäden sind an den Bäumen im August meist deutlich erkennbar; die Blätter werden vorzeitig abgeworfen und es kommt teilweise zu einem Neuaustrieb. Der Schaden für die Bäume hält sich aber in Grenzen, da es in den folgenden Jahren nicht zwangsläufig zu einem erneuten Befall kommen muß.

Blattläuse

Auch die Blattläuse sind Pflanzensauger, die mit den Stechborsten entweder einzelne Parenchymzellen der Blätter oder ganz gezielt die Siebröhren der Leitbündel anstechen, um den unter Druck stehenden zuckerhaltigen und aminosäurereichen Siebröhrensaft aufzusaugen. Wahrscheinlich wegen des hohen Eiweißbedarfs der Blattläuse wird sehr viel mehr Saft aufgenommen (bei Weiden z. B. 30 bis 40 ml in 24 Stunden) und nach der Passage des Verdauungstraktes in Tropfenform abgegeben als Honigtau. Dieser wird bevorzugt aufgenommen von einigen Insektenarten, z. B. von Honigbienen (Waldhonig oder Tannenhonig) oder von Ameisen.

Der Honigtau überzieht häufig die Blätter und bildet eine klebrige Schicht, auf der nicht nur Staub haften bleibt, sondern sich vor allem Rußtaupilze (Gattung *Capnodium,* Ascomycetes) ansiedeln, die den Zucker als Substrat nutzen. Auf den Blättern bildet sich ein schwarzbrauner Belag, der die Assimilation beeinträchtigen kann. Die von Blattläusen befallenen Bäume werden aber kaum geschädigt.

Wichtige Blattlausarten und ihre Wirte sind in Tab. 37 zusammengestellt.

Bei der Planung von Grünanlagen, Fußgängerzonen oder Kinderspielplätzen sollten im Traufbereich von Ahorn-, Birken- und Lindenarten z. B. keine Bänke vorgesehen werden wegen ihrer starken Honigtaubildung, während dieses bei Eichen möglich ist, da die Eichenzwerglaus nur die Parenchymzellen ansticht, nicht aber Siebröhren und daher kein Honigtau entsteht.

Blattwespen

Unter den Blattwespen tritt die Kleine Lindenblattwespe *Caliroa annulipes* Klg. im Larvenstadium öfter bei Linden als Schaderreger auf. Die grünschwarzen nacktschneckenartigen Larven sind mit einem hellen Schleim überzogen und skelettieren im Mai und Juni die Blätter von der Unterseite her, so daß nur die Blatt-

Tab. 37:   Blattlausarten und Wirte

Blattlausart	Baumgattung	Honigtaubildung
Drepanosiphon platanoides Schrk. Ahornzierlaus	*Acer*	stark
Eucallipterus tiliae L. Lindenzierlaus	*Tilia*	stark
Euceraphis punctipennis Zett. Gemeine Birkenzierlaus	*Betula*	stark
Phyllaphis fagi L. Buchenzierlaus	*Fagus*	gering
Phylloxera coccinea v. Heyd. Eichenzwerglaus	*Quercus*	keine

adern und die obere Epidermis übrigbleiben. Die Blätter werden braun und rollen sich etwas ein, fallen aber meistens nicht ab.

Da ein solcher Befall sich aber nicht jährlich wiederholt, bleibt den Bäumen genügend Zeit zu einer Regeneration.

5.3   Schäden durch Bäume

Bäume können auch Schäden anrichten, und diese Fälle beschäftigen zunehmend die Gerichte. Dabei handelt es sich z. B. um herabfallende größere Totäste oder um abbrechende oder umstürzende Bäume. Die Ursachen liegen häufig im Wurzelbereich und lassen sich z. B. auf Schädigungen durch frühere Baumaßnahmen mit nachfolgendem Pilzbefall zurückführen, auf jahrzehntelange Verwendung von Streusalz oder auf unterbliebene Pflegemaßnahmen. Abfallende Blätter, Blüten, Samen und Früchte sowie Schattenwurf sind dagegen nach Gerichtsentscheidungen keine unzulässigen Einwirkungen, sondern Immissionen im Sinne von § 906 BGB und müssen daher als ortsübliche Beeinträchtigungen geduldet werden (vgl. Entscheidung des OLG Karlsruhe vom 9. 3. 1983 – 6 U 150/82).

Aber es können auch Schäden auftreten, die lange Zeit unbemerkt bleiben, weil sie im Wurzelbereich stattfinden. So wird bei Baumpflanzungen und der Gestaltung des Umfeldes teilweise übersehen, daß nicht nur Stämme und Äste, sondern auch die Wurzeln jährlich dicker werden, und nicht nur die Baumkrone breiter und höher wird, sondern sich auch die Wurzeln entsprechend ausbreiten.

So sind Bäume z. B. in der Lage, Wege- und Straßenbeläge aufzubrechen, Mauern und Fundamente hochzuheben, in Nachbargrundstücke einzudringen oder in Kanalrohre einzuwachsen, wenn die Muffen der Rohre nicht wurzelfest abgedichtet wurden.

5.3.1   Eindringen von Wurzeln in Abwasserrohre

In den letzten Jahren häufen sich die Fälle, bei denen Wurzeln in Abwasserrohre eindringen und sich dort aufgrund des guten Wasser- und Nährstoffangebots so stark entwickeln, daß die Rohre verstopfen. Betroffen sind davon nicht nur die

Hausanschlußkanäle, sondern auch das im Straßenbereich liegende öffentliche Kanalnetz.

Der Bundesgerichtshof (BGH) hat in mehreren Urteilen (z. B. V ZR 92/85 [Köln] vom 7.3.1986, V ZR 26/88 [Hamburg] vom 2.12.1988, V ZR 346/89 [KG] vom 26.4.1991) die Entscheidungen der Vorinstanzen verworfen und das Verursacherprinzip durchgesetzt. Danach haftet derjenige für den Schaden, auf dessen Grundstück der Baum steht, dessen Wurzeln die Abwasserleitung verstopft hat.

Ein typisches Beispiel zum Sachverhalt (zitiert nach Neue Juristische Wochenschrift 1986, Heft 42, S. 2640):

> Die Kläger sind Eigentümer eines Hauses in B. 1898 wurde das Haus an das städtische Kanalnetz angeschlossen. Die Abwasserleitung auf dem kl. Grundstück bestand, wie bis Mitte der 60er Jahre üblich, aus Steinzeugrohren, deren Muffen mit Teerstrick und Zementmörtel abgedichtet waren. Kurz nach Verlegung der Abwasserleitung pflanzte die bekl. Stadt auf dem Gehweg Kastanien an. Die nächsten Bäume stehen 2,50 m und 3,50 m vom kl. Grundstück entfernt. Im Laufe der Zeit drangen die Wurzeln einer der Kastanien durch die Muffen in die Abwasserleitung im Bereich des Vorgartens der Kl. ein, wuchsen innerhalb der Leitung weiter in Richtung Keller und verstopften schließlich den Wasserabfluß...
>
> Das Berufungsgericht hat die Bkl. zur Erstattung der Aufwendungen der Kl. über das Freilegen der alten und die Verlegung der neuen Rohrleitung in Höhe von 17962,85 DM verurteilt.
> (BGH, Urteil vom 7.3.1986 – V ZR 92/85 Köln)

Die Sachverständigen stehen vor einem schwierigen Problem, wenn sie ermitteln sollen, von welcher Baumart die Wurzeln stammen. Für eine Beweissicherung ist dieses aber notwendig. Die Identifizierung von Wurzelholz erfordert Proben von der Dicke eines Bleistifts, da sowohl Querschnitte als auch Längsschnitte (radial und tangential) angefertigt werden müssen. Die Herstellung der Schnitte erfolgt nach Vorbereitung der Proben (vgl. Kapitel 2.5.8) mit einem Schlittenmikrotom oder einer starken Rasierklinge (Schnittdicke etwa $1/30$ mm); die Analyse der Schnitte wird mit einem Lichtmikroskop unter Verwendung der Bestimmungstabelle (Seite 97) durchgeführt. Als Verursacher der Verstopfungen von Abwasserrohren kommen häufig Wurzeln von Birken und Pappeln in Frage.

6 Maßnahmen an Bäumen

6.1 Von der Baumchirurgie zur Baumpflege

Als junger Gärtner hat Michael MAURER (1905–1980) in Nordamerika baumchirurgische Methoden kennengelernt und diese erstmals 1936 in Nürnberg bei der Behandlung eines Baumes eingesetzt. Bei vielen Gärtnern stieß er damals auf Unverständnis, war es doch bis dahin gängige Praxis, Stämme und dicke Äste zu kappen sowie offene Höhlungen in Bäumen auszukratzen und mit Ziegelsteinen und Beton auszufüllen. Da die Wundränder oft nicht behandelt wurden, trat keine richtige Überwallung ein und im Beton zeigten sich teilweise Risse, so daß Feuchtigkeit eindringen und die Fäulnis sich weiter ausbreiten konnte (Abb. 78).

Die von MAURER propagierte Methode bestand nun darin, daß nach Ausräumung des morschen Holzes unter Berücksichtigung des Saftstromverlaufs und anderer Faktoren die Wunden ausgeformt und deren Ränder glatt geschnitten wurden, um die Öffnungen dann durch etwa 5 bis 10 cm dicke Beton-Scheinplomben mit Dehnungsfugen zu verschließen, damit sie überwallt werden konnten. Dadurch sollte die Abbautätigkeit der Pilze hinter den Scheinplomben vermindert werden. Bei diesem Verfahren wurden auch Gewindestäbe eingesetzt, um die Statik wiederherzustellen (Abb. 79–81).

MAURER führte um 1950 den Begriff Baumchirurgie in Deutschland ein und umriß den Aufgabenbereich folgendermaßen:

»Unter Baumchirurgie wird in erster Linie das ›Plombieren‹, das Füllen von Höhlungen in Bäumen verstanden. Solche Füllungen sind aber die Krönung der Arbeit des Baumchirurgen« (MAURER 1968).

Allerdings zeigte sich später, daß auch Scheinplomben keine Garantie darstellten für eine Verminderung des Holzabbaus, denn es entstanden feuchte Kammern, in denen die Fäulnis sich unbeobachtet ausbreiten konnte. In der Folgezeit ließ man die Höhlungen daher meist offen und strebte nach Möglichkeit eine Kaminwirkung an.

Häufige Maßnahmen an Bäumen waren im Zeitraum von etwa 1960 bis 1985
– Herausnahme des faulen Holzes bis zum nicht abgebauten Holz,
– Imprägnierung der Wundflächen im Kernholz mit Holzschutzmitteln,
– Verschraubung von Gabelungen und Höhlungen mit Gewindestäben,
– Verankerung von Baumkronen sowie
– stammparallele Schnittmaßnahmen.

Für Unruhe unter den Praktikern sorgte 1984 der amerikanische Forstpathologe SHIGO, als er anläßlich einer Tagung in Heidelberg seine bei Baumbiologen bekannten und schon früher publizierten Methoden (z.B. CODIT-Modell, Schnittführung beim Entfernen von Ästen) vorstellte, die im Gegensatz zur bisherigen Praxis in Deutschland standen. Die Verunsicherung hielt noch einige Jahre an und wurde fast zu einem Glaubenskrieg; insbesondere bezweifelte man die

Abb. 78: Eine früher übliche Ausfüllung von Faulstellen mit Beton bei einem Apfelbaum.

Abb. 80: Feme-Eiche von Erle/Westfalen (geschätztes Alter 1500 Jahre, Stammumfang in 1,5 m Höhe 12 m). Nach der Ausräumung des morschen Holzes wurden Gewindestäbe eingezogen. Ausführung der Arbeiten von M. MAURER (links im Bild). (Foto: H. F. WIEPKING)

Abb. 79: Marienlinde von Telgte (geschätztes Alter ca. 800 Jahre, Stammumfang 8,90 m). Beton-Scheinplombe mit Entwässerungsrohr. Die baumchirurgischen Arbeiten wurden von M. MAURER um 1960 durchgeführt. (Foto: H. F. WIEPKING)

Abb. 81: Beidseitige Öffnung des Stammes einer Buche, Ausräumung des morschen Holzes und Einzug von Gewindestangen. Durchführung der baumchirurgischen Arbeiten von M. MAURER um 1966 in Bonn. (Foto: H. F. WIEPKING)

Übertragbarkeit forstlicher Erfahrungen auf die Stadtbäume (vgl. EHSEN 1986, KOCH 1986, V. MALEK 1987, WAWRIK 1987, DENGLER 1988 b).

In dieser spannungsgeladenen Situation sorgte ein Beitrag von HARD und Mitarbeitern (GROTHAUS et al. 1988) mit dem provokanten Titel »Baumchirurgie als Baumzerstörung, auf den Spuren eines lukrativen Unsinns« für einen großen Wirbel (vgl. HARD 1988, SVK 1988, WAWRIK 1988).

Wesentlicher Kritikpunkt dieser Veröffentlichung war, daß durch baumchirurgische Maßnahmen und Untersuchungsmethoden (z. B. Vergrößerung der Wunden, Ausräumung von Faulherden, Verwendung von Wundverschluß- und Holzschutzmitteln, Stamm- und Aststabilisierungen, Schnittmaßnahmen, endoskopische Untersuchungen) vor allem das Wachstum der Pilze gefördert wird und die Bäume dadurch weiter geschädigt werden.

Kurz zuvor erschienen nach langen Vorarbeiten (ZTV-Baum 1981 als Entwurf) die Zusätzlichen Technischen Vorschriften und Richtlinien für Baumpflege und Baumsanierung (ZTV-Baumpflege 1987). Damit wurden erstmals die in der Praxis entwickelten Maßnahmen zusammengefaßt und u. a. folgende Begriffe definiert:

Baumpflege: Regelmäßige Maßnahmen am Baum und Standort zur Erhaltung und Verbesserung der Vitalität und Verkehrssicherheit des Baumes

Baumsanierung: Maßnahmen am Baum und Standort zur Wiederherstellung der langfristigen Gesundheit und Verkehrssicherheit

Baumchirurgie: Behandlung von tiefreichenden und umfangreichen Holzschäden einschl. der ggf. erforderlichen Stabilisierungsmaßnahmen

Standortverbesserung: Maßnahmen und technische Einrichtungen zur Verbesserung der Wachstumsbedingungen (z. B. des Luft- und Wasserhaushalts im Wurzelbereich, der Nährstoffversorgung).

Aufgrund neuer wissenschaftlicher Erkenntnisse und kritischer Einwände wurden diese Richtlinien inzwischen grundlegend überarbeitet (ZTV-Baumpflege 1992). Wichtige Veränderungen betreffen vor allem die Schnittmaßnahmen sowie die Behandlung von Wunden und Fäulen. Bei allen Maßnahmen ist eine Tendenz zu baumschonenderen Verfahren festzustellen und eine stärkere Berücksichtigung der Standortbedingungen. Insofern war es nur konsequent, auf den Begriff Baumchirurgie völlig zu verzichten. Das bedeutet aber einen grundlegenden Wandel in der Einstellung zu Bäumen.

Beispiel Luther-Linden in Goslar

Die Luther-Linden sollen 1532 an der Marktkirche in Goslar gepflanzt worden sein. Nach alten Fotos war die Baumkrone schon um die Jahrhundertwende stark eingekürzt. Trotzdem wurden die beiden Linden 1958 aufgrund ihrer kulturhistorischen Bedeutung zum Naturdenkmal erklärt. In der Folgezeit sind sie mehrfach baumchirurgisch behandelt worden, zuletzt im Jahr 1975. Diese Maßnahmen bezogen sich ausschließlich auf den Baumstamm und die Baumkrone, berücksichtigten aber nicht die Erfordernisse im Wurzelbereich.

In einer Informationsschrift über die Ergebnisse und Erfahrungen des Landeswettbewerbs »Grün in der Stadt« (Nieders. Sozialminister 1982) ist einer dieser Bäume als ein positives Beispiel für eine baumchirurgische Behandlung abgebildet. Das Foto (Abb. 82) zeigt die schlechten Standortbedingungen dieses Baumes.

Eine im Herbst 1988 durchgeführte Untersuchung ergab, daß die abgebildete Linde (Stammdurchmesser an der Basis etwas über 2 m) in einem gemauerten Hochbeet mit den Innenmaßen 2,00 m × 3,10 m steht und an vielen Stellen des Wurzelanlaufs wegen des Kontakts mit der Mauer Faulstellen aufweist. Damit war

Abb. 82: Die kulturhistorisch bedeutsamen und über 450 Jahre alten Luther-Linden in Goslar sind ein Beispiel für eine falsche Behandlung alter Bäume. Durch rechtzeitige standortverbessernde Maßnahmen und Befreiung aus dem Korsett des gemauerten Hochbeetes hätten die Bäume 1989 nicht gefällt werden müssen. Näheres im Text. (Foto: aus »Grün im Städtebau«, Nieders. Sozialminister 1982).

die Standsicherheit nicht mehr gewährleistet, zumal der weitgehend offene Stamm nur noch eine Wandstärke von etwa 10 cm aufwies. Aufgrund dieser Schädigungen und der fast vollständigen Versiegelung des gesamten Wurzelbereichs betrug der jährliche Dickenzuwachs in den letzten Jahrzehnten nur noch etwa 0,5 mm. Die beiden Luther-Linden wurden im Februar 1989 gefällt.

Dieses Beispiel ist kein Einzelfall; es dokumentiert die Behandlung von Symptomen unter Vernachlässigung der Standortbedingungen. Insofern ist der Abschied von der Baumchirurgie kein Verlust. Künftig wird es daher von Bedeutung sein, Baumpflege (einschl. Baumsanierung) und Standortverbesserung als gleichwertige Behandlungsmethoden anzusehen.

6.2 Maßnahmen zur Baumpflege und Baumsanierung

Unter Baumpflege sollen alle Maßnahmen am Baum verstanden werden, die regelmäßig notwendig sind, um die Vitalität und Verkehrssicherheit zu erhalten und zu verbessern. Baumsanierungen sind dagegen nach Schädigungen erforderlich, um die Vitalität und Verkehrssicherheit wiederherzustellen.

Maßnahmen der Baumpflege und Baumsanierung, die z.T. kritisch gesehen werden müssen, sind z.B.
– Stamminjektionen,
– Schnittmaßnahmen in der Baumkrone,
– Behandlung von Wunden,
– Behandlung von Splint- und Kernfäule sowie
– Maßnahmen zur Kronensicherung.

6.2.1 Stamminjektionen

Seit längerer Zeit werden Verfahren propagiert, um in Analogie zur intravenösen Injektion in der Humanmedizin unter Umgehung der Wurzeln chemische Substanzen wie Nährsalze oder wasserlösliche Pflanzenschutzmittel direkt in die Saftbahnen des Baumes zu bringen und dadurch die Vitalität der Bäume rasch und nachhaltig zu steigern (Deutsche Gesellschaft für Großbaumverpflanzung, um 1980).

Bei dem Mauget-Verfahren wird z. B. eine unter Druck gesetzte Wirkstoffkapsel an eine Hohlnadel angeschlossen, die zuvor in den Stamm geschlagen wurde. Um eine gleichmäßige Verteilung der Wirksubstanzen im Baum zu erreichen, sind im Abstand von 12 bis 15 cm rund um den Baumstamm entsprechende Injektionen durchzuführen. Dieses Verfahren ist vor allem zur Bekämpfung der Holländischen Ulmenkrankheit (vgl. Kapitel 5.1.3) eingesetzt worden (SHIGO et al. 1977, 1980), jedoch mit zweifelhaftem Erfolg.

Werden nämlich die unter Unterdruck stehenden Tracheen angestochen, so tritt sofort eine Luftembolie im Transpirationsstrom ein und die Wasserfäden reißen; teilweise kommt es zur Thyllenbildung, so daß sich die injizierten Wirkstoffe im wesentlichen nur durch Diffusion im Holzgewebe ausbreiten können. Damit wird der erwartete Erfolg der Injektion häufig in Frage gestellt. Außerdem entstehen beträchtliche Verfärbungen im Holzgewebe, wie sie SHIGO (1990) anschaulich an Stammquerschnitten gezeigt hat.

In den letzten Jahren kommen zur Bekämpfung von saugenden Insekten oder von Pilzen zunehmend Injektionsgeräte zum Einsatz, die mit höheren Drücken arbeiten. So werden z. B. bei dem Gerät Commander Nadeln (Injektionstiefe bis 35 mm) unter einem Druck von 15 bar in den Stamm geschossen. Nach dem Einschuß wird die wasserlösliche Wirkstofflösung mit einem Druck von 22 bar in den von der Nadel geschaffenem Hohlraum im Holz eingebracht. Zur gleichmäßigen Verteilung der Wirkstoffe sind vier Injektionen, verteilt über den Stammumfang, erforderlich.

Ein auf diese Weise appliziertes Insektizid konnte erst 7 bis 14 Tage nach der Behandlung in den Blättern der Baumkrone nachgewiesen werden, allerdings waren die Konzentrationen und deren Verteilung in den Kronenbereichen sehr unterschiedlich. Bei Fichte, Kiefer, Ahorn, Kirsche und Linde erfolgte der Transport der Wirkstoffe innerhalb des Zeitraums von 14 Tagen relativ langsam, bei Buche merklich schlechter und bei Eiche und Ulme waren auch danach nur Spuren des Wirkstoffs nachweisbar (WULF und SIEBERS 1992).

Diese Reihenfolge dürfte im wesentlichen mit der unterschiedlichen Fähigkeit zur Thyllenbildung und anderen Verletzungsreaktionen zusammenhängen. Der außerordentlich langsame Transport der Wirkstoffe im Holzgewebe erweist sich daher nicht als eine sinnvolle Alternative zur herkömmlichen Bekämpfung, wenn eine schnelle Wirkung angezeigt ist.

Bedeutend schwerwiegender sind aber die bei der Injektion auftretenden Schädigungen, die von WICHMANN et al. (1991) näher untersucht wurden. Die Autoren stellten nicht nur Nekrosen im Kambial- und Rindenbereich sowie starke Holzverfärbungen mit nachfolgendem Pilzbefall fest, sondern auch mehr oder weniger starke Rinden- und Holzrisse.

Nach DUJESIEFKEN und BALDER (1990) stirbt das Kambium im Bereich der Injektionswunde auf einer Länge von 2 bis 4 cm ab, bei Ahorn und Linde sind es bis zu 10 cm. Im Splintholz wurden starke Verfärbungen bis zu einer Breite von 3 cm beobachtet, d. h. in dieser Zone sind die Parenchymzellen abgestorben und die Tracheen nicht mehr zur Wasserleitung befähigt.

Gegenüber bohrenden Verfahren (z. B. bei der Bohrkernentnahme) entstehen bei dieser Methode vor allem durch den unter erheblichem Druck erfolgenden Einschuß der großen Nadel zusätzlich infolge Rißbildung starke Schäden, die eine Infektionsgefahr deutlich erhöhen.

Das vom Hersteller als umweltfreundlich bezeichnete Commander-Verfahren ist in starkem Maße baumschädigend und daher keine geeignete Methode. Dieses Beispiel zeigt erneut die Wichtigkeit einer Baumverträglichkeitsprüfung vor der Einführung neuer Behandlungsmethoden.

6.2.2   Schnittmaßnahmen in der Baumkrone

Schnittführung

In der Forstwirtschaft ist die Ästung der Waldbäume eine Maßnahme zur Bestandespflege, um die Holzqualität insbesondere für Furnierzwecke zu verbessern. Dabei wird unterschieden zwischen der Trockenästung (Entfernung abgestorbener Äste), die vor allem bei Douglasie, Fichte, Kiefer und Lärche durchgeführt wird, und der Grünästung (Entfernung lebender Äste), bei der allerdings Verfärbungen und Fäulnisbefall im Stamm auftreten können. Zur Vermeidung dieser Schäden wurden im Forst die Äste bisweilen gestummelt, so daß Aststummel von wenigen Zentimetern Länge am Stamm verblieben (DENGLER 1972).

Diese Methode kam früher auch bei Straßenbäumen zur Anwendung. Da die Aststummel (auch als »Kleiderhaken« bezeichnet) außerhalb des Saftstromes liegen, werden sie nicht überwallt und holzzerstörende Pilze können eindringen. Aststummel sind daher stets zu entfernen.

In der Praxis der Baumpflege galt die auf MAURER zurückgehende stammparallele Schnittführung in der Saftstromebene als eine sinnvolle Methode, da sie eine gleichmäßige Überwallung der Wundfläche von allen Seiten bewirkte (ZTV-Baum, Entwurf 1981, PESSLER 1985). Als SHIGO auf dem Heidelberger Baumpflege-Seminar 1984 seine Ergebnisse über die Schnittführung erstmals in Deutschland vortrug, nach denen der an der Astbasis als Wulst ausgebildete Astring erhalben bleiben muß und keinesfalls stammparallel geschnitten werden darf, führte dieses zu einer über Jahre anhaltenden Verunsicherung bei den Praktikern. SHIGO begründete seine Auffassung damit, daß nach einem stammparallelen Schnitt die Wunde stark vergrößert wird und häufig Verfärbungen und Fäulnis im Stamm auftreten, während bei einem Schnitt auf Astring diese Reaktionen auf den Astansatz beschränkt bleiben (DUJESIEFKEN und LIESE 1988).

Bei einer Kontroverse zwischen zwei Lehrmeinungen, welche Schnittmaßnahme die bessere ist, sollte man zunächst die Frage prüfen, wie sich ein Baum selbst auf natürliche Weise seiner Zweige entledigt (Abb. 83–85). Als Modell kann die Ausbildung der Trennungsschicht bei Pappelzweigen dienen (HÖSTER et al. 1968). Es ist deutlich zu erkennen, daß die Abtrennung des Seitenzweiges in einem bestimmten Winkel zum Hauptzweig erfolgt. Damit entspricht der Verlauf der Trennungszone der von SHIGO postulierten Schnittführung auf Astring.

Abb. 83–85: *Populus × canadensis* 'Robusta', Ausbildung der Trennungszone für den Abwurf von Zweigen als Modell für eine biologisch sinnvolle Schnittführung (aus HÖSTER, LIESE und BÖTTCHER 1968).

Abb. 83: Haupttrieb mit Seitentrieben, der Kurztrieb (rechts) zeigt deutlich einen Astkragen.

Abb. 84: Entrindeter Haupttrieb mit der Bruchfläche des frisch abgebrochenen Kurztriebes.

Abb. 85: Längsschnitt durch die Ansatzstelle des Kurztriebs am Haupttrieb. Deutlich ist die Trennungszone zu erkennen. Vergr. 3,5:1.

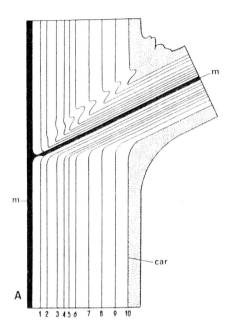

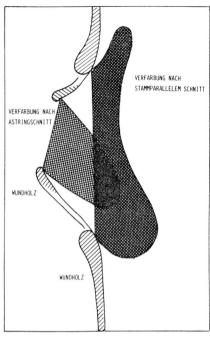

Abb. 86: Schematische Darstellung einer Astabzweigung. Durch die einsetzende Verzweigung wird der Kambiumring (car) in der Achsel zwischen Hauptast und Seitenast in Falten gelegt. Mit zunehmendem Alter (1 bis 10 = Jahrringe) werden die basalen Teile des Seitenastes in den Hauptast eingeschmolzen, das Phloem (punktiert) nach außen verlagert und in der Achsel ebenfalls gefaltet. Auf diese Weise entsteht ein Astkragen (aus KAUSSMANN und SCHIEWER 1989).

Abb. 87: Schematische Darstellung der Wundreaktionen nach Schnitt auf Astring bzw. nach stammparalleler Schnittführung (aus DUJESIEFKEN und LIESE 1989).

Da mehrfach angezweifelt wurde, ob die von SHIGO an Forstbäumen ermittelten Befunde auf z.T. geschädigte Straßenbäume übertragen werden können (EHSEN 1986, KOCH 1986), führten DUJESIEFKEN und LIESE (1988) vergleichende Untersuchungen an Straßen- und Parkbäumen durch. Dabei wurden an Bäumen der Gattungen Ahorn, Birke, Buche, Eiche, Esche, Linde, Pappel, Roßkastanie und Weide sowie bei Apfel- und Kirschbäumen unterschiedlich große Astungswunden nach Astring- bzw. stammparalleler Schnittführung angelegt.

Die Ergebnisse dieser Untersuchungen zeigen, daß die erheblich größeren stammparallelen Wunden zwar mehr Kallusgewebe bilden, dafür aber ausgedehntere Verfärbungen hinter der Schnittfläche aufweisen, die bis in das Stammholz reichen, als Wunden nach Astringschnitten (DUJESIEFKEN 1991). Der Anteil des verfärbten Holzgewebes ist von der Wundgröße abhängig sowie von der artspezifischen Fähigkeit zur Abschottung bzw. Kompartimentierung (Tab. 38), aber auch

Abb. 88: Die Kappung von Baumkronen erfolgt häufig ohne Rücksichtnahme auf den Habitus, wie bei dieser über 120jährigen Lindengruppe. Die Folge ist eine flaschenbürstenartige Ausbildung der Beastung (aus HÖSTER 1987).

Abb. 89: Diese gekappten Linden sind kaum noch als Bäume zu bezeichnen, allerdings sind auch ihre Standortbedingungen sehr schlecht (aus HÖSTER 1987).

Tab. 38: Fähigkeit zur Begrenzung von Verfärbungen im Holzgewebe
(nach DUJESIEFKEN 1991)

schwach abschottend		gut abschottend
Aesculus	Prunus	Acer
Betula	Salix	Carpinus
Fraxinus		Fagus
Malus		Quercus
Populus		Tilia

vom Alter und der Vitalität des Baumes sowie vom Zeitpunkt der Verletzung. So vermindert sich mit zunehmendem Alter und geringerer Vitalität der jährliche Zuwachs und damit auch die Fähigkeit zur Abschottung (Abb. 87).

Nach DUJESIEFKEN (1991) sind innerhalb dieser Gruppen Birken und Obstbäume besonders empfindlich gegenüber Verletzungen, z.T. auch Pappeln und Weiden, während die Stiel-Eiche und Linden auch größere Wunden gut abschotten können.

Bei Schnittmaßnahmen ist daher darauf zu achten, daß die Wundfläche möglichst klein bleibt, eine Überwallung bald einsetzen kann und die Verfärbungen im Holzgewebe sich möglichst auf den Astansatz beschränken. Die Schnitte sollten so geführt werden, daß der an der Astbasis erkennbare Wulst (Astring) oder die Nahtstelle (Rindengrat) am Stamm bleiben.

Nach der ZTV-Baumpflege (1992) dürfen Zweige mit einem Durchmesser von unter 3 cm nicht mit einer Motorsäge abgenommen werden. Bei schlecht abschottenden Baumarten (Tab. 38) sollen Äste mit einem Durchmesser von über 5 cm nicht abgeschnitten werden, bei gut abschottenden Baumarten gilt dieses bei Ästen mit einem Durchmesser von über 10 cm. Müssen größere Äste entfernt werden, so ist eine Einkürzung auf Zugast vorzunehmen.

Bei allen Maßnahmen im Kronenbereich ist aber zu beachten, daß der arttypische Habitus erhalten bleibt. Kappungen der Krone sind daher zu vermeiden, insbesondere wegen der Ausfaulung an der Schnittstelle und der späteren Instabilität der Ständer (Abb. 88 und 89).

Schnittzeitpunkt

In der Praxis der Baumpflege werden Schnittmaßnahmen aus ökonomischen und technischen Gründen stets im Winterhalbjahr durchgeführt. Dieser Zeitraum ist auch in den Naturschutzgesetzen der Länder festgelegt, denn in der Zeit vom 1. März bis 30. September dürfen aus Gründen des allgemeinen Biotopschutzes »in der freien Natur und Landschaft Hecken und Gebüsche heimischer Arten und außerhalb des Waldes stehende Bäume nicht zurückgeschnitten, gerodet oder erheblich beschädigt oder zerstört werden« (§ 37 N NatG 1990). Ausnahmen kann die Naturschutzbehörde zulassen.

Da die Knospen der Bäume im Winterhalbjahr relativ unempfindlich gegen ein Abbrechen sind und auch Bast und Holz sehr fest mit dem ruhenden Kambium verbunden sind, entstehen bei Pflegemaßnahmen zu diesem Zeitpunkt die geringsten Schäden.

Eine Ausnahme bilden stark blutende Bäume, wie Ahorn, Birke und Walnuß, bei denen Schnittmaßnahmen bis Anfang Januar oder erst wieder im belaubten Zustand durchgeführt werden sollten.

Andererseits ist es verständlich, daß Ästungsmaßnahmen nicht bei einem Dauerfrost unter –5° C ausgeführt werden dürfen (ZTV-Baumpflege 1992), da Zweige und Äste sonst leicht abbrechen können.

Wenn trotzdem eine Diskussion über die zweckmäßigste Sanierungszeit eingesetzt hat, so beruht das auf den Ergebnissen von LIESE und DUJESIEFKEN (1989 b), die feststellten, daß bei Schnittmaßnahmen während der Ruhepause des Kambiums dieses Meristem mehr oder weniger stark zurücktrocknete, so daß sich die Wunde deutlich vergrößerte. Andererseits kommt es im Holzgewebe bei niedrigen Temperaturen nicht zu den erforderlichen Abschottungsreaktionen und es treten stärkere Verfärbungen im Holzgewebe auf mit möglichen späteren Schäden durch holzzerstörende Pilze. Nach den Befunden an Buche sollten daher Schnittmaßnahmen und Bohrungen in den Wintermonaten unterbleiben (DUJESIEFKEN und LIESE 1991).

Aus holzbiologischer Sicht sind Schnittmaßnahmen ab April als sehr günstig zu beurteilen, da zu diesem Zeitpunkt die Teilungstätigkeit des Kambiums einsetzt und eine Überwallung daher ermöglicht wird. Auch die Reaktionen zur Abschottung des Holzgewebes sind ab April als gut zu bezeichnen.

Nachteilig sind im April und Mai mögliche Schädigungen an den aufbrechenden Knospen und an den sich entfaltenden jungen Blättern. Berücksichtigt man beide Aspekte, so dürften Schnittmaßnahmen an Bäumen im Zeitraum Mai bis August die geringsten Schädigungen für den Baum ergeben. Im Herbst ist die Kambiumtätigkeit längst erloschen und das Meristem trocknet weiter zurück, während eine Abschottungsreaktion noch erfolgen kann und ein Abbrechen von Knospen nicht zu befürchten ist.

Damit bleibt ein Konflikt zwischen dem Naturschutz, der einen Winterschnitt verlangt, und dem Baumschutz, der einen Sommerschnitt für erforderlich hält. Eine sorgfältige Abwägung ist daher notwendig mit dem Ziel eines Kompromisses, der für beide Bereiche tragfähig ist.

6.2.3   Behandlung von Wunden

Wunden entstehen meistens durch mechanische Verletzungen (z. B. Anfahrschäden); dabei werden Bastgewebe und Kambium zerstört und das Holz freigelegt, teilweise reichen die Schäden bis in tiefere Schichten des Splintholzes. Da die Wunden sehr schnell von Pilzen besiedelt werden, ist eine umgehende Behandlung notwendig mit dem Ziel einer möglichst raschen, von den Wundrändern ausgehenden Überwallung.

Die Intensität der Überwallung hängt von der Baumart, dem Baumalter und der Vitalität ab, sowie von der Größe und Form der Wunde und von der Verletzungszeit. Baumarten mit einem starken Dickenzuwachs oder vitale Bäume überwallen Wunden relativ rasch, während ältere und geschwächte Bäume dafür mehrere Jahre oder bei großen Wunden sogar Jahrzehnte benötigen.

Um eine gute Überwallung zu erzielen, ist es sinnvoll, die Wunde nicht in der Form zu belassen, wie sie bei der Verletzung entstanden ist, sondern sie elliptisch bis längsoval auszuformen, damit die Assimilate an den Wundrändern entlangströmen und es nicht zu einem Assimilatstau kommt und andere Bereiche unversorgt bleiben. Dabei ist die Wunde möglichst klein zu halten und die Wundränder sind glatt nachzuschneiden.

Bei Schädigungen im Sommerhalbjahr kann die Überwallung unmittelbar nach der Verletzung einsetzen, während im Zeitraum September bis März zunächst nur eine sehr geringe oder überhaupt keine Überwallung festzustellen ist. Die Wundränder trocknen dann zurück und erst im April kann die Kallusbildung beginnen.

Die unter der Wundfläche liegenden Splintholzbereiche trocknen in den oberflächennahen Bereichen ebenfalls aus, die Parenchymzellen sterben ab und es treten Verfärbungen auf. Aus diesen Gründen ist ein Schutz der Wundränder und der Wundfläche erforderlich.

Wundverschlußmittel

Schon immer ist es in der Praxis der Baumpflege üblich gewesen, Wunden zu verschließen, um den Heilungsprozeß zu fördern. Am bekanntesten ist das kaltstreichbare Baumwachs, das häufig im Obstbau verwendet wurde. Seit einigen Jahrzehnten gibt es synthetische Produkte, die aus Kunstharzen bestehen. Nach einer Umfrage von RIECKEN (1987) kommt bei Baumschulen und Grünflächenämtern vor allem das Präparat LacBalsam zur Anwendung.

Wundverschlußmittel haben insbesondere die Funktion, ein weiteres Austrocknen des Holzes und der Wundränder zu vermeiden, die Überwallung anzuregen und die Bildung von Kondenswasser unter dem Anstrich zu verhindern. Sie müssen daher baumverträglich sein, gut haften, eine hohe Elastizität aufweisen (keine Rißbildungen), von innen nach außen für Wasserdampf durchlässig und witterungsbeständig sein. Daher dürfen die Mittel nur auf trockene Wunden und nicht bei hoher Luftfeuchte aufgetragen werden. Ob Wundbehandlungsmittel nur auf die Wundränder zum Schutz des Kambiums, nicht aber auf die flächige Wunde aufgebracht werden sollen, wie es DUJESIEFKEN (1992) empfiehlt, oder ob der gesamte Bereich zu behandeln ist, bleibt umstritten.

Nach der ZTV-Baumpflege (1992) sollen Wundbehandlungsmittel auch das Eindringen von Fäulniserregern verhindern. Da Pilzsporen aber allgegenwärtig sind, gelangen sie bereits nach weniger als einer Minute auf die Wunden. Daher kann auch ein sofortiger Wundverschluß einen Pilzbefall im Holz nicht ausschließen (DUJESIEFKEN und SEEHANN 1992).

Wundverschlußmittel sind daher in der Lage, die Austrocknung der Gewebe zu vermindern und die Überwallung zu fördern, nicht aber einen Pilzbefall zu verhindern.

Holzschutzmittel

Nach der ZTV-Baumpflege (1987) durften Holzschutzmittel auf alle behandelten und nicht saftführenden Wundflächen satt aufgetragen werden, nachdem zuvor die Wundränder und das saftführende Splintholz mit Wundbehandlungsmitteln bestrichen wurden. Untersuchungen von DUJESIEFKEN und LIESE (1992) konnten aber zeigen, daß bei einer Behandlung frischer Wunden mit Holzschutzmitteln keine ausreichende Imprägnierung erfolgt, statt dessen aber die Abschottung im Holzgewebe behindert wird.

Nach BALDER (1992) besitzen Holzschutzmittel und auch die häufig verwendeten desinfizierenden Mittel pflanzenschädigende Eigenschaften, so daß bei einem Auftrag auf die Wunden das Bastgewebe und das Kambium nekrotisch werden und damit eine Überwallung verhindert wird.

Auch aus pflanzenschutzrechtlichen Gründen dürfen Holzschutzmittel nach BALDER (1992) nicht bei lebenden Bäumen eingesetzt werden, da es sich nicht um Pflanzenschutzmittel handelt. Aus diesen Gründen sind Holzschutzmittel nicht mehr in die neue ZTV-Baumpflege (1992) aufgenommen worden.

6.2.4   Behandlung von Splint- und Kernfäule

Auch bei der Behandlung der Fäulen zeigt sich ein grundlegender Wandel. Waren bislang noch so schwammige Begriffe wie Faulstelle, Faulherd und Morschung üblich, die nur den Umfang des Schadens beschreiben, aber nichts aussagen über die Ursachen, so enthält die ZTV-Baumpflege (1992) jetzt zwei aussagekräftige Begriffe:

Splintfäule: Von einer oberflächigen Infektion ausgehende Fäule, die sich bis in das Splintholz ausdehnt

Kernfäule: Fäule, die in der Regel über Astwunden oder Wurzelverletzungen zunächst in zentrale Bereiche von Ast, Stamm bzw. Stock vordringt und den Holzkörper von innen nach außen abbaut. Sie entwickelt sich meist über viele Jahre und führt in der Endphase meist zum Verlust der Stand- und Bruchsicherheit.

Bei der Splintfäule handelt es sich um Fäulnisprozesse im lebenden Holz, auf die ein Baum je nach Art, Alter und Vitalität mit Abschottungen reagieren kann, so daß diese Bereiche häufig abgegrenzt sind und sich die Wunde dadurch nicht vergrößert.

Wird die Fäule behandelt durch Ausräumung abgebauten Holzes, so besteht die Gefahr, daß damit auch die Grenzzone des Schutzholzes durchstoßen wird und sich die Fäule weiter ausdehnen kann. Man neigt daher heute mehr dazu, diese Fäulnis nicht zu behandeln und allgemein die Überwallung zu fördern. Da die Fäulnis von außen zu sehen ist, sollte bei Baumkontrollen die weitere Entwicklung beobachtet werden.

Bei der Kernfäule handelt es sich dagegen um Fäulnisprozesse im toten Holz, auf die ein Baum in keiner Weise reagieren kann. Im Unterschied zu früheren Jahrzehnten wird heute eine Behandlung nicht mehr für nötig gehalten, da bei der Herstellung der Öffnungen für das Herausarbeiten des abgebauten Holzes neue Wunden im gesunden Splintholz entstehen, die Grenzzonen des Schutzholzes durchbrochen werden und damit auch die Abschottung zerstört und den Pilzen eine weitere Ausbreitung ermöglicht wird.

Die Formulierung »Kernfäule soll nicht behandelt werden, da die damit verbundenen Auswirkungen ... dem Baum schaden und den Pilzbefall fördern« (ZTV-Baumpflege 1992) zeigt deutlich die Abkehr von früheren Behandlungsmethoden.

Viele ältere Bäume besitzen eine Kernfäule oder ihr Stamm ist hohl geworden. Werden diese Bäume aus irgendwelchen Gründen gefällt, so wird von Laien oftmals die Vermutung geäußert, daß der Baum krank sei und daher die Fällung zu Recht vorgenommen wurde. Dieser Einschätzung muß aber widersprochen werden, da totes Kernholz nicht krank werden kann. Zwar werden die Pilze versuchen, in den Splint vorzudringen, doch sind auch hier Abschottungsmechanismen wirksam, die eine Ausbreitung erschweren.

Ist der Abbau stärker als der jährliche Dickenzuwachs, so kann die Stand- und Bruchsicherheit gefährdet sein. Maßnahmen zur Standortverbesserung sollten dann in die Überlegungen einbezogen werden, wenn Aussicht auf eine Vitalitätssteigerung besteht.

Entwässerungsrohre

In hohlen und morschen Stämmen bilden sich teilweise Wassertaschen oder Wassersäcke, die bislang häufig durch Rohre entwässert wurden. Zu diesem Zweck müssen Bohrungen mit einem Gefälle nach außen vorgenommen werden. Die ZTV-Baumpflege (1992) beschränkt zwar die Notwendigkeit des Einbaus von

Abb. 90:   Entwässerungsrohr bei einer Roßkastanie zur Ableitung von Wasser aus Hohlräumen im Stamm.

Abb. 91:   Eine früher übliche Art der Kronensicherung mit Eisenbändern bei einer sehr alten Linde; die Bänder sind teilweise bereits eingewachsen.

Entwässerungsrohren auf nässende Risse und auf Fälle, wo eine Gefahr besteht, daß gefrierendes Wasser zu Frostrissen führt, doch bleibt diese Methode aus holzbiologischer Sicht bedenklich, da sich die Fäulnis entlang der Entwässerungsrohre bis in den Splint ausbreiten kann (Abb. 90).

6.2.5   Maßnahmen zur Kronensicherung

Unter Kronensicherung versteht man die Verhinderung des Ausbrechens von Kronenteilen, um z. B. große und ausladende Kronen oder den Habitus eines Baumes zu erhalten. Dabei können auch einzelne Äste oder Äste im Verband gesichert werden.

Früher wurden zur Kronensicherung Eisenbänder verwendet, die aber zu starken Einschnürungen im Bast- und Holzbereich führten. Noch heute ist diese Art der Verankerung bei einigen alten Naturdenkmälern zu sehen, allerdings sind die Bänder teilweise überwallt (Abb. 91).

Seit etwa 1950 werden Drahtseile oder Stahlgewindestangen zur Kronenverankerung eingesetzt. In letzter Zeit sind Zweifel geäußert worden, ob z. B. Gewindestangen immer von Nutzen sind für die Statik des Baumes (WESSOLLY 1988) und ihr Einbau daher gerechtfertigt ist. Auch in der ZTV-Baumpflege (1992) wird diese Art der Kronensicherung jetzt kritischer gesehen, denn jede Durchbohrung von Stämmen und Ästen schafft Wunden, die im Holzgewebe zu großflächigen Verfärbungen und teilweise zu Pilzbefall führen. Daher dürfen z. B. Stahlgewindestangen nur in gesundes und gut abschottendes Holz eingebaut werden. Außerdem soll bei ausgehöhlten und geöffneten Stämmen überprüft werden, ob eine Stabilisierung überhaupt sinnvoll ist.

Die beim Durchbohren der Stämme und Äste entstehenden Wunden sowie die teilweise aufgetretene Fäule waren der Anlaß für die Entwicklung alternativer Verfahren mit hochbelastbaren Polyestergurten (SINN 1989, SCHRÖDER 1991). In verbesserter Form ist inzwischen ein Gurtsicherungssystem entwickelt worden, das nach dem Prinzip eines Doppelgurtes aus einem breiten Haltegurt für optimale Lastaufnahme sowie aus einem Befestigungsgurt mit Dehnungselement besteht. Die Verbindung der zu sichernden Baumteile untereinander erfolgt durch Polyester-Hohltaue (SCHRÖDER 1992, SCHRÖDER und SAHM 1993).

Nach der ZTV-Baumpflege (1992) sind die Gurte am Baum so anzulegen, daß keine Schäden entstehen und Einschnürungen vermieden werden. Es liegen aber bislang noch keine Erfahrungen vor, welche Auswirkungen die Gurtsicherungssysteme auf Bäume haben. Einschnürungen sind wohl weniger zu erwarten als vielmehr Quetschungen des Kambiums, vor allem zum Zeitpunkt erhöhter Teilungsaktivität. Erst wenn eine Baumverträglichkeitsprüfung vorliegen würde, aus der hervorgeht, daß keine Schäden auftreten, eignet sich diese von SCHRÖDER (1992) als »sanfte Technologie« bezeichnete Methode zur Kronensicherung.

6.3   Maßnahmen zur Standortverbesserung

Die standortverbessernden Maßnahmen beziehen sich auf den Wurzelbereich des Baumes; dazu können z. B. erforderlich sein
- Festlegung der Baumscheibengröße,
- Entsiegelung und Bodenaustausch,

- Abdeckung oder Bepflanzung der Baumscheiben sowie
- Verfahren zur Belüftung, Düngung und Bodenlockerung.

Im folgenden sollen jeweils nur einige wichtige Aspekte behandelt werden. Das Schwergewicht liegt bei den Straßenbäumen, da diese die ungünstigsten Standortbedingungen aufweisen.

6.3.1 Festlegung der Baumscheibengröße

Bei der Planung von Entsiegelungsmaßnahmen sind zunächst Größe und Form der Baumscheibe festzulegen. Die offen zu haltende wasser- und luftdurchlässige Fläche hängt vor allem vom Stammdurchmesser des Baumes ab. Mit einer Formulierung »so groß wie möglich« ist in der Praxis nicht viel anzufangen, da stets Kompromisse eingegangen werden müssen, um für alle Nutzungsarten die Mindestanforderungen zu gewährleisten (EAE 1985).

Aus diesen Gründen wird für die Berechnung der Baumscheibengröße vorgeschlagen, daß bei großkronigen Bäumen von der Borke nach jeder Seite mindestens 1,5 m frei zu halten sind von jeder Befestigung, bei kleinkronigen Bäumen genügen 1,0 m. Wie groß eine Baumscheibe unter Berücksichtigung des Stammdurchmessers dann mindestens sein muß, zeigt Tab. 39.

Allerdings wird eine runde oder quadratische Baumscheibe nicht immer möglich sein. Daher können im Einzelfall diese Formen vernachlässigt werden, wenn auf andere Weise mehr Raum zur Verfügung steht, der von den Wurzeln genutzt werden kann. Ein Verzicht auf starre Kantenlängen ermöglicht im Einzelfall auch ein höheres Maß an Flexibilität (HÖSTER 1988).

6.3.2 Entsiegelung und Bodenaustausch

Die Entsiegelung von Baumscheiben sollte möglichst vor Beginn des Laubaustriebs stattfinden, um die zwangsläufig auftretenden Schädigungen im Feinwurzelbereich so gering wie möglich zu halten. Zunächst werden auf der vorgesehenen Fläche Asphalt, Beton oder Pflasterung und das darunter befindliche gröbere Substrat aus Mineralgemisch, Kies oder Schotter vorsichtig entfernt, anschließend wird der verdichtete Boden mit einem geeigneten Handgerät wurzelschonend

Tab. 39: Mindestanforderungen für die Baumscheibengröße

Stammdurchmesser (cm)	Baumscheibengröße (m²)
10	9,6
20	10,2
30	10,9
40	11,6
50	12,3
60	13,0
70	13,7
80	14,4
90	15,2
100	16,0

Abb. 92: Sinnvolle Ent-
siegelungsmaßnahmen
durch Entfernung von
Asphalt sowie Bodenaus-
tausch.

Abb. 93: Die Platanen
haben in dem entsiegel-
ten und begrünten Fahr-
bahnteiler bessere Wachs-
tumsbedingungen (aus
HÖSTER 1991 b).

Abb. 94: Straßenrück-
bau durch Anlage von
sog. Baumnasen. Die
Baumscheiben sind mit
3 bis 5 m² inmitten einer
völlig versiegelten Umge-
bung zu klein. Ungelöst
ist auch die Zufuhr von
Regenwasser, das zwi-
schen den eingefaßten
Baumscheiben und dem
Kantstein in den Regen-
wasserkanal abfließt.

Abb. 95:   Wurzelschonendes Absaugver-
fahren.

Abb. 96:   Begehbarer Baumrost, der allerdings schon bei der Fertigstellung der Baumaßnahme (Foto) zu klein bemessen war,
so daß Schädigungen auftreten werden (aus
HÖSTER 1987).

gelockert und mit einem Absauggerät bis zum Hauptwurzelbereich, mindestens aber 15 bis 20 cm (bis 30 cm) tief abgetragen. In ähnlicher Weise wird mit verdichteten Straßenrandböden verfahren, die stark mit Schadstoffen belastet sind. Die freigelegten Wurzeln sind dabei gegen Austrocknung zu schützen (Abb. 92–95).

Ziel der Maßnahmen ist eine Verbesserung der Bodeneigenschaften, damit die Bodenstruktur möglichst dauerhaft stabilisiert wird (ZTV-Baumpflege 1992). Das Mischungsverhältnis aus humosem Oberboden, abgelagertem Laubkompost und Rindenhumus sowie der Zusatz von organischem Dünger muß auf die speziellen Verhältnisse abgestimmt werden und richtet sich nach den vorausgegangenen Bodenanalysen.

Anhaltspunkte für Mischungsverhältnisse und Düngergaben liefern z.B. die Untersuchungen von MEYER-SPASCHE (1987, 1991), KRIETER et al. (1989), HABERMANN (1990), DÜES et al. (1991) und SCHRÖDER et al. (1991).

Vor dem Einfüllen des Bodens sollte der Unterboden mit einer Grabeforke vorsichtig gelockert werden. Zur Vermeidung unnötiger Wurzelschäden ist die Verfüllung noch an demselben Tag erforderlich.

6.3.3   Abdeckung von Baumscheiben

Abgesehen von besonderen Situationen in Fußgängerzonen oder auf gepflasterten Plätzen, wo begehbare Baumroste aus praktischen Erwägungen und aus gestalterischen Gründen sinnvoll sind, müssen Baumscheiben normalerweise nicht betreten bzw. als Parkplatz genutzt werden (Abb. 96).

Bleibt die Baumscheibe offen, so wird der Oberboden auch ohne Trittbelastung durch Regentropfen allmählich verdichtet und trocknet im Sommer stark aus; außerdem stellt sich eine z. T. unerwünschte Spontanvegetation ein. Daher ist man schon seit längerer Zeit dazu übergegangen, die Baumscheiben mit verschiedenen Materialien abzudecken.

Am häufigsten verwendet werden Rindenmulch, Astholzhäcksel und Laubkompost bzw. Mischungen verschiedener Mulchstoffe. In einer vergleichenden Untersuchung über das Wasserspeicherungsvermögen und die Austrocknungsgeschwindigkeit verschiedener Abdeckmaterialien konnte MEYER-SPASCHE (1987) zeigen, daß eine Mulchschicht am besten geeignet ist zur Erhaltung der Bodenfeuchte, da durch den hohen Grobporenanteil der kapillare Wasseranstieg weitgehend unterbunden wird. Gleichzeitig kann Regenwasser ungehindert in die Mulchschicht eindringen und der Oberflächenabfluß wird reduziert.

Mineralische Substrate, wie Kies und Lava-Granulat, sind als Abdeckungen dagegen weniger geeignet, da sie vor allem in Trockenperioden zuviel Wasser durch Verdunstung abgeben (ESB 1991).

Bei der Mulchzersetzung ist die auftretende Stickstoffzehrung zu beachten, so daß eventuell eine Düngung erforderlich wird. Nachteilig ist bei Verwendung von Rindenmulch die starke Erwärmung der oberflächennahen Schicht. Da es vielfach auch aus ästhetischen Gründen Einwände gegen eine derartige Abdeckung gibt, wird sie wohl nur eine Übergangslösung darstellen.

6.3.4 Bepflanzung von Baumscheiben

Langfristig gesehen ist eine Bepflanzung von Baumscheiben die sinnvollste Maßnahme, um
- den Boden vor Verdichtung zu schützen,
- die Versickerung des Niederschlagswassers zu ermöglichen,
- den Gasaustausch zu gewährleisten,
- das Laub im Herbst festzuhalten und
- das Bodenleben zu aktivieren (Abb. 97).

Obwohl eine Unterpflanzung nach BLAUERMEL (1982) in der Anlage und Pflege nur relativ wenig Aufwand erfordert, bestehen bei vielen Grünflächenämtern noch Vorbehalte, die nach EHSEN (1992) vor allem begründet werden mit fehlendem Personal und der leichten Zerstörbarkeit der Pflanzungen.

Geeignet sind für eine Bepflanzung bodendeckende Stauden und Gehölze, die keine Wurzelkonkurrenz für die Bäume darstellen und die jeweiligen Standortbedingungen ertragen können. Häufiger verwendet werden z. B. Efeu (*Hedera helix*), Pachysander (*Pachysandra terminalis*) oder der Felsen-Storchschnabel (*Geranium macrorrhizum* 'Spessart').

Rasen ist auch für Baumstreifen weniger geeignet, weil durch den dichten Wurzelfilz viel Niederschlagswasser festgehalten wird und den Baumwurzeln daher nicht mehr zur Verfügung steht. Ungeeignet sind dagegen saisonale Bepflanzungen z. B. mit Stiefmütterchen im Frühjahr oder Begonien und Tagetes im Sommer, weil die wiederkehrenden Pflanzarbeiten stets die Baumwurzeln schädigen.

Nach den Untersuchungsergebnissen von SCHULTE et al. (1989) besitzen mit Bodendeckern bepflanzte Baumscheiben eine hohe biologische Aktivität im Boden, die gekennzeichnet ist durch eine starke Zersetzungs- und Durchmischungstätigkeit von Regenwürmern, Tausendfüßlern und Asseln. Eine Abdeckung der Bodenoberfläche mit mineralischen Substraten verhindert weitgehend eine Besiedlung durch Bodentiere; ähnliches gilt für Baumroste und für trittverdichtete Böden.

Diese bodenökologischen Befunde bestätigen die Notwendigkeit von Entsiegelungs- und Bepflanzungsmaßnahmen.

Abb. 97: Eine Bepflanzung der Baumscheiben mit Stauden oder bodendeckenden Gehölzen ist aus gestalterischen und ökologischen Gründen eine sinnvolle Maßnahme.

6.3.5   Verfahren zur Belüftung, Düngung und Bodenlockerung

Bei den üblichen Verfahren zur Standortverbesserung kann ein wurzelschonender Bodenaustausch nur bis zu einer maximalen Tiefe von 30 cm erfolgen. Die Bäume werden daher diesen gut durchlüfteten Bereich bevorzugt durchwurzeln und tiefere Bodenschichten meiden. Um dieser Tendenz entgegenzuwirken, sind vertikale Belüftungsmöglichkeiten grundsätzlich sinnvoll.

Bereits bei der Pflanzung von Bäumen kann man etwa 80 cm lange, annähernd vertikal verlegte Baumschnorchel einbringen, die aus einer wasser- und luftdurchlässigen Hülle aus unverrottbarem Material bestehen und mit grobporigem Blähschiefer gefüllt sind (BURKHART 1986).

Der nachträgliche Einbau von vertikalen Belüftungsrohren innerhalb des Wurzelbereichs ist dagegen kritischer zu sehen, da eine Schädigung der stärkeren Wurzeln nicht ausgeschlossen werden kann. Die Bohrungen sind in Abständen von 100 bis 200 cm mit einem Durchmesser von mindestens 15 cm und einer Tiefe von 50 bis 100 cm durchzuführen; dabei soll der Abstand zum Stamm in der Regel 100 cm betragen (ZTV-Baumpflege 1992). Die Löcher sollen zur Sicherstellung der Funktionsfähigkeit mit dauerhaft durchlässigem Material (Kies oder Blähton) verfüllt und niveaugleich mit einer luftdurchlässigen Abdeckung versehen werden.

Auch bei der Tiefendüngung werden teilweise Bohrungen mit einem Durchmesser bis 8 cm und einer Tiefe von etwa 40 cm innerhalb des Traufbereichs der Bäume durchgeführt. Nach ZTV-Baumpflege (1992) soll der Abstand der Bohrlöcher bei der Herstellung von Hand 50 bis 80 cm betragen, bei der Verwendung von Spezialgeräten dagegen von der Wirkungsweise der Geräte abhängen. In die gebohrten Löcher ist Dünger bis maximal 10 cm unter Bodenoberkante einzufüllen. Bei der großen Zahl der Bohrungen ist eine Schädigung von stärkeren Wurzeln wahrscheinlich, so daß bei einer Abwägung von Risiko und Nutzen auf diese Art der Düngung verzichtet werden sollte.

Wesentlich günstiger sind baumschonendere Verfahren zu beurteilen, bei denen die Löcher nicht gebohrt, sondern mit Hilfe von Spüllanzen (Durchmesser 3 bis 4 cm) unter hohem Druck hergestellt werden.

Sehr kritisch müssen dagegen Verfahren gesehen werden, die im Wurzelbereich mit hohen Drücken arbeiten, um den Boden aufzulockern. So wird bei dem Terralift-Verfahren ein Sondenrohr mit einem Hubzylinder und einer Ramme in den Boden gepreßt bis zu einer Tiefe von etwa 60 cm, um dort »schlagartig ein großes Energiepotential« (TERRALIFT 1982) freizusetzen und den Boden im Umkreis von etwa 1 m aufzulockern, damit Bodenverbesserungsmittel und Dünger über eine Bodenlanze eingebracht werden können.

Dieses Verfahren ist sicher gut geeignet zur Bodenlockerung bei der Vorbereitung von Baumpflanzungen; im Wurzelbereich von Bäumen sollte es aber nicht eingesetzt werden, weil die Gefahr von Wurzelschädigungen durch die explosionsartigen Vorgänge im Boden sehr hoch ist.

Während die ZTV-Baumpflege (1992) keine Aussagen zu den mit Druckluft arbeitenden Verfahren trifft, enthält das Merkblatt Alleen (MA-StB 1992) den Hinweis, daß der Einsatz von Druckluftgeräten zur tiefgehenden Lockerung nicht empfohlen werden kann, da ihr langfristiger Erfolg nicht abgesichert ist.

Bei der Anwendung von Verfahren zur Bodenlockerung und Düngung werden häufig bereits wenige Wochen später auffällige Erfolge festgestellt, die z. B. darin bestehen, daß stark geschädigte Bäume plötzlich kräftiger durchtreiben und eine dunkelgrüne Blattfärbung aufweisen. Diese Feststellungen beruhen auf der besseren Versorgung der Feinwurzeln mit Sauerstoff und der dadurch ermöglichten Aufnahme von Nährsalzen. Viel schwerwiegender und erst nach längeren Zeiträumen feststellbar sind Schädigungen der stärkeren Wurzeln, bei denen schließlich Fäulnis eintreten und sich bis in den Stamm ausbreiten kann, vergleichbar mit Schädigungen nach Straßenbaumaßnahmen.

Kurzfristige Erfolgsmeldungen sind daher nicht geeignet zur Beurteilung von Verfahren zur Standortverbesserung.

7   Überwachung und Schutz des Baumbestandes

Nach den Grundsätzen des Naturschutzes und der Landschaftspflege (NNatG 1990) sind nach § 2 in den besiedelten Bereichen »Teile von Natur und Landschaft, auch begrünte Flächen und deren Bestände, in besonderem Maße zu schützen, zu pflegen und zu entwickeln«. Ferner haben sich »bauliche Anlagen aller Art, auch Verkehrswege und Leitungen ... in Natur und Landschaft schonend einzufügen«.

Diese Formulierungen sind auch auf Bäume anzuwenden, die in besonderem Maße das Orts- und Landschaftsbild prägen. In Gesetzen, Verordnungen, Satzungen und Richtlinien werden diese Anforderungen präzisiert. Für eine Überwachung und einen wirksamen Schutz ist aber zunächst eine Erfassung des vorhandenen Baumbestandes erforderlich.

7.1   Baumkataster

Als Grundlage für Planungen im Siedlungsraum (z. B. Straßenplanung, Ausweisung von Gewerbeflächen oder Wohngebieten) ist die Kenntnis wichtig, wo welche Bäume stehen, denn teilweise werden Straßen so geplant, daß bei der Ausführung der Maßnahme Bäume »im Weg« oder beim Zuschnitt von Grundstücken direkt auf der Grenze stehen. Dieses kann vermieden werden, wenn ein Baumkataster vorhanden ist und in den Plänen nicht nur Gebäude und Leitungsmasten, sondern auch Bäume eingezeichnet sind. Ein Baumkataster ist aber auch für die Planung von Pflegemaßnahmen an Bäumen unentbehrlich, ebenso für die Umsetzung einer Baumschutzsatzung, denn man kann nur schützen, was bekannt ist.

Um diesen vielfältigen Ansprüchen zu genügen, sollte ein Baumkataster nicht beschränkt werden auf allgemeine Angaben über den Baumbestand (Zahl der Bäume, Baumarten, Wuchsorte) und eine pauschale Zustandsbeurteilung, sondern es ist eine differenzierte Erfassung erforderlich auch hinsichtlich der Standortbedingungen und der Schäden, um daraus konkrete Pflegemaßnahmen ableiten zu können (SCHUPP 1987).

In vielen Kommunen werden derzeit Baumkataster aufgestellt, deren Qualität allerdings sehr unterschiedlich ist, da teilweise Fachkenntnisse zur Ansprache von Bäumen und ihrer Schädigungen fehlen und daher auch die Notwendigkeit baumpflegerischer und standortverbessernder Maßnahmen nur unzureichend beurteilt werden kann. Eine Bewertung der Bäume sollte grundsätzlich nur von Fachkräften vorgenommen werden.

Aus den Erfahrungen mit Baumkatastern verschiedener Städte und Gemeinden wurde ein Erfassungsbogen entwickelt, der praktikabel ist, alle erforderlichen Angaben enthält (Tab. 40) und auswertbar ist für die Zwecke der Datenverarbeitung.

Tab. 40:   Erfassungsbogen für ein Baumkataster

Baumkataster der Stadt/Gemeinde ...

Datum der Aufnahme ...   Kennziffer ...

1.	**Wuchsort**	2.	**Baumdaten**
1.1	Ortsteil	2.1	Baumart
1.2	Straße, Haus-Nr.	2.2	Baumhöhe ca. ... m
1.3	Karte Nr.	2.3	Baumkrone ca. ... m
1.4	Grünanlage	2.4	Stammumfang ... cm
1.5	öffentlich		(in 1,30 m Höhe)
1.6	privat	2.5	Stammdurchmesser ... cm
1.7	Abstand Straße ... cm		
1.8	Sonstiges		

3.	**Wurzelbereich**	Notwendige Maßnahmen
3.1	unversiegelt	
3.2	Baumscheibe, Größe ... m²	
3.3	Baumstreifen, Breite ... m	
3.4	Bedeckung	
3.4.1	frei	
3.4.2	bewachsen	
3.4.3	Blähton	
3.4.4	Rindenmulch	
3.4.5	Lochsteine	
3.4.6	Baumrost	
3.5	Belastung	
3.6	Umfeld	
3.6.1	teilversiegelt	
3.6.2	versiegelt	
3.7	Sonstiges	

4.	**Stamm**	Notwendige Maßnahmen
4.1	Stammwunden	
4.1.1	gering	
4.1.2	mittel	
4.1.3	stark	
4.2	Überwallung	
4.2.1	gut	
4.2.2	schlecht	
4.3	Faulstellen	
4.3.1	am Stammfuß	
4.3.1.1	gering	
4.3.1.2	stark	
4.3.2	am übrigen Stamm	
4.3.2.1	gering	
4.3.2.2	stark	
4.3.3	Stamm hohl	
4.4	Sonstiges	

5.	**Baumkrone**	Notwendige Maßnahmen
5.1	Belaubung	
5.1.1	voll	
5.1.2	schütter	
5.1.3	sehr schütter	

5.2	Blattgröße
5.2.1	normal
5.2.2	kleiner
5.3	Blattschäden
5.4	Blattrandnekrosen
5.5	Totäste
5.6	Astabbrüche
5.7	Aststummel
5.8	Rindenschäden
5.9	Faulstellen
5.10	Sonstiges

6.	**Zustand des Baumes**
6.1	Pflegezustand
6.1.1	gut
6.1.2	mäßig
6.1.3	schlecht
6.2	Gesamtzustand
6.2.1	keine Schäden erkennbar
6.2.2	mäßig geschädigt
6.2.3	stärker geschädigt
6.2.4	schwer geschädigt bis absterbend
6.2.5	abgestorben

7.	**Wirkung auf das Ortsbild**
7.1	stark prägend
7.2	prägend

| **8.** | **Sonstiges** |

Erläuterungen zum Erfassungsbogen
Der ideale Zeitraum für die Erstellung eines Baumkatasters ist Anfang Juni bis Ende September, da einerseits die Belaubung voll entwickelt ist und die Schäden in der Krone sichtbar werden, andererseits aber die herbstliche Laubverfärbung noch nicht eingesetzt hat. Um spätere Vergleiche (z. B. bei Schädlingsbefall, Blattverfärbungen, Nekrosen) zu ermöglichen, ist das Datum der Aufnahme wichtig.

Jeder Baum erhält zur sicheren Identifikation eine individuelle Kennziffer, die fortlaufend vergeben wird, unabhängig davon, ob es sich um einen Baum in einer Straße, in einer Grünanlage oder in einem privaten Garten handelt.

1. Wuchsort
Der Wuchsort ist der geographische Ort, an dem der Baum steht; er wird gekennzeichnet durch den Stadtbezirk bzw. Ortsteil (1.1), die Straße und Hausnummer (1.2) sowie durch die Eintragung in die entsprechenden Karten bzw. Pläne im Maßstab 1 : 1000. Eine genaue Einmessung ist nicht notwendig, kann aber bei Bedarf vom Katasteramt zu einem späteren Zeitpunkt nachgeholt werden. Die weiteren Angaben, wie Grünanlage (1.4), öffentliche Fläche (1.5) oder private Fläche (1.6) sind jeweils anzukreuzen. Es hat sich als nützlich erwiesen, eine freie Zeile (1.8) für besondere Angaben vorzusehen.

Abb. 98: Zur eindeutigen Identifizierung werden die Straßenbäume manchmal mit Nummern versehen. Die dargestellte Lösung mit grünen Plastikschildern ist zwar unauffällig, schädigt aber den Baum durch das Annageln und sollte daher unterbleiben.

2. Baumdaten

Bei der Bezeichnung der Baumart (2.1) sollte der wissenschaftliche Name angegeben werden, da nur dieser eindeutig ist. Die Nomenklatur richtet sich dabei nach der Gehölzflora (FITSCHEN 1990); die Namen der Sorten (Kultivare) sind anzugeben, soweit dieses möglich ist.

Baumhöhe (2.2) und Kronendurchmesser (2.3) können geschätzt werden, während der Stammumfang (2.4) mit einem Meßband in 1,30 m Höhe gemessen wird. Die in vielen Gartenämtern noch verwendete Höhe von 1,00 m sollte aufgegeben werden zugunsten der international vor allem in der Forstinventur (ZÖHRER 1980) und der Holzbiologie üblichen Höhe von 1,30 m über dem Boden (Brusthöhe).

Da es sich bei dem Stammumfang um eine wenig anschauliche Bezugsgröße handelt, ist dieser Wert umzurechnen auf den Stammdurchmesser (2.5).

3. Wurzelbereich

Die Oberflächengestaltung im Wurzelbereich ist für das Wachstum der Bäume von entscheidender Bedeutung. In einer Grünanlage oder in einem Garten ist diese Fläche meistens unversiegelt (3.1), trotzdem kann der Boden verdichtet sein durch Verschlämmung der Bodenoberfläche oder durch Tritt bzw. durch Befahren. Dieses ist unter Belastung (3.5) zu vermerken.

Als Baumscheibe (3.2) ist die unversiegelte Fläche in der unmittelbaren Umgebung des Stammes zu verstehen; sie kann frei oder bewachsen sein oder mit einer durchlässigen Bedeckung von Blähton oder Rindenmulch sowie mit Lochsteinen oder Baumrosten versehen sein. Im Laufe der Jahre kann es vor allem bei den Lochsteinen zu einer Versiegelung kommen, wenn sich die Poren zusetzen.

Stehen mehrere Bäume in einer Reihe und befindet sich zwischen ihnen keine Versiegelung, so bezeichnet man diese Situation als Baumstreifen (3.3). Die außerhalb von Baumscheiben bzw. Baumstreifen liegende Fläche wird als Umfeld (3.6) definiert, soweit sie im vermuteten Wurzelbereich liegt. Als versiegelt gelten Beläge, die wasser- und luftundurchlässig sind, z. B. Asphalt, Beton, Mineralgemisch, wassergebundene Decken, Verbundpflaster, Platten und Kleinpflaster, während Großpflaster mit breiten Fugen (größer als 2 cm) als teilversiegelt angesehen werden kann.

Unter Sonstiges (3.7) könnten z. B. eingetragen werden
- Hochbord, wenn Baumscheiben oder Baumstreifen höher liegen als die Umgebung und durch ein Hochbord abgegrenzt sind,
- Stammfuß eng, wenn Baumroste, Lochsteine, Kantsteine oder Mauerfundamente sich in unmittelbarer Nähe des Wurzelanlaufs befinden, so daß Verletzungen auftreten können bei weiterem Dickenwachstum,
- Belag angehoben, wenn durch das Dickenwachstum oberflächennaher Wurzeln Platten, Verbundpflaster oder andere Beläge angehoben werden,
- Schäden an Wurzeln?, wenn Vermutungen bestehen, daß bei Bauarbeiten Wurzeln geschädigt wurden.

4. Stamm

Als Stammwunden (4.1) werden äußere Verletzungen am Stamm bezeichnet, bei denen die Rinde bis zum Kambium zerstört oder auch Splintholz betroffen ist, aber noch keine sichtbare Fäulnis eingetreten ist.

Das Ausmaß der Überwallung (4.2) älterer Wunden gibt Hinweise auf eine sachgerechte Pflege und auf die Vitalität des Baumes. Faulstellen (4.3) sind besonders kritisch zu überprüfen, auch im Hinblick auf vorhandene Fruchtkörper von Pilzen.

Unter Sonstiges (4.4) könnten vermerkt werden z. B. Wuchsanomalien, Zwieselwuchs, Schrägstellung des Baumes, Frostrisse, behandelte Faulstellen, Stammöffnungen, Verschraubungen mit Gewindestäben usw.

5. Baumkrone

Die Belaubung (5.1) eines Baumes vor allem in der Peripherie der Krone ist im Zusammenhang mit der Verzweigung der Endtriebe eine der wichtigsten Indikatoren für eine gute Vitalität; eine stamm- oder astnahe Belaubung sowie Lohdentriebe an der Stammbasis und Totäste (5.5) sind dagegen Anzeichen für geschädigte Bäume, obwohl die Blätter meistens größer sind. Die Beurteilung der Blattgröße (5.2) darf daher nur in der Peripherie der Krone erfolgen.

Blattschäden (5.3) können punktartig oder flächig ausgebildet sein und verschiedene Ursachen (abiotische und biotische) haben, während Blattrandnekrosen (5.4) meist auf eine Streusalzbelastung zurückzuführen sind.

Astabbrüche (5.6) und Aststummel (5.7) sind wichtige Eintrittspforten für holzzerstörende Pilze und müssen daher unbedingt fachgerecht behandelt werden.

Unter Sonstiges (5.10) wäre z. B. anzugeben die Kappung der Baumkrone, ein eingeengter Kronenraum durch Oberleitungen oder Gebäude, ein fehlendes Lichtraumprofil, Lohdentriebe, vorzeitiger Blattfall wegen Trockenheit usw.

6. Zustand des Baumes

Unter dem Pflegezustand (6.1) ist im wesentlichen die Stamm- und Kronenpflege zu verstehen, insbesondere die fachgerechte Versorgung der Wunden zur besseren Überwallung sowie die Entfernung von Aststummeln und Totästen, aber auch einschnürende Anbindungen bei Neupflanzungen sowie Schädigungen durch Baumstützen oder Baumgitter.

Der Gesamtzustand (6.2) wird unter Berücksichtigung der jeweiligen Baumart und des Baumalters bewertet unter Verwendung einer vierstufigen Skala

1 = keine Schäden erkennbar:	relativ dichte Belaubung
	keine toten Zweige
	keine oder gut überwallte Wunden am Stamm
2 = mäßig geschädigt:	10 bis 30 % der Blätter fehlen
	Anteil toter Zweige gering
	kleinere Wunden
	Aststummel
3 = stärker geschädigt:	30 bis 70 % der Blätter fehlen
	zahlreiche tote Zweige
	größere Äste abgestorben
	große Stammwunden
4 = schwer geschädigt bis absterbend:	über 70 % der Blätter fehlen
	ganze Astpartien abgestorben
	sehr große Wunden am Stamm
	Pilzfruchtkörper von Schwächeparasiten
5 = abgestorben	

Aus Gründen der Verkehrssicherheit werden Bäume meistens schon bei der Vitalitätsstufe 4 gefällt, abgestorbene Bäume (Stufe 5) mit einem hohen Biotopwert sind daher recht selten und nur dort zu finden, wo eine Gefährdung auszuschließen ist.

7. Wirkung auf das Ortsbild

Bei der Aufnahme des Baumbestandes ist die Frage nach der Wirkung von Bäumen auf das Ortsbild außerordentlich wichtig, vor allem in den Bereichen, in denen nur wenige Bäume vorhanden sind. Dieser qualitative Aspekt tritt bei fast allen Baumschutzsatzungen nur allgemein als Schutzzweck auf und wird ausschließlich Bäumen zugemessen, die einen Stammumfang von mindestens 60 cm aufweisen. Ortsbildprägend können aber auch jüngere Bäume sein (vgl. Kapitel 7.4.2).

8. Sonstiges

Unter diesem Punkt sollten besondere Merkmale des Einzelbaums aufgeführt werden, z. B. ob es sich um ein Naturdenkmal handelt oder ob der Baum kulturgeschichtlich von Bedeutung ist. Besondere Wuchsformen sind hier ebenso zu erwähnen wie die herausgehobene Bedeutung als Biotop.

Notwendige Maßnahmen

In die rechte Spalte des Erfassungsbogens sind bereits während der Aufnahme des Baumzustandes die notwendigen Maßnahmen einzutragen, z. B. Entsiegelung von Baumscheiben und Baumstreifen, Bodenaustausch, Unterpflanzung, Einbau von Schutzvorrichtungen, Wundbehandlung, Entfernen von Totästen und Aststummeln, aber auch Parkverbote für Kraftfahrzeuge.

Tab. 41: Größe der Baumscheiben und Baumstreifen

Baumscheibe/Baumstreifen	Hannover		Bremervörde	
	Zahl der Bäume	in %	Zahl der Bäume	in %
Gesamter Wurzelbereich versiegelt	143	0,5	6	0,3
Baumscheibe kleiner 4 m² Baumstreifen kleiner 2 m	8 857	29,6	850	42,4
Baumscheibe 4 bis 9 m² Baumstreifen 2 bis 3 m	13 884	46,4	405	20,2
Baumscheibe größer 9 m² Baumstreifen größer 3 m	6 450	21,5	701	34,9
Gesamter Wurzelbereich unversiegelt	602	2,0	44	2,2
Gesamtzahl der Bäume	29 936	100,0	2 006	100,0

Auswertung: Notwendigkeit standortverbessernder Maßnahmen
Unter den vielen Möglichkeiten der Auswertung eines Baumkatasters soll an einem Beispiel der Bedarf an standortverbessernden Maßnahmen ermittelt werden. Die Daten beziehen sich auf Untersuchungen, die in Hannover (HÖSTER 1991 b) und in Bremervörde (HÖSTER et al. 1991) an Straßenbäumen durchgeführt wurden (Tab. 41).

Da die erforderlichen Maßnahmen aus finanziellen und arbeitstechnischen Gründen nicht in kurzer Zeit erledigt werden können, sind Kriterien für eine Priorität der Maßnahmen aufzustellen und mit Punkten zu bewerten (vgl. HÖSTER 1991 b).

Danach ist eine Standortverbesserung umso notwendiger,
– je stärker der Wurzelbereich versiegelt ist,
– je älter der Baum ist, und
– je geringer die Vitalität des Baumes ist.
Das Ergebnis dieser Bewertung ist in Tab. 42 dargestellt.

An diesem Beispiel wird deutlich, wie groß der Handlungsbedarf zur Verbesserung der Standortbedingungen von Bäumen ist.

Tab. 42: Prioritäten für Maßnahmen zur Entsiegelung von Baumscheiben und Baumstreifen

Dringlichkeit der Entsiegelung	Hannover		Bremervörde	
	Zahl der Bäume	in %	Zahl der Bäume	in %
sehr dringend	1 221	4,1	139	6,9
dringend	3 684	12,3	203	10,1
notwendig	5 133	17,1	615	30,7
Gesamtzahl der Bäume	10 038	33,5	957	47,7

7.2   Baumkontrollen zur Verkehrssicherungspflicht

Aus Gründen der Verkehrssicherungspflicht sind Baumkontrollen bei Straßenbäumen einmal im Jahr im belaubten Zustand und außerdem nach starken Stürmen oder Unwettern sowie bei Schnee- und Eisbruchgefahr durchzuführen (Richtlinien 1984).

Für den Umfang der Verkehrssicherungspflicht bei Straßenbäumen ist das Urteil des Bundesgerichtshofs vom 21. 1. 1965 (BGH 1965) nach BRELOER (1989) noch heute richtungsweisend, da es die Grenzen der Überwachungsmöglichkeiten aufzeigt und hinsichtlich der erforderlichen Maßnahmen auf den jeweiligen Stand der Technik und der Erfahrungen hinweist. Die wichtigsten Passagen des Urteils sollen daher nachfolgend zitiert werden.

»Diese Straßenverkehrssicherungspflicht soll den Gefahren begegnen, die aus der Zulassung eines öffentlichen Verkehrs auf den Straßen entstehen können. Dazu ist eine regelmäßige Überprüfung der Straßen notwendig, um neu entstehende Schäden oder Gefahren zu erkennen und die erforderlichen Sicherungsmaßnahmen zu treffen. Der Pflichtige muß daher die Straßen regelmäßig beobachten und in angemessenen Zeitabschnitten befahren oder begehen. Allerdings kann nicht verlangt werden, daß eine Straße ständig völlig frei von Mängeln und Gefahren ist; ein solcher Zustand läßt sich einfach nicht erreichen. Der Verkehrssicherungspflicht ist genügt, wenn die nach dem jeweiligen Stande der Erfahrungen und Technik als geeignet und als genügend erscheinenden Sicherungen getroffen sind, also den Gefahren vorbeugend Rechnung getragen wird, die nach der Einsicht eines besonnenen, verständigen und gewissenhaften Menschen erkennbar sind. Dann sind diejenigen Maßnahmen zu ergreifen, die zur Gefahrenbeseitigung objektiv erforderlich und nach objektiven Maßstäben zumutbar sind.

Der Pflichtige muß daher Bäume oder Teile von ihnen entfernen, die den Verkehr gefährden, insbesondere wenn sie nicht mehr standsicher sind oder herabzustürzen drohen. Zwar stellt jeder Baum an einer Straße eine mögliche Gefahrenquelle dar, weil durch Naturereignisse sogar gesunde Bäume entwurzelt oder geknickt oder Teile von ihnen abgebrochen werden können. Andererseits ist die Erkrankung oder Vermorschung eines Baumes von außen nicht immer erkennbar; trotz starken Holzzerfalls können die Baumkronen noch völlig grün sein und äußere Krankheitszeichen fehlen. Ein verhältnismäßig schmaler Streifen unbeschädigten Kambiums genügt, um eine Baumkrone rundum grün zu halten. Das rechtfertigt aber nicht die Entfernung aller Bäume aus der Nähe von Straßen, denn der Verkehr muß gewisse Gefahren, die nicht durch menschliches Handeln entstehen, sondern auf Gegebenheiten oder Gewalten der Natur beruhen, als unvermeidbar hinnehmen. Eine schuldhafte Verletzung der Verkehrssicherungspflicht liegt in solchen Fällen nur vor, wenn Anzeichen verkannt oder übersehen worden sind, die nach der Erfahrung auf eine weitere Gefahr durch den Baum hinweisen. Die Behörden genügen daher ihrer Überwachungs- und Sicherungspflicht hinsichtlich der Straßenbäume, wenn sie auf Grund der laufenden Beobachtung eine eingehende Untersuchung dann vornehmen, wenn besondere Umstände sie dem Einsichtigen angezeigt erscheinen lassen. Solche verdächtigen Umstände können sich ergeben aus trockenem Laub, dürren Ästen oder verdorrten Teilen, aus äußeren Verletzungen oder Beschädigungen, dem hohen Alter des Baumes, dem Erhaltungszustand, der Eigenart seiner Stellung, dem statischen Aufbau usw.

Es ist also nicht nötig, daß die laufende Überwachung der Straßenbäume ständig durch Forstbeamte mit Spezialerfahrung erfolgt, oder daß gesunde Bäume jährlich durch Fachleute bestiegen werden, die alle Teile des Baumes abklopfen oder mit Stangen oder Bohrern das Innere des Baumes untersuchen. Nicht einmal die Straßenwärter brauchen die Bäume ständig abzuklopfen, weil sie die dafür notwendige Erfahrung nicht besitzen. Der Pflichtige kann sich viel mehr mit einer sorgfältigen äußeren Besichtigung, also einer Gesundheits- und Zustandsprüfung begnügen und braucht eine eingehende fachmännische Untersuchung nur bei Feststellung verdächtiger Umstände zu veranlassen" (BGH 1965).

In dem Urteil wird weiter darauf hingewiesen, »daß die Untersuchung auf etwaige Schadensstellen sich auf den ganzen Stamm erstrecken müsse und daß dazu hin und wieder der Stammfuß unter Wegräumung von Kehricht, Gras, Unkraut und ähnlichen Behinderungen bis unten an die Erde untersucht und besichtigt werden müsse« (BGH 1965).

Diesem ausgewogenen Urteil des Bundesgerichtshofes stehen andere gegenüber, die aus baumbiologischer Sicht nicht vertretbar sind. So zitiert BRELOER (1989) z. B. ein Urteil des Landgerichts Essen aus dem Jahr 1975 »Bei älteren Linden ... ist von Zeit zu Zeit durch die Freilegung des Wurzelwerks und Anbohren das etwaige äußerlich nicht erkennbare Vorhandensein von Krankheiten festzustellen«. Die Befolgung dieser Rechtsauffassung würde zwangsläufig zu einer Verminderung der Standsicherheit und zum Tod der Bäume führen.

Die Gerichte werden künftig auch aufgrund des überzogenen Sicherheitsdenkens in der Bevölkerung und bei manchen Verwaltungen im Einzelfall vor schwierigen Entscheidungen bei Haftungsfragen stehen (BRELOER 1989), denn die Straßenbäume sind oftmals vorgeschädigt durch Baumaßnahmen, Streusalzbelastung, Bodenverdichtung usw. Ist die Beeinträchtigung der Standsicherheit aber immer vorhersehbar? Die Sturmfolgen der letzten Jahre belegen dieses glücklicherweise noch nicht – von Ausnahmen abgesehen.

7.3 Maßnahmen zum Schutz von Bäumen

Aufgrund der starken Baumschäden, die oft nur wenige Jahre nach Abschluß von Straßenbauarbeiten aufgetreten sind und die dazu geführt haben, daß ein großer Teil der alten Straßen- und Alleebäume nicht mehr vorhanden ist, hat den Arbeitsausschuß Landschaftsgestaltung der Forschungsgesellschaft für das Straßenwesen zur Formulierung von Richtlinien veranlaßt (RSBB 1973).

Diese durch anschauliche graphische Darstellungen ergänzten Richtlinien zum Schutz von Bäumen und Sträuchern im Bereich von Baustellen wurden durch Erlasse der zuständigen Ministerien für die Bundesfernstraßen und Landesstraßen eingeführt. Außerdem wurden den kommunalen Baulastträgern die Anwendung in ihrem Zuständigkeitsbereich empfohlen. Etwa gleichzeitig erschien die DIN 18 920 (1973) mit ähnlichen Inhalten zur Anwendung als Vertragsgrundlage bei Baumaßnahmen aller Gewerke.

Die Regelwerke sollten dazu beitragen, daß die häufig aus Unkenntnis über die Auswirkungen von Baumaßnahmen verursachten Schäden vermieden werden. Rückblickend ist festzustellen, daß dieses Ziel nur teilweise erreicht worden ist, da die Richtlinien häufig nicht Bestandteil der Verträge wurden oder keine Überprüfung ihrer Einhaltung erfolgte. Inzwischen liegen beide Regelwerke in überarbeiteten Fassungen vor (RAS-LG 4, 1986; DIN 18 920, 1990) und zusätzlich wurde im Zusammenhang mit der Erhaltung von Alleen in den östlichen Bundesländern das Merkblatt Alleen erarbeitet (MA-StB 1992).

Allgemeine Schutzmaßnahmen

Die wirkungsvollsten Schutzmaßnahmen sind die Einhaltung eines ausreichend großen Abstandes von den Bäumen und die Vermeidung von Bodenverdichtung, Bodenabtrag und Bodenauftrag (auch z. B. eine nur vorübergehende Lagerung von Aushub) im Wurzelbereich. Dieses kann erreicht werden durch einen Schutzzaun, der die gesamte Fläche innerhalb der Kronentraufe absichert und damit auch den wesentlichen Teil des Wurzelbereichs erfaßt.

In den meisten Fällen wird aber der Baumschutz immer noch als Stammschutz mißverstanden, indem nur Bretter um den Baum gestellt und miteinander verbunden werden; die Wurzeln werden dagegen nicht beachtet (Abb. 99).

Von besonderer Bedeutung sind Schutzmaßnahmen bei Bauvorhaben und Leitungsverlegungen sowie beim Bau von Radwegen.

Abb. 99: Ein Stammschutz durch hochgestellte und zusammengebundene Bretter ist bei Baumaßnahmen kein wirksamer Baumschutz, da vor allem der Wurzelbereich gefährdet ist. Diese Eschen haben die Baumaßnahme nicht überlebt; sie mußten anschließend durch Neupflanzungen ersetzt werden. Notwendig ist bei Bauarbeiten ein Schutzzaun nach RAS-LG 4 (Abb. 100).

Abb. 100: Schutzzaun
bei Baumaßnahmen im
Bereich von Bäumen (aus
RAS-LG 4, 1986).

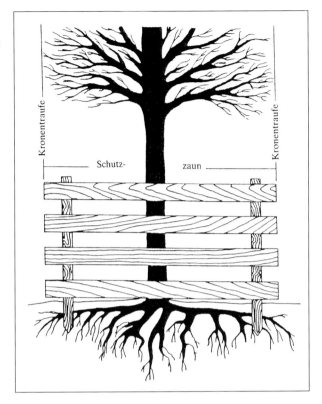

Schutzmaßnahmen bei Bauvorhaben
Es ist grundsätzlich davon auszugehen, daß Wurzeln vor allem von älteren Bäumen über den als Wurzelbereich definierten Raum (Bodenfläche zwischen Stamm und Kronentraufe zuzüglich 1,5 m) hinausgehen. Daher ist bei der Planung von Baumaßnahmen, bei denen eine länger offen zu haltende Baugrube zu erstellen ist, ein Wurzelvorhang erforderlich, der eine Vegetationsperiode vor Baubeginn angelegt werden muß, um ein Austrocknen und Absterben von Wurzeln zu verhindern.

Zu diesem Zweck wird in etwa 30 cm Entfernung von der künftigen Baugrube ein Graben in einer Tiefe von 1,5 bis 2,0 m in Handarbeit ausgehoben. An der baumseitigen Wand des Grabens werden alle Wurzeln abgeschnitten, geglättet und die Wunden der größeren Wurzeln mit einem Wundverschlußmittel behandelt. Hinter der später anzulegenden Baugrube werden Pfähle eingeschlagen, ein Drahtgeflecht angenagelt und mit Sackleinen versehen. Anschließend wird der Graben bis etwa 40 cm unterhalb der Oberkante mit Unterboden verfüllt, für die oberen 40 cm verwendet man eine Mischung aus Oberboden, reifem Kompost und organischem Dünger. Bei stärkeren Wurzelverlusten sind ausgleichende Schnittmaßnahmen in der Baumkrone erforderlich.

Auf diese Weise kann der Baum vor Beginn der Bauphase den unverdichteten Boden gut durchwurzeln und ist daher weniger anfällig gegenüber anderen Schädigungen, die zwangsläufig mit einer Bautätigkeit verbunden sind und kaum verhindert werden können. Häufig ist jedoch zu beobachten, daß ein Wurzelvorhang erst kurz vor Baubeginn hergestellt wird. Dieses führt jedoch zu Schädigungen für den Baum, die vermeidbar sind.

Sind im Wurzelbereich Mauern oder sonstige technische Bauwerke erforderlich, so sollten nur Punktfundamente verwendet werden, deren Abstand mit Stahlbetonbalken zu überbrücken ist, die allerdings nicht in den Boden hineinragen dürfen (NIESEL 1989), da die Wurzeln wie die Stämme ein Dickenwachstum aufweisen.

Wenn bei Baumaßnahmen das von den Wurzeln erreichbare Grundwasser zeitweilig abgesenkt werden muß, ist eine Bewässerung während der Vegetationsperiode durchzuführen.

Schutzmaßnahmen bei Leitungsverlegungen

Solange begehbare Leitungstunnels unter den Straßen noch nicht verwirklicht sind, werden alle Ver- und Entsorgungsleitungen über den Straßenquerschnitt verteilt mit einer Häufung im Geh- und Radwegbereich, so daß bei Reparaturarbeiten oder Neuverlegungen stets der Wurzelbereich der Bäume betroffen ist.

Das wurzelschonendste Verfahren ist zweifellos das Unterfahren oder Durchbohren des Wurzelbereichs, bei dem Mantelrohre eingeführt werden können, durch die Leitungen hindurchgezogen werden.

Läßt sich eine offene Baugrube im Wurzelbereich von Bäumen nicht vermeiden, so ist nach RAS-LG 4 (1986) ein Mindestabstand von 2,50 m zwischen Baugrubenwand und Außenfläche des Stammes einzuhalten; muß dieser Abstand unterschritten werden, so ist ein Rohrvortriebsverfahren (z. B. Durchpressen oder Durchschießen) erforderlich. Im gesamten Wurzelbereich ist nur Handschachtung erlaubt, und Wurzeln mit einem Durchmesser von über 2 cm dürfen nicht abgeschnitten werden.

Bei Fernwärmeleitungen ist aufgrund der zu erwartenden Wärmeabstrahlung ein Mindestabstand von 10 m von der Kronentraufe einzuhalten (MA-StB 1992).

Schutzmaßnahmen bei Radwegebau

Aufgrund des starken Kraftfahrzeugverkehrs auf Bundes-, Landes- und Kreisstraßen werden außerorts zunehmend mehr Radwege angelegt. Wenn es sich um baumbestandene Straßen handelt, ist davon auszugehen, daß diese Bäume ihren Hauptwurzelbereich im straßenabgewandten Raum besitzen. Wenn dort ein Radweg angelegt wird, so ist in der Regel ein Wegeaufbau von ca. 30 cm erforderlich, d. h. bis zu dieser Tiefe müßte eine Auskofferung erfolgen. Dieses bedeutet eine sehr schwere Schädigung der Bäume mit der Folge, daß die Standsicherheit in Zukunft erheblich beeinträchtigt ist.

Aus diesen Gründen hat der vom Bundesminister für Verkehr einberufene Bund-/Länder-Arbeitskreis »Alleen« für die Anlage von Radwegen an Straßen in Außerortslagen mit ein- oder beidseitigem Baumbestand folgende Empfehlungen zum Schutz der Bäume gegeben (MA-StB 1992):

- Radwege sind außerhalb der Kronentraufe (zuzüglich 1,5 m) oder außerhalb des Entwässerungsgrabens anzulegen (Abb. 101),
- bei der Bauweise wird bewußt eine Einschränkung der Tragfähigkeit in Kauf genommen (eingeschränkter Betriebsdienst),
- Abtrag lediglich der Kraut- und Grasnarbe,

Abb. 101: Rad-
wege sind grund-
sätzlich außerhalb
der Kronentraufe
zuzüglich von
mindestens 1,5 m
anzulegen (aus
MA-StB 1992).

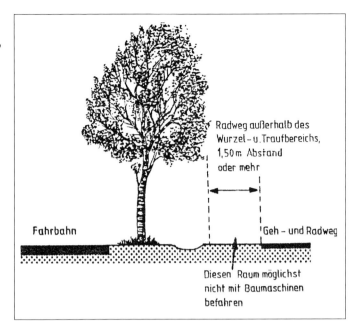

- Herstellung der Tragschicht im Hocheinbau mit luftdurchlässigem Schottermaterial und
- Herstellung der Wegedecke in sickerfähiger Bauweise.

Nur bei Beachtung dieser Schutzmaßnahmen sowie eines wurzelschonenden Stra-
ßenausbaus und einer auf das unbedingt notwendige Maß beschränkten Freihaltung des Lichtraumprofils und der Bankettschälung wird es möglich sein, den
außerörtlichen Straßenbaumbestand langfristig zu erhalten.

7.4   Schutzmöglichkeiten nach den Naturschutzgesetzen

Der Schutz von Bäumen wird im wesentlichen geregelt durch die Naturschutz-
gesetze der Bundesländer. Als Schutzmöglichkeiten kommen in diesem Zusammenhang vor allem in Frage
- Schutz als Naturdenkmal und
- Schutz als geschützter Landschaftsbestandteil (Baumschutzsatzung)

In einigen ostdeutschen Bundesländern sind erstmals auch Baumalleen unter
Schutz gestellt worden. In dem Brandenburgischen Naturschutzgesetz
(BbgNatSchG 1992) bestimmt z. B. § 31: »Alleen dürfen nicht beseitigt, zerstört,
beschädigt oder sonst beeinträchtigt werden.«

Es ist zu hoffen, daß dieses auch durchgesetzt wird und die entsprechenden
Richtlinien (MA-StB 1992; RAS-LG 4, 1986) Anwendung finden.

Eine andere Möglichkeit zur Erhaltung des ortsbildprägenden Baumbestandes
ergibt sich durch rechtsverbindliche Festsetzungen bei der Aufstellung von Bebauungsplänen nach § 9 (1), Nr. 25 Baugesetzbuch.

7.4.1   Naturdenkmale

Eine Ausweisung als Naturdenkmal bedeutet für den Baum die höchste Schutzintensität. Nach § 27 des Niedersächsischen Naturschutzgesetzes (NNatG 1990) kann die Naturschutzbehörde durch Verordnung

> »(1) Einzelne Naturschöpfungen, die
>   1. wegen ihrer Bedeutung für Wissenschaft, Natur- oder Heimatkunde oder
>   2. wegen ihrer Seltenheit, Eigenart oder Schönheit besonderen Schutzes bedürfen
>   ... zu Naturdenkmalen erklären. Soweit erforderlich, kann auch die Umgebung
>   des Naturdenkmals in den Schutz einbezogen werden.
> (2) Alle Handlungen, die das Naturdenkmal oder seine geschützte Umgebung zerstö
>   ren, beschädigen oder verändern, sind verboten.
> (3) Die Verordnung kann bestimmte Handlungen untersagen, die das Naturdenkmal
>   oder seine geschützte Umgebung gefährden oder stören können.«

Bei den auf diese Weise unter Schutz gestellten Bäumen handelt es sich meistens um alte, ortsbildprägende oder historisch bedeutsame Bäume. Der Wurzelbereich ist als Teil des Baumes stets einzubeziehen in den Schutz.

Untersuchungen über den Zustand der Naturdenkmale im Landkreis Hannover (HARDT 1982) und in der Stadt Hannover (WOHLAND 1992) haben gezeigt, daß die Bäume oftmals außerordentlich schlechte Standortbedingungen aufweisen, die teilweise schon bei der Aufstellung der Verordnung bestanden haben. Der Landschaftsrahmenplan für den Landkreis Hannover (LRP 1990) sieht dagegen für die einzelnen Naturdenkmale kaum eine Gefährdung und daher fehlen auch konkrete Pflege- und Entwicklungsmaßnahmen.

Diese Defizite sollen an einem Beispiel verdeutlicht werden. Es handelt sich um eine über hundertjährige Eiche, deren Stamm zur Hälfte auf privatem Grund im Rasen steht, während der übrige Bereich von der Fußwegpflasterung bündig begrenzt wird. Die Eiche ist im Kronenbereich schütter und enthält etliche Totäste, so daß ihre Vitalität als »stärker geschädigt« beurteilt werden kann. Wahrscheinlich handelt es sich um Schädigungen, die als Folge früherer Straßenbaumaßnahmen aufgetreten sind (Abb. 102).

Abb. 102:   *Quercus robur* (Stiel-Eiche), Stammumfang 272 cm. Der Baum wurde 1990 mit den dargestellten Standortbedingungen zum Naturdenkmal erklärt, um ihn langfristig zu erhalten. Eine weitergehende Befestigung im Wurzelbereich ist nach dem Verordnungstext verboten.

Zum Zeitpunkt der Unterschutzstellung (Mai 1990) war der in Abb. 102 dargestellte Zustand im Wurzelbereich bereits vorhanden. Der Verordnungstext für dieses Naturdenkmal (Abl.RBHan. 1990) hat folgenden Wortlaut (die Auslassungen beziehen sich auf Ortsangaben).

Verordnung zum Schutz der Eiche vor dem Grundstück ... als Naturdenkmal vom 17. 5. 1990

Aufgrund der §§ 27, 30 und 54 des Niedersächsischen Naturschutzgesetzes vom 20. 3. 1981 (Nieders. GVBl. S. 31) in der Fassung vom 22. 3. 90 (Nieders. GVBl. S. 101) hat der Verwaltungsausschuß der Landeshauptstadt Hannover in seiner Sitzung am 17. 5. 1990 folgende Verordnung beschlossen:

§ 1 Schutzobjekt
Die auf der Grenze zwischen den Flurstücken ... in der Gemarkung ... stehende Eiche mit den Gauß-Krüger-Koordinaten ... wird zum Naturdenkmal erklärt.

§ 2 Schutzzweck
(1) Die Erklärung zum Naturdenkmal erfolgt mit dem Ziel, die Eiche zu erhalten.
(2) Die Eiche ist wegen ihrer Größe selten und konnte sich als freistehender Baum zu einem besonders schönen Exemplar entwickeln. Sie prägt das Straßenbild.

§ 3 Verbote
(1) Alle Handlungen, die die Eiche zerstören, beschädigen oder verändern, sind verboten.
(2) Unter der Krone der Eiche ist es verboten,
    1. den Boden abzugraben,
    2. den Boden über das bei Inkrafttreten dieser Verordnung vorhandene Ausmaß hinaus zu befestigen,
    3. Aufschüttungen vorzunehmen,
    4. chemische Pflanzenbehandlungsmittel zu verwenden.

§ 4 Freistellungen
Maßnahmen der Stadtwerke Hannover AG zur Unterhaltung ihrer vorhandenen unterirdischen Leitungen fallen nicht unter die Verbote des § 3.

§ 5 Befreiungen
Von den Verboten des § 3 dieser Verordnung kann auf Antrag nach Maßgabe von § 53 des Niedersächsischen Naturschutzgesetzes (NNatG) Befreiung gewährt werden.

§ 6 Ordnungswidrigkeiten
(1) Wer den Verboten des § 3 (1) zuwiderhandelt, ohne daß eine Befreiung gewährt wurde, handelt gemäß § 64, Ziffer 5 NNatG ordnungswidrig. Diese Ordnungswidrigkeit kann mit einer Geldbuße bis zu 50 000 DM geahndet werden.
(2) Wer den Verboten des § 3 (2) zuwiderhandelt, ohne daß eine Befreiung gewährt wurde, handelt gemäß § 64, Ziffer 1 NNatG, ordnungswidrig. Diese Ordnungswidrigkeit kann mit einer Geldbuße bis zu 10 000 DM geahndet werden.

§ 7 Inkrafttreten
Diese Verordnung tritt am Tage nach ihrer Veröffentlichung im Amtsblatt für den Regierungsbezirk Hannover in Kraft.

Hannover, den 17. 5. 1990

Oberbürgermeister   Oberstadtdirektor

Die unterschiedliche Höhe der in § 6 genannten Geldbußen ist unverständlich, da jede der in § 3 (2) aufgeführten Maßnahmen eine Schädigung des Baumes bewirkt und ein Absterben die Folge sein kann. Offenbar wurden aber die nach § 3 (2) verbotenen Maßnahmen als harmloser eingestuft.

Bei einem Vergleich von Verordnungstext und der realen Situation ist festzustellen, daß die Unterlassung von Entsiegelungsmaßnahmen bereits eine fortdauernde Schädigung darstellt und die Formulierung in § 3 (2) wohl nur in Unkenntnis der örtlichen Situation entstanden sein kann.

Dieses Beispiel ist kein Einzelfall, wie das Schicksal der Lutherlinden in Goslar (vgl. Seite 161) gezeigt hat. Wenn die Ausweisung als Naturdenkmal, der Kategorie mit der höchsten Schutzintensität, nicht zur Farce werden soll, sind folgende Punkte zu beachten:
1. Die Naturschutzbehörde hat bei vorliegenden Anträgen vor Ort zu prüfen, in welchem Zustand sich der Baum befindet und welche Beeinträchtigungen im Wurzelbereich vorliegen.
2. Es ist zu prüfen, ob baumpflegerische oder standortverbessernde Maßnahmen notwendig sind, um den Schutzzweck zu erreichen; erforderlichenfalls müssen diese vor der Ausweisung durchgeführt werden.
3. Wären die Maßnahmen zwar erforderlich, lassen sich aber aufgrund der örtlichen Situation nicht durchführen, so ist auf eine Ausweisung zu verzichten.

7.4.2 Baumschutzsatzungen

Rechtliche Rahmenbedingungen

Nach den Naturschutzgesetzen der Bundesländer können Kommunen Satzungen zum Schutz des Baumbestandes erlassen. Eine Unterschutzstellung als Geschützter Landschaftsbestandteil ist z.B. nach dem Niedersächsischen Naturschutzgesetz nach § 28 (NNatG 1990) möglich, da Bäume allgemein
– das Orts- oder Landschaftsbild beleben oder gliedern,
– zur Leistungsfähigkeit des Naturhaushalts beitragen oder
– das Kleinklima verbessern oder schädliche Einwirkungen abwehren.
Die Beseitigung von Bäumen sowie bestimmte Handlungen, die zu einer Schädigung, Gefährdung oder Veränderung führen können, sind nach Inkrafttreten einer Satzung verboten. Ausnahmen und Befreiungen werden gesondert geregelt.

Akzeptanz von Baumschutzsatzungen

In vielen Städten und Gemeinden wurden Baumschutzsatzungen schon vor zehn oder mehr Jahren erlassen und werden seitdem praktiziert. Die Erfahrungen der letzten Zeit zeigen aber, daß es zunehmend schwieriger wird, derartige Satzungen in den Gemeinderäten durchzusetzen.

Einerseits sind die Satzungsentwürfe in der Öffentlichkeit umstritten, weil Eingriffe in die Eigentumsrechte und mehr Bürokratie befürchtet werden, andererseits vertreten viele Stadtverwaltungen die Auffassung, daß für Straßen- und Parkbäume keine Satzung notwendig ist, da diese Bäume in ihre Zuständigkeit fallen und damit geschützt sind. Offenbar befürchtet man auch eine zu starke Selbstbindung, z.B. bei Bauvorhaben im Straßenbereich.

Naturschutzbehörden, Naturschutzverbände, Bürgerinitiativen und ein Teil der Kommunalpolitiker fordern dagegen Baumschutzsatzungen. In dieser teilweise konfliktbeladenen Situation befinden sich viele Kommunen.

Anforderungen an Baumschutzsatzungen

Fast alle Baumschutzsatzungen schützen in einem bestimmten Gebiet sämtliche Bäume mit einem Stammumfang von mindestens 60 cm oder 80 cm. Nicht unter die Satzung fallen Bäume auf Waldflächen sowie Obstbäume mit Ausnahme von Walnußbäumen und Kastanien. In einigen Satzungen gilt für die besonders langsam wachsenden Bäume (z. B. Eibe, Rotdorn, Stechpalme, Kugelahorn, Kugelrobinie) ein Mindestumfang von 30 cm.

Derartige pauschale Formulierungen, bei denen Quantität vor Qualität geht, entsprechen nicht den Erfordernissen des Baumschutzes, da
- die Gefährdungssituation der Bäume unberücksichtigt bleibt,
- schnellwüchsige Baumarten, wie Pappel, Weide oder Platane wesentlich früher unter die Schutzkategorie fallen als langsamer wachsende Baumarten,
- etwa die Hälfte aller Straßenbäume allein deswegen nicht durch die Satzung geschützt sind, weil sie einen Stammumfang von weniger als 60 cm bzw. 80 cm aufweisen,
- die Umsetzung der Satzung kaum möglich ist, da für den privaten Bereich meistens kein Baumkataster vorhanden und daher auch nicht bekannt ist, welche und wie viele Bäume geschützt sind,
- der Verwaltungsaufwand sehr hoch ist und im Vergleich zum Nutzen in keinem angemessenen Verhältnis steht.

Im Vollzug der Satzung zeigt sich zudem, daß die Fällungen stets im Vordergrund stehen, während Schädigungen an Bäumen, wie sie im öffentlichen Bereich vor allem bei Bauarbeiten vorkommen, kaum verfolgt werden.

Bei der Novellierung von Satzungen sollten daher folgende Grundsätze beachtet werden (vgl. HÖSTER 1993):
- Qualität geht vor Quanität,
- der in der Satzung geforderte Schutzzweck ist sicherzustellen,
- die Gefährdungssituation der Bäume ist zu berücksichtigen,
- Aufwand und Nutzen müssen in einem angemessenen Verhältnis stehen.

Voraussetzung für eine Baumschutzsatzung ist die Erstellung eines Baumkatasters, denn es lassen sich nur die Bäume wirksam schützen, die hinsichtlich Baumart, Alter, Wuchsort, Standortbedingungen, Pflege- und Gesundheitszustand dokumentiert sind.

Aufgrund der stärkeren Gefährdung der Bäume sind für den öffentlichen Bereich daher strengere Maßstäbe anzulegen. Der folgende Entwurf (HÖSTER 1991 c) berücksichtigt diese Anforderungen und sieht für Bäume im öffentlichen Bereich bereits einen Schutz ab 15 cm Stammumfang (= übliche Pflanzgröße) vor, während im privaten Bereich ein sinnvoller Schutz angestrebt wird, der die örtlichen Verhältnisse einbezieht (HÖSTER 1993).

Mustersatzung zum Schutz des Baumbestandes

§ 1 Schutzzweck
Zur Belebung und Gliederung des Orts- und Landschaftsbildes, zur Verbesserung der Luftqualität und des Kleinklimas, als Beitrag zur Leistungsfähigkeit des Naturhaushalts sowie als Lebensraum für Tiere wird in der Stadt/Gemeinde ... der Baumbestand nach Maßgabe dieser Satzung geschützt.

§ 2 Geltungsbereich

(1) Der Geltungsbereich dieser Satzung umfaßt in der Stadt/Gemeinde ...

    a) den gesamten öffentlichen Bereich sowohl innerhalb der im Zusammenhang bebauten Ortsteile als auch im Außenbereich. Als öffentlicher Bereich im Sinne dieser Satzung sind alle Grundstücke juristischer Personen des öffentlichen Rechts zu verstehen.

    b) den gesamten privaten Bereich sowohl innerhalb der im Zusammenhang bebauten Ortsteile als auch im Außenbereich.

(2) Die Vorschriften dieser Satzung gelten nicht für den Wald im Sinne des Landeswaldgesetzes vom ... in der zur Zeit geltenden Fassung.

§ 3 Geschützte Bäume

(1) Im öffentlichen Bereich sind alle Bäume geschützt, die einen Stammumfang von mindestens 15 cm aufweisen, gemessen in einer Höhe von 1,3 m über dem Erdboden.

(2) Im privaten Bereich sind alle Bäume geschützt, die aufgrund einer Bewertung als ortsbildprägend oder landschaftsprägend, als vital oder selten ermittelt wurden und in einem Verzeichnis und in Lageplänen eingetragen sind. Verzeichnis und Lagepläne sind wesentliche Bestandteile dieser Satzung.

(3) Die Vorschriften dieser Satzung gelten auch für Bäume, die aufgrund von Festsetzungen in Bebauungsplänen zu erhalten sind, auch wenn die Voraussetzungen von Absatz 2 nicht erfüllt sind.

(4) Nicht unter diese Satzung fallen Bäume, die aufgrund der §§ ... des ... Naturschutzgesetzes anderweitig unter Schutz gestellt sind.

§ 4 Unzulässige Handlungen

(1) Es wird untersagt, geschützte Bäume zu entfernen, zu zerstören, zu schädigen oder in ihrer Gestalt wesentlich zu verändern.

(2) Schädigungen sind auch Beeinträchtigungen des Wurzelbereichs (mindestens senkrechte Projektion der Kronentraufe) der geschützten Bäume, insbesondere durch

    – Befestigungen mit einer wasser- und luftundurchlässigen Decke (z. B. Asphalt, Beton),

    – Abgrabungen, Aufschüttungen sowie Ausschachtungen (z. B. bei Kabelverlegungen),

    – Grundwasserabsenkung bei Baumaßnahmen,

    – Bodenverdichtung (z. B. durch Überfahren oder Parken von Kraftfahrzeugen),

    – Lagerung von Materialien sowie Anschütten von Salzen, Ölen, Säuren, Laugen, Düngemitteln oder anderen Chemikalien,

    – Anwendung von Herbiziden und Fungiziden sowie von Streusalzen und anderen auftauenden Stoffen.

§ 5 Anordnung von Maßnahmen

(1) Die Stadt/Gemeinde kann anordnen, daß der Eigentümer oder Nutzungsberechtigte eines Grundstücks bestimmte Maßnahmen zur Pflege und Erhaltung von geschützten Bäumen trifft; dieses gilt insbesondere im Zusammenhang mit der Durchführung von Bauarbeiten.

(2) Trifft der Eigentümer oder Nutzungsberechtigte eines Grundstücks Maßnahmen, die eine schädigende Wirkung auf geschützte Bäume angrenzender Grundstücke haben können, findet Absatz 1 entsprechende Anwendung.

(3) Die Stadt/Gemeinde kann anordnen, daß der Eigentümer oder Nutzungsberechtigte die Durchführung bestimmter Pflege- und Erhaltungsmaßnahmen an geschützten Bäumen durch die Stadt/Gemeinde oder durch von ihr Beauftragte duldet, sofern ihm die Durchführung nicht selbst zugemutet werden kann.

§ 6 Ausnahmen und Befreiungen

(1) Maßnahmen zur Pflege, Erhaltung und Sicherung von Bäumen, die dem jeweiligen Stand der Erfahrung und Technik entsprechen, sind zulässig. Erlaubt sind auch unaufschiebbare Maßnahmen zur Abwendung einer unmittelbar drohenden Gefahr; diese sind der Stadt/Gemeinde unverzüglich anzuzeigen.

(2) Von den Verboten des § 4 ist eine Ausnahme zu erteilen, wenn
  – der Eigentümer oder ein sonstiger Berechtigter aufgrund von Vorschriften des öffentlichen Rechts verpflichtet ist, die Bäume zu entfernen oder zu verändern und er sich nicht in zumutbarer Weise von dieser Verpflichtung befreien kann,
  – eine nach baurechtlichen Vorschriften zulässige Nutzung sonst nicht oder nur unter wesentlichen Beschränkungen verwirklicht werden kann,
  – von einem Baum Gefahren für Personen oder Sachen ausgehen und die Gefahren nicht auf andere Weise und mit zumutbarem Aufwand zu beheben sind,
  – ein Baum krank ist und die Erhaltung auch unter Berücksichtigung des öffentlichen Interesses daran mit zumutbarem Aufwand nicht möglich ist.

(3) Von den Verboten des § 4 kann im Einzelfall Befreiung erteilt werden, wenn
  – das Verbot zu einer nicht beabsichtigten Härte führen würde und dieses mit den Belangen des Naturschutzes und der Landschaftspflege zu vereinbaren ist,
  – überwiegende Gründe des Gemeinwohls die Befreiung erfordern.

(4) Die Erteilung einer Ausnahme oder Befreiung ist bei der Stadt/Gemeinde unter Darlegung der Gründe zu beantragen.

(5) Die Erteilung einer Ausnahme oder Befreiung erfolgt nach Anhörung des Ausschusses für Natur- und Umweltschutz der Stadt/Gemeinde. Sie kann mit Nebenbestimmungen verbunden werden; insbesondere sind die geltenden Vorschriften und Richtlinien zum Schutz von Bäumen bei Baumaßnahmen anzuwenden.

§ 7 Folgenbeseitigung

(1) Wer entgegen § 4 ohne Erlaubnis geschützte Bäume entfernt, zerstört, schädigt oder in ihrer Gestalt wesentlich verändert oder derartige Eingriffe vornehmen läßt, ist verpflichtet, die entfernten oder zerstörten Bäume unverzüglich angemessen durch Neuanpflanzungen zu ersetzen oder ersetzen zu lassen oder die sonstigen Folgen zu beseitigen.

(2) Der Wert der entfernten oder zerstörten Bäume sowie die Wertminderung nach Schädigungen werden nach dem geltenden Sachwertverfahren für Gehölze (Methode Koch) festgestellt.

§ 8 Ordnungswidrigkeiten

(1) Ordnungswidrig im Sinne des § … der … Gemeindeordnung handelt, wer vorsätzlich oder fahrlässig
  – geschützte Bäume entgegen § 4 ohne Erlaubnis entfernt, zerstört, schädigt, ihre Gestalt wesentlich verändert oder derartige Eingriffe vornehmen läßt,
  – Auflagen oder Nebenbestimmungen im Rahmen einer nach § 6 (5) erteilten Ausnahme oder Befreiung nicht erfüllt.

(2) Die Ordnungswidrigkeit kann mit einer Geldbuße bis … DM geahndet werden.

§ 9 Inkrafttreten

Diese Satzung tritt am Tage nach ihrer öffentlichen Bekanntmachung in Kraft.

7.5 Baumschutz oder Biotopschutz?

Baumpflege und Baumschutz verfolgen das Ziel, die Lebensbedingungen der Bäume zu verbessern und entstandene Schädigungen zu beheben, damit die Bäume ihre gestalterischen und ökologischen Funktionen im Straßenraum erfüllen können. Diese Bemühungen sind ausgerichtet auf den Baum und seine Verkehrssicherheit.

Unberücksichtigt bleibt dabei oftmals der in den Baumschutzsatzungen aufgeführte Schutzzweck »Lebensraum für Tiere«. PLACHTER (1991) bezieht dieses auch auf Naturdenkmale, die »häufig mit horrendem Mitteleinsatz vor dem natürlichen Zerfall bewahrt (Baumsanierungen)« werden. Seine Folgerung lautet: »Diese Maßnahmen vermindern aber den Wert solcher Bäume als Lebensraum für Tier- und Pflanzenarten ganz entscheidend«.

Bezogen auf Naturdenkmale ist diese Feststellung eine verengte Sichtweise, die einseitig auf den Biotopschutz gerichtet ist, während nach dem Naturschutzgesetz der Baum als Einzelschöpfung besonders geschützt werden soll.

Für den übrigen Altbaumbestand, vor allem in Parks, hat der Biotopschutz dagegen einen hohen Stellenwert. Nach MÖLLER (1991) handelt es sich bei den Tieren überwiegend um Insekten (z. B. Bockkäfer, Prachtkäfer, Pilzkäfer, Holzwespen, Schlupfwespen, Wildbienen, Grabwespen, Rindenwanzen, Kammschnaken, Schwebfliegen, Kamelhalsfliegen usw.), die Pilzmyzelien fressen (xylomycetobionte Insekten) oder sich vom Holz ernähren (xylobionte Insekten) oder Hornissen, die ihre Nester vorwiegend in Baumhöhlen anlegen oder um Vögel, die in Baumhöhlen brüten.

Ein erheblicher Teil der xylobionten Käfer ist stark gefährdet. Deshalb fordert MÖLLER (1991) verstärkte Schutzmaßnahmen für Holzbiotope nicht nur in Forstbeständen, sondern auch in historischen Gärten und bei Straßenbäumen, und zwar sollten u. a. verboten werden
- Öffnung von Baumhöhlen und Entnahme des Holzmulms,
- Ausschneiden verpilzter Stammpartien,
- Entfernung toter Äste und
- Ablösung lockerer Rindenpartien.

So berechtigt diese Forderungen des Naturschutzes auch sein mögen, es wird immer eine Einzelfallentscheidung sein müssen, ob ein Baum mit höherem Totholzanteil unbehandelt oder ein abgestorbener Baum stehenbleiben kann oder nicht. Entscheidend wird die Beurteilung der Verkehrssicherheit sein, aber die Grünflächenämter sollten mehr Mut haben, in Parkanlagen auch Totholzbiotope zu belassen.

Literaturverzeichnis

Abl.RBHan. (1990): Verordnung zum Schutz der Eiche vor dem Grundstück Wischkämpe 4 als Naturdenkmal vom 17.5.1990. Amtsblatt Regierungsbezirk Hannover Nr. 13: 421–422.

AKS (1989): Merkblatt über Baumstandorte und unterirdische Ver- und Entsorgungsanlagen. Arbeitsausschuß Kommunaler Straßenbau, Forschungsgesellschaft für Straßen- und Verkehrswesen, Köln.

AMELUNG, C. (1992): Ausgewählte Problemstandorte für Bäume im Großraum Hannover. Diplomarbeit am Institut für Landschaftspflege und Naturschutz, Universität Hannover.

ASLANBOGA, I., HÖSTER, H. R., MEYER, F. H. (1978): Umweltschäden an Straßenbäumen in Hannover. Mitt. Deutsch. Dendrol. Ges. 70: 31–58.

AUFSESS, H. VON (1973): Einige Pilzschäden an alten Eichen. Forstwiss. Centralbl. 92: 153–169.

BALDER, H. (1988): Wurzelverletzungen als häufige Ursache von Baumschäden in der Stadt. Das Gartenamt 37: 625–627

BALDER, H. (1990 a): Wurzelschutz von Bäumen – Theorie und Praxis. Neue Landschaft 35: 538–543.

BALDER, H. (1990 b): Hundeurin als Schadagens an Bäumen. Das Gartenamt 39: 736–738.

BALDER, H. (1992): Pflanzenverträglichkeit von Wundbehandlungen in der Baumpflege. Gesunde Pflanzen 44: 296–302.

BALDER, H. (1993): Optimierung der Grünpolitik. Das Gartenamt 42: 172–176.

BAUCH, J. (1971): Anwendungen der Jahrringanalyse. Angewandte Botanik 45: 217–229.

BAVENDAMM, W. (1928): Über das Vorkommen und den Nachweis von Oxydasen bei holzzerstörenden Pilzen. Zeitschr. f. Pflanzenkrankh. 38: 257–276.

BbgNatSchG (1992): Brandenburgisches Gesetz über Naturschutz und Landschaftspflege. Gesetz- und Verordnungsblatt für das Land Brandenburg, Teil I, 3 (13): 208–231.

BEHNKE, H. D. (1990): Siebelemente. Kernlose Spezialisten für den Stofftransport in Pflanzen. Naturwissensch. 77: 1–11.

BERNATZKY, A. (1969): Stadtklima und Bäume. Baum-Zeitung 3: 43–47

BERNATZKY, A. (1988): Baumchirurgie und Baumpflege. 4. Auflage. Verlag B. Thalacker, Braunschweig.

BGH (1965): Erstreckung der Straßenverkehrssicherungspflicht auf Straßenbäume. Urteil des Bundesgerichtshofes vom 21.1.1965 – III ZR 217/63 (Koblenz). Neue Jurist. Wochenschr. Heft 18: 815–816.

BLAUERMEL, G. (1982): Maßnahmen zur Verbesserung der Lebensbedingungen der Straßenbäume. In: MEYER, F. H. (Hrsg.), Bäume in der Stadt, S. 217–317.

BLUM, W. E. (1974): Salzaufnahme durch die Wurzeln und ihre Auswirkungen. Europ. Journ. Forest Pathol. 4: 41–44.

BÖHM, J. (1893): Capillarität und Saftsteigen. Ber. Deutsch. Bot. Ges. 11: 203–212.

BORGWARDT, S. (1992): Entsiegelung im Straßenraum. Das Gartenamt 41: 420–428.

BOSSHARD, H. H. (1974): Holzkunde. Bd. 2: Zur Biologie, Physik und Chemie des Holzes. Birkhäuser Verlag, Basel.

BOSSHARD, H. H. (1990): Dendrophysica. Wissen über die Baum-Natur. Birkhäuser Verlag, Basel.

BRAUN, H. J. (1959): Die Vernetzung der Gefäße bei *Populus*. Zeitschr. f. Botanik **47**: 421–434.

BRAUN, H. J. (1963): Die Organisation des Stammes von Bäumen und Sträuchern. Wissensch. Verlagsgesellsch., Stuttgart.

BRAUN, H. J. (1982): Lehrbuch der Forstbotanik. G. Fischer Verlag, Stuttgart.

BRAUN, H. J. (1983): Zur Dynamik des Wassertransportes in Bäumen. Ber. Deutsch. Bot. Ges. **96**: 29–47.

BRELOER, H. (1989): Verkehrssicherungspflicht bei Bäumen aus rechtlicher und fachlicher Sicht. Baum-Reihe Heft 2. SVK-Verlag, Wilnsdorf.

BROD, H. G. (1988): Vergleichende Betrachtungen über die Wirkungen verschiedener Auftausalze (NaCl, $CaCl_2$ und $MgCl_2$) auf Gehölze. Zeitschr. f. Vegetationstechn. **11**: 129–133.

BROD, H. G., Hrsg. (1991): Straßenbaum-Schäden. Ursachen und Wirkungen. ecomed Verlagsgesellsch., Landsberg.

BT-Drs. 12/2081 (1992): Verminderung der energiebedingten CO_2-Emissionen in der Bundesrepublik Deutschland. Deutscher Bundestag 12. 2. 1992.

BUCHER, H. P., BONSEN, K. J. M., WALTER, M. (1992): Erkennung von Pilzbefall im Holz stehender Bäume mittels elektrischer Leitwertprofile. Das Gartenamt **41**: 34–37.

BUCHER, H. P., KUČERA, L. J. (1991): Elektrische Leitwertmessung zur Ermittlung des inneren Zustandes stehender Bäume. Das Gartenamt **40**: 750–754.

BURKHART, C. (1986): Substratmischungen und neue Belüftungstechnik für die Pflanzung von Stadtbäumen. Das Gartenamt **35**: 429–431.

BUTIN, H. (1989): Krankheiten der Wald- und Parkbäume. 2. Auflage. G. Thieme Verlag, Stuttgart.

CUTLER, D. F., RUDALL, P. J., GASSON, P. E., GALE, R. M. O. (1987): Root Identification Manual of Trees and Shrubs. Chapman and Hall, London.

DENGLER, A. (1972): Waldbau auf ökologischer Grundlage. Band 2. 4. Auflage. Verlag P. Parey, Hamburg.

DENGLER, R. (1988 a): Baum-Endoskopie. Deutscher Gartenbau **42**: 486–488.

DENGLER, R. (1988 b): Baumpflege – quo vadis? Garten + Landschaft **98** (7): 44–48.

DENGLER, R. (1992): Der Xylo-Density-Graph (XDG) in der gutachterlichen Anwendungspraxis. Das Gartenamt **41**: 176–179.

Deutsche Gesellschaft für Großbaumverpflanzung (um 1980): Hilfe aus der Spritze (Prospekt).

DIETRICHS, H. H. (1964): Das Verhalten von Kohlenhydraten bei der Holzverkernung. Holzforschung **18**: 14–24.

DIN 18 920 (1990): Schutz von Bäumen, Pflanzenbeständen und Vegetationsflächen bei Baumaßnahmen. Beuth-Verlag, Berlin.

DÜES, G., MEYER-ANTHOLZ, W., MEYER-STEINBRENNER, H. et al. (1991): Sanierung von Straßenbäumen. In: Baumpflege in Hamburg, Anlageband S. 243–252. Naturschutz und Landschaftspflege in Hamburg Heft 39.

DUJESIEFKEN, D. (1991): Der Kronenschnitt in der Baumpflege. Ein Leitfaden für die Praxis. Neue Landschaft **36**: 27–31.

DUJESIEFKEN, D. (1992): Einfluß von Wundverschlußmitteln auf die Wundreaktionen von Bäumen. Gesunde Pflanzen **44**: 306–311.

DUJESIEFKEN, D., BALDER, H. (1990): Pflanzenreaktionen auf Injektionsverfahren mit Druck. Mitt. Biol. Bundesanst. Land- u. Forstwirtsch., Berlin Heft 266: 44.

DUJESIEFKEN, D., EBENRITTER, S., LIESE, W. (1989): Wundreaktionen im Holzgewebe bei Birke, Buche und Linde. Holz, Roh- u. Werkst. **47**: 495–500.

DUJESIEFKEN, D., KOWOL, T., LIESE, W. (1988): Vergleich der Schnittführung bei der Astung von Linde und Roßkastanie. Das Gartenamt **37**: 711–714.

DUJESIEFKEN, D., KOWOL, T., REINARTZ, H. et al. (1991): Möglichkeiten der Baumanalyse. Das Gartenamt **40**: 375–384.

DUJESIEFKEN, D., LIESE, W. (1988): Holzbiologisches Untersuchungsprogramm zu Methoden der Baumanalyse. Das Gartenamt 37: 618–622.

DUJESIEFKEN, D., LIESE, W. (1989): Holzbiologische Befunde zum Kronenschnitt. Neue Landschaft 34: 337–339.

DUJESIEFKEN, D., LIESE, W. (1991): Sanierungszeit und Kronenschnitt – Stand der Kenntnis. Das Gartenamt 40: 455–459.

DUJESIEFKEN, D., LIESE, W. (1992): Holzschutzmittel zur Wundbehandlung bei Bäumen? Gesunde Pflanzen 44: 303–306.

DUJESIEFKEN, D., PEYLO, A., LIESE, W. (1991): Einfluß der Verletzungszeit auf die Wundreaktionen verschiedener Laubbäume und der Fichte. Forstwiss. Centrbl. 110: 371–380.

DUJESIEFKEN, D., SEEHANN, G. (1992): Desinfektion und Pilzbefall künstlicher Baumwunden. Gesunde Pflanzen 44: 157–160.

EAE (1985): Empfehlungen für die Anlage von Erschließungsstraßen (EAE 85). Forschungsgesellschaft für Straßen- und Verkehrswesen, Köln.

ECKSTEIN, D., FRISSE, E., LIESE, W. (1974): Holzanatomische Untersuchungen an umweltgeschädigten Straßenbäumen der Hamburger Innenstadt. Europ. Journ. Forest Pathol. 4: 232–244.

ECKSTEIN, D., LIESE, W., PARAMESWARAN, N. (1976): On the structural changes in wood and bark of a salt-damaged horsechestnut tree. Holzforschung 30: 173–178.

EG (1985): Richtlinie 85/634/EWG zur Ermächtigung bestimmter Mitgliedstaaten, für Eichenholz mit Ursprung in Kanada oder den Vereinigten Staaten von Amerika Ausnahmen von bestimmten Vorschriften der Richtlinie 77/93/EWG des Rates vorzusehen. Amtsblatt Nr. L 739, S. 45–50, vom 31.12.1985.

EHSEN, H. (1986): Einführung in die Problematik von Baumschäden. Neue Landschaft 31: 324–330, 448–453.

EHSEN, H. (1988): Zur Problematik der Baumbeurteilung. Das Gartenamt 37: 290–295.

EHSEN, H. (1991): Einsatz des Conditiometers AS 1 zur Bestimmung der relativen Vitalität. Neue Landschaft 36: 169–172, 277–281, 543–550.

EHSEN, H. (1992): Bepflanzung des Baumumfeldes mit Stauden. Neue Landschaft 37: 257–260, 352–356.

ESAU, K. (1977): Anatomy of Seed Plants. 2. Auflage. John Wiley and Sons, New York.

ESB (1991): Empfehlungen zur Straßenbepflanzung in bebauten Gebieten. Forschungsgesellschaft für Straßen- und Verkehrswesen, Köln.

ESG (1987): Empfehlungen zur Straßenraumgestaltung innerhalb bebauter Gebiete (ESG 87). Forschungsgesellschaft für Straßen- und Verkehrswesen, Köln.

ESSIAMAH, S. K., ESCHRICH, W. (1982): Die Dynamik der Frühjahrssaftbildung. Forstarchiv 53: 133–135.

FITSCHEN, J. (1990): Gehölzflora. 9. Auflage. Quelle & Meyer Verlag, Heidelberg.

FRANK, B. (1884): Über die Gummibildung im Holze und deren physiologische Bedeutung. Ber. Deutsch. Bot. Ges. 2: 321–332.

GROSSER, D. (1977): Die Hölzer Mitteleuropas. Ein mikrophotographischer Lehratlas. Springer-Verlag, Berlin.

GROSSER, D., LESNINO, G., SCHULZ, H. (1991): Histologische Untersuchungen über das Schutzholz einheimischer Laubbäume. Holz, Roh- u. Werkstoff 49: 65–73.

GROTHAUS, R., HARD, G., ZUMBANSEN, H. (1988): Baumchirurgie als Baumzerstörung – Auf den Spuren eines lukrativen Unsinns. UNI Osnabrück Heft 1: 12– 15.

HABERMANN, P. M. (1990): Beziehungen zwischen Standortsituation, Streßbelastung und Wirksamkeit von Düngungsmaßnahmen im innerstädtischen Straßenrandbereich. Das Gartenamt 39: 575–580.

HABERMEHL, A., RIDDER, H. W. (1979): Zerstörungsfreies Verfahren und Gerät zum Nachweis von Stammfäulen am stehenden Stamm. Allg. Forstzeitschr. 34: 754–759.

HABERMEHL, A., RIDDER, H. W. (1992): Methodik der Computer-Tomographie zur zerstörungsfreien Untersuchung des Holzkörpers von stehenden Bäumen. Holz, Roh- u. Werkstoff 50: 465–474.

HANKE, H. (1991): Feuchtsalz-Anwendung im Straßenwinterdienst. Straße und Autobahn **42**: 250–258.

HARD, G. (1988): Was ist wissenschaftlich? Deutscher Gartenbau **42**: 998.

HARDT, S. (1982): Bäume als Naturdenkmale – Kritische Bestandsaufnahme im Landkreis Hannover. Diplomarbeit am Institut für Landschaftspflege und Naturschutz, Universität Hannover.

HARTMANN, G., NIENHAUS, F., BUTIN, H. (1988): Farbatlas Waldschäden. Diagnose von Baumkrankheiten. Verlag E. Ulmer, Stuttgart.

HAUT, H. VAN, STRATMANN, H. (1970): Farbtafelatlas über Schwefeldioxid-Wirkungen an Pflanzen. Girardet Verlag, Essen.

HEGI, G. (1957): Illustrierte Flora von Mittel-Europa. Band III/1. C. Hanser Verlag, München.

HENNEBO, D. (1982): Städtische Baumpflanzungen in früherer Zeit. In: MEYER, F. H. (Hrsg.), Bäume in der Stadt, S. 11–45.

HEUERDING, E. (1982): Baumpflege bei Baumschäden. 2. Auflage. Stadtgärtnerei Bern.

HOFFMANN, A.(1956): Zur Ökologie des Straßenbaumes in den Städten. Das Gartenamt **6**: 14–17.

HOLDHEIDE, W. (1951): Anatomie mitteleuropäischer Gehölzrinden. In: Freund, H. (Hrsg.), Handbuch der Mikroskopie in der Technik, Band V/1, S. 193–367. Umschau Verlag, Frankfurt/Main.

HÖLL, W., BAUCH, J. (1977): Die Jahrringanalyse. Ein Forschungsgebiet der angewandten Botanik. Naturwiss. Rundschau **30**: 10–16.

HÖSTER, H. R. (1966): Holzschäden an Amerik. Nußbaum. Holz-Zentralblatt **92**: 1769.

HÖSTER, H. R. (1969): Mikroskopische Anatomie des Holzes. I. Untersuchungsmethoden. Mikrokosmos **58**: 161–163.

HÖSTER, H. R. (1974 a): On the nature of the first-formed tracheids in compression wood. Bull. Intern. Assoc. Wood Anatomists (Syracuse) No. 1: 4–9.

HÖSTER, H. R. (1974 b): Verfärbungen bei Buchenholz nach Wasserlagerung. Holz, Roh- u. Werkstoff **32**: 270–277.

HÖSTER, H. R. (1977): Veränderungen der Holzstruktur als Indikator für Umweltbelastungen bei Bäumen. Ber. Deutsch. Bot. Ges. **90**: 253–260.

HÖSTER, H. R. (1979): Jahrringe als Indikatoren für Umweltbelastungen. Verh. Gesellsch. f. Ökologie **7**: 337–342.

HÖSTER, H. R. (1982): Streusalzschäden an Straßenbäumen. Landschaft + Stadt **14**: 63–73.

HÖSTER, H. R. (1984): Streusalz in der umweltpolitischen Diskussion der Parlamente – Dokumentation und Bilanz. Landschaft + Stadt **16**: 18–33.

HÖSTER, H. R. (1987): Baumschutz im besiedelten Bereich. Jahrbuch Naturschutz Norddeutschland, S. 68–78, Kallmeyer'sche Verlagsbuchhandlung, Velber.

HÖSTER, H. R. (1988): Ökologische Aspekte der Dorfentwicklung. Seminarberichte der Lauenburgischen Akademie für Wissenschaft und Kultur (Mölln), Heft 2: 42–49.

HÖSTER, H. R. (1990): Auswirkungen von Unfallschäden auf Bäume. 13. Bad Godesberger Gehölzseminar, Seminarunterlagen.

HÖSTER H. R. (1991 a): Vitalität bei Bäumen. Beurteilung von Verfahren aus baumökologischer Sicht. Deutscher Gartenbau **45**: 1018–1019.

HÖSTER, H. R. (1991 b): Zur Situation der Straßenbäume in Hannover. Erfahrungen mit einem Baumkataster und Hinweise zu Baumschutzsatzungen. Naturschutz und Landschaftsplanung **23**: 63–68.

HÖSTER, H. R. (1991 c): Der grüne Faden durch Bremervörde. Naturschutzbund Deutschland, Landesverband Niedersachsen.

HÖSTER, H. R. (1993): Neue Wege des Baumschutzes. Die Ausgestaltung differenzierter Satzungen. In: BOCHNIG, S., SELLE, K. (Hrsg.), Freiräume für die Stadt, Band 2: Instrumente der Freiraumentwicklung, S. 247–254, Bauverlag, Wiesbaden.

HÖSTER, H. R., KREKEMEYER, A., PACKMOR, G. (1991): Straßenbäume in Bremervörde. Ein Baumkataster und dessen Umsetzung in der Praxis. Naturschutz und Landschaftspflanung **23**: 160–163.

HÖSTER, H. R., LIESE, W. (1966): Über das Vorkommen von Reaktionsgewebe in Wurzeln und Ästen der Dikotyledonen. Holzforschung **20**: 80–90.

HÖSTER, H. R., LIESE, W., BÖTTCHER, P. (1968): Untersuchungen zur Morphologie und Histologie der Zweigabwürfe von *Populus »Robusta«*. Forstwiss. Centralbl. **87**: 356–368.

HÖSTER, H. R., SPRING, C. (1971): Zur Bestimmung von Zellartenanteilen im Holzgewebe. Mikroskopie (Wien) **27**: 220–225.

HUBER, B. (1956): Die Saftströme der Pflanzen. Springer-Verlag, Berlin.

HUBER, B. (1961): Grundzüge der Pflanzenanatomie. Springer-Verlag, Berlin.

HUBER, B. (1962): Die Saftströme der Pflanzen im Vergleich zum Blutkreislauf der Tiere. In: BAUER, K. F., Medizinische Grundlagenforschung, Band 4, S. 159–176, G. Thieme Verlag, Stuttgart.

HUBER, B. (1970): Dendrochronologie. In: FREUND, H. (Hrsg.), Handbuch der Mikroskopie in der Technik, Band V/1, S. 171–211. Umschau Verlag, Frankfurt/Main.

HUBER, B., SCHMIDT, E. (1936): Weitere thermoelektrische Untersuchungen über den Transpirationsstrom der Bäume. Tharandter forstl. Jahrb. **87**: 369–412.

JACOB, F., NEUMANN, S. (1992): Leitung der Assimilate. In: LYR, H., FIEDLER, H. J., TRANQUILLINI, W. (Hrsg.), Physiologie und Ökologie der Gehölze, S. 263–278.

JAHN, H. (1990): Pilze an Bäumen. 2. Auflage, Patzer Verlag, Berlin.

KAUSSMANN, B., SCHIEWER, U. (1989): Funktionelle Morphologie und Anatomie der Pflanzen. G. Fischer Verlag, Stuttgart.

KLAFFKE, K. (1990): Anforderungen an ein baumpflegerisches Sachverständigengutachten. 8. Osnabrücker Baumpflegetage, Seminarunterlagen.

KNIGGE, W., SCHULZ, H. (1966): Grundriß der Forstbenutzung. Verlag P. Parey, Hamburg.

KOCH, W. (1986): Beeinflussen die forstlichen Untersuchungsergebnisse von SHIGO die Wert- und Schadensermittlung von Stadt- und Alleebäumen? Das Gartenamt **35**: 7–9.

KÖSTLER, J. N., BRÜCKNER, E., BIBELRIETHER, H. (1968): Die Wurzeln der Waldbäume. Verlag P. Parey, Hamburg.

KREUTZER, K. (1974): Bodenkundliche Aspekte der Streusalzanwendung. Europ. Journ. Forest Pathol. **4**: 39–41.

KRIETER, M., BILL, A., MALKUS, A., WÜRDIG, G. (1989): Standortoptimierung von Straßenbäumen. Teil I. Forschungsgesellschaft Landschaftsentwicklung Landschaftsbau (FLL), Bonn.

LEH, H. O. (1971): Schäden an Straßenbäumen durch Auftausalze. Gesunde Pflanzen **23**: 217–219.

LEH, H. O. (1991): Innerstädtische Streßfaktoren und ihre Auswirkungen auf Straßenbäume. In: BROD, H. G. (Hrsg.), Straßenbaum-Schäden, Ursachen und Wirkungen, S. 5–21.

LIESE, W. (1970): Elektronenmikroskopie des Holzes. In: FREUND, H. (Hrsg.), Handbuch der Mikroskopie in der Technik, Band V/1, S. 109–170. Umschau Verlag, Frankfurt/M.

LIESE, W., DUJESIEFKEN, D. (1988): Reaktionen von Bäumen auf Verletzungen. Das Gartenamt **37**: 436–440.

LIESE, W., DUJESIEFKEN, D. (1989 a): Wundreaktionen bei Laubbäumen. In: Ausgewählte Probleme der Gehölzphysiologie, Symposium Tharandt, S. 75–80.

LIESE, W., DUJESIEFKEN, D. (1989 b): Aspekte und Befunde zur Sanierungszeit in der Baumpflege. Das Gartenamt **38**: 356–360.

LIESE, W., DUJESIEFKEN, D., BREMER, J. (1988): Wundreaktionen bei Linde nach Astung in der Baumpflege. Forstwiss. Centralbl. **107**: 184–196.

LIESE, W., SCHNEIDER, M., ECKSTEIN, D. (1975): Histometrische Untersuchungen am Holz einer rauchgeschädigten Fichte. Europ. Journ. Forest Pathol. **5**: 152–161.

LIESECKE, H. J. (1991): Verbesserung des Wurzel- und Standraumes von Bäumen in Stadt-straßen. Das Gartenamt 40: 649–660.

LI ZHENGLI, CUI KEMING (1988): Differentiation of secondary xylem after girdling. IAWA Bulletin n. s. 9: 375–383.

LRP (1990): Landschaftsrahmenplan für den Landkreis Hannover, Amt für Naturschutz, Landkreis Hannover.

LYR, H. (1992): Symbiontische Ernährungsweisen. In: LYR, H., FIEDLER, H. J., TRANQUIL-LINI, W. (Hrsg.); Physiologie und Ökologie der Gehölze, S. 117–142.

LYR, H., FIEDLER, H. J., TRANQUILLINI, W., Hrsg. (1992): Physiologie und Ökologie der Gehölze. G. Fischer Verlag, Jena.

MÄGDEFRAU, K. (1951): Botanik. C. Winter Universitätsverlag, Heidelberg.

MÄGDEFRAU, K. (1973): Geschichte der Botanik. G. Fischer Verlag, Stuttgart.

MALEK, J. VON (1987): Baumpflege nicht nach Schema. Neue Landschaft 32: 384–386.

MALEK, J. VON, WAWRIK, H. (1985): Baumpflege. Pflanzung und Pflege von Straßenbäu-men. Verlag E. Ulmer, Stuttgart.

MÄNNL, U. (1992): Analyse der Standsicherheit von Bäumen. Das Gartenamt 41: 429–433.

MA-StB (1992): Merkblatt Alleen. Verkehrsblatt-Dokument Nr. 6513 – Vers. 92.1.

MATTHECK, C., BETHGE, K. (1992): Impulshammer zum Auffinden von Faulstellen in Bäu-men. Deutscher Gartenbau 46: 2683–2685.

MATTHECK, C., BRELOER, H. (1992 a): Neue Erkenntnisse zur Stand- und Bruchsicherheit von Bäumen. Das Gartenamt 41: 483–487.

MATTHECK, C., BRELOER, H. (1992 b): Zugversuche zur Überprüfung der Bruchsicherheit. Abschließende Wertung. Das Gartenamt 41: 633–634.

MATTHECK, C., BRELOER, H. (1992 c): Baumkontrollen mit VTA Visual Tree Assessment. Das Gartenamt 41: 777–784.

MATTHECK, C., BRELOER, H. (1993): Die Windlastabschätzung – ein Akt der Willkür? Das Gartenamt 42: 140–141.

MAURER, M. (1968): Baum-Mißhandlungen oder Baum-Chirurgie? Baum-Zeitung 2: 6–8.

MAYER-WEGELIN, H. (1950): Der Härtetaster. Ein neues Gerät zur Untersuchung von Jahr-ringbau und Holzgefüge. Allgem. Forst- u. Jagdztg. 122: 12–23.

MENZINGER, W., SANFTLEBEN, H. (1980): Parasitäre Krankheiten und Schäden an Gehöl-zen. Verlag P. Parey, Berlin.

MEYER, F. H. (1973): Gehölze in städtischer Umwelt. Mitt. Deutsch. Dendrol. Ges. 66: 105–131.

MEYER, F. H. (1979): Ektomykorrhizen in vermorschten Stämmen von Tilia. Mitt. Deutsch. Dendrol. Ges. 71: 223–228.

MEYER, F. H. (1981): Bedeutung des Baumbestandes in der Großstadt. In: Bäume in der Großstadt – Bedeutung und Lebensmöglichkeiten. 10. Ökologie-Forum, Hamburg.

MEYER, F. H., Hrsg. (1982 a): Bäume in der Stadt. 2. Auflage. Verlag E. Ulmer, Stuttgart.

MEYER, F. H. (1982 b): Lebensbedingungen der Straßenbäume. In: MEYER, F. H. (Hrsg.), Bäume in der Stadt, S. 84–133.

MEYER, F. H. (1982 c): Kriterien für die Auswahl von Gehölzen. In: MEYER, F. H. (Hrsg.), Bäume in der Stadt, S. 199–216.

MEYER, F. H. (1983): Der Standort als begrenzender Faktor bei der Pflanzenauswahl. Neue Landschaft 28: 617–619.

MEYER, F. H., HÖSTER, H. R. (1980): Streusalzschäden an Bäumen in Hannover als Folge des Winters 1978/79. Das Gartenamt 29: 165–175.

MEYER-SPASCHE, H. (1987): Entscheidungshilfen für die Baumsanierung. Das Gartenamt 36: 158–163, 378–384.

MEYER-SPASCHE, H. (1991): Ökosystemorientierte Bodensanierungskonzepte für inner-örtliche Straßenbäume durch Standortanalyse und Computersimulation. Neue Land-schaft 36: 604–606.

MOHR, H., SCHOPFER, P. (1978): Lehrbuch der Pflanzenphysiologie. 3. Auflage. Springer-Verlag, Berlin.

MÖLLER, G. (1991): Warum und wie sollen Holzbiotope geschützt werden? In: AUHAGEN, A., PLATEN, R., SUKOPP, H. (Hrsg.), Rote Listen der gefährdeten Pflanzen und Tiere in Berlin. Landschaftsentwicklung und Umweltforschung, Sonderheft S 6: 421–437.

MÜLLER, E. (1982): Die Baum-Endoskopie. Ein Fortschritt in der Altbaumbewertung. Das Gartenamt 31: 742–743.

MÜLLER, E. (1983): Ein Jahr Baum-Endoskopie. Das Gartenamt 32: 447–451.

NEČESANÝ, V. (1966): Die Vitalitätsveränderung der Parenchymzellen als physiologische Grundlage der Kernholzbildung. Holzforschung und Holzverwertung 18: 61–65.

NEUMANN, B. (1984): Das Verpflanzen großer Bäume. Verlag P. Parey, Berlin.

Niedersächs. Sozialminister (1982): Grün im Städtebau. Hannover.

NIESEL, A. (1989): Pflanzarbeiten. In: NIESEL, A. (Hrsg.), Bauen mit Grün, S. 317–334. Verlag P. Parey, Berlin.

NLS (1992): Regulierung der Straßenseitenstreifen und Entsorgung des Schälgutes. Nieders. Landesamt Straßenbau, Rundschreiben vom 7.1.1992 an die Straßenbauämter.

NNatG (1990): Niedersächsisches Naturschutzgesetz in der Fassung vom 2.7.1990. Nds. Gesetz- u. Verordnungsbl. S. 86.

NULTSCH, W. (1977): Allgemeine Botanik. 6. Auflage. G. Thieme Verlag, Stuttgart.

PANSHIN, A. J., DE ZEEUW, C. (1970): Textbook of Wood Technology. 3. Auflage. Mc Graw-Hill Book Comp., New York.

PEEK, R. D., LIESE, W. (1976): Schadwirkung von Fomes annosus im Stammholz der Fichte. Forstwiss. Forschungen Heft 36: 39–46.

PESSLER, K. (1985): Sanierung von Bäumen. In: MALEK, J. VON, WAWRIK, H. (Hrsg.), Baumpflege, S. 192–306, Verlag E. Ulmer, Stuttgart.

PflSchG (1986): Gesetz zum Schutz der Kulturpflanzen (Pflanzenschutzgesetz) vom 15.9.1986. Bundesgesetzblatt I, Nr. 49: 1505–1519.

PLACHTER, H. (1991): Naturschutz. UTB 1563. Verlag G. Fischer, Stuttgart.

RAS-LG 4 (1986): Richtlinien für die Anlage von Straßen. Teil: Landschaftsgestaltung. Abschnitt 4: Schutz von Bäumen und Sträuchern im Bereich von Baustellen. Forschungsgesellschaft Straßen- u. Verkehrswesen, Köln.

Rd.Erl. Nds. ML (1989): Anwendung von Pflanzenschutzmitteln auf Freilandflächen, die nicht landwirtschaftlich, forstwirtschaftlich oder gärtnerisch genutzt werden. Nieders. Ministerialblatt Nr. 12: 285–287.

REICHENBACH, H. VON (1845): Untersuchungen über die zellenartigen Ausfüllungen der Gefäße. Zeitschr. f. Botanik 3: 225–231, 241–253 (veröffentlicht unter Anonymus).

RESCHKE, M. (1991): Gesetzliche Rahmenbedingungen für den Einsatz von Unkrautbekämpfungsmitteln (Herbiziden) auf Nicht-Kulturland. NNA-Mitteilungen 2 (6): 2–9.

Richtlinien (1984): Richtlinien für Baumschauen und Ersatzpflanzungen von Bäumen an Straßen. Nieders. Ministerialbl. Nr. 23: 501–502.

RIECKEN, I. (1987): Wundverschlußmittel – Umfrageergebnis. Baum-Zeitung 21: 144–147.

RIEDL, H. (1937): Bau und Leistungen des Wurzelholzes. Jahrb. wissensch. Botanik 85: 1–75.

RINN, F. (1988): Eine neue Methode zur Messung von Baumringparametern. Diplomarbeit am Institut für Umweltphysik, Universität Heidelberg.

RINN, F. (1992): Neuentwickeltes Bohrgerät zur Holzdichtemessung. Das Gartenamt 41: 119–121.

RINN, F., BECKER, B., KROMER, B. (1990): Ein neues Verfahren zur direkten Messung der Holzdichte und zur Bestimmung von Jahrringparametern bei Laub- und Nadelhölzern. Dendrochronologia 7.

ROLOFF, A. (1989): Kronenarchitektur als Zeichen der Baumvitalität bei Laubbäumen. Das Gartenamt 38: 490–496.

RSBB (1973): Richtlinien zum Schutz von Bäumen und Sträuchern im Bereich von Baustellen. Forschungsgesellschaft für das Straßenwesen, Köln.

RUETZE, M., LIESE, W. (1985): Eichenwelke. Waldschutz-Merkblatt 9. Verlag P. Parey, Hamburg.

RUGE, U. (1968): Die Gefährdung der Straßenbäume in Großstädten. Gartenwelt **68**: 284–286.

RUGE, U. (1982): Physiologische Schäden durch Umweltfaktoren. In: MEYER, F. H. (Hrsg.), Bäume in der Stadt, S. 134–198.

SACHSSE, H. (1971): Anatomische und physiologische Auswirkungen maschineller Ästung auf lebende Nadelbäume. Holz, Roh- u. Werkstoff **29**: 189–194.

SANDERMANN, W. (1966): Holzinhaltsstoffe, ihre Chemie und Biochemie. Naturwissenschaften **53**: 513–525.

SCHADEWALDT, G. (1986): Pilzökologische Studie an Straßenbäumen einer Großstadt. Praxis der Naturwissenschaften (Biologie) **35** (3): 18–36.

SCHEFFER, F., SCHACHTSCHABEL, P. (1982): Lehrbuch der Bodenkunde. 11. Auflage. F. Enke Verlag, Stuttgart.

SCHMITT, U., LIESE, W. (1992 a): Veränderungen von Parenchym-Tüpfeln bei Wundreaktionen im Xylem von Birke (*Betula pendula* Roth). Holzforschung **46**: 25–30.

SCHMITT, U., LIESE, W. (1992 b): Seasonal influences on early wound reactions in *Betula* und *Tilia*. Wood Science and Technology **26**: 405–412.

SCHMUCKER, T., LINNEMANN, G. (1951): Geschichte der Anatomie des Holzes. In: FREUND, H. (Hrsg.), Handbuch der Mikroskopie in der Technik, Band V/1, S. 3–78. Umschau Verlag, Frankfurt/Main.

SCHOPF, R., STRAMM, J., DOGANLAR, M. (1984): Zur möglichen Verbreitung des amerikanischen Eichenwelkepilzes *(Ceratocystis fagacearum)* durch Insekten im norddeutschen Raum. Forstarchiv **55**: 103–106.

SCHRÖDER, K. (1986): Endoskopische Baumuntersuchungen (Baum-Endoskopie). Neue Landschaft **31**: 238–242.

SCHRÖDER, K. (1991): Der Doppelgurt »System Osnabrück« im Test. Das Gartenamt **40**: 252–254.

SCHRÖDER, K. (1992): Gurtsicherungssystem nach Regeln der Technik. Deutscher Gartenbau **46**: 2902–2903.

SCHRÖDER, K., BITTNER, K., GRIMM-WETZEL, P. et al. (1991: Untersuchungen zum Einfluß standardisierter Substrate auf das Wachstum von Laubbäumen 1987–1991. Grünflächenamt Osnabrück.

SCHRÖDER, K., SAHM, M. (1993): Einsatz von Gurtsicherungssystemen. Das Gartenamt **42**: 107–109.

SCHULTE, W., FRÜND, H. C., SÖNTGEN, M. et al. (1989): Zur Biologie städtischer Böden. Kilda-Verlag, Greven.

SCHUPP, D. (1987): EDV-Einsatz in der Freiraumplanung am Beispiel des Baumkatasters Hannover. Das Gartenamt **36**: 614–621.

SCHWANKL, A. (1953): Die Rinde, das Gesicht des Baumes. Franckh'sche Verlagshandlung, Stuttgart.

SCHWEINGRUBER, F. H. (1978): Mikroskopische Holzanatomie. Kommissionsverlag Zürcher AG, Zug.

SCHWEINGRUBER, F. H. (1983): Der Jahrring. Verlag. P. Haupt, Bern.

SCHWEINGRUBER, F. H. (1990): Anatomie europäischer Hölzer. Verlag P. Haupt, Bern.

SEEHANN, G. (1979): Holzzerstörende Pilze an Straßen- und Parkbäumen in Hamburg. Mitt. Deutsch. Dendrol. Ges. Nr. 71: 193–221.

SHIGO, A. L. (1963): Ring shake associated with sapsucker injury. U. S. Forest Service Res. Paper NE-8.

SHIGO, A. L. (1985): Kompartimentierung als Abwehrreaktion bei Bäumen. Spektrum Wissensch. Heft 7: 86–94.

SHIGO, A. L. (1990): Die neue Baumbiologie. Verlag B. Thalacker, Braunschweig.

SHIGO, A. L. (1991): Baumschnitt. Leitfaden für richtige Baumpflege. Verlag B. Thalacker, Braunschweig.

SHIGO, A. L., CAMPANA, R., HYLAND, F., ANDERSON, J. (1980): Anatomy of elms injected to control dutch elm disease. Journ. Arboricult. **6**: 96–100.

SHIGO, A. L., MARX, H. G. (1977): Compartmentalization of decay in trees. U. S. Departm. Agric., Forest Service, Agricult. Inform. Bull. No. 405.

SHIGO, A. L., MONEY, W. E., DODDS, D. I. (1977): Some internal effects of Mauget tree injections. Journ. Arboricult. 3: 213–220.

SHIGO, A. L., SHIGO, A. (1974): Detection of discoloration and decay in living trees and utility poles. U. S. Departm. Agric. Forest Serv. Res. Paper NE-294.

SHIGO, A. L., VOLLBRECHT, K., HVASS, N. (1987) Biologie der Bäume und Baumpflege. Verlag Sitas, Ballerup (Dänemark).

SIEWNIAK, M., KUSCHE, D. (1988): Baumpflege heute. 2. Auflage. Patzer Verlag, Berlin.

SINN, G. (1983): Standsicherheit von Bäumen und Möglichkeiten der statischen Berechnung. Das Gartenamt 32: 556–564.

SINN, G. (1989): Ein neues Kronensicherungssystem zur Verkehrssicherheit von Bäumen. Neue Landschaft 34: 592–594.

SINN, G. (1990): Optische und Lasermessung der Standsicherheit von Bäumen. Neue Landschaft 35: 636–640.

SINN, G. (1991): Meßmethoden zur Stand- und Bruchsicherheit von Bäumen. Das Gartenamt 40: 661–665, 794–800.

SINN, G. (1993): Das Anbohren von Bäumen. Das Gartenamt 42: 42–43.

SINN, G., MÄNNL, U. (1990): Methodische Verbesserungen und neue Meßgeräte zur Standsicherheitsüberprüfung von Bäumen. Das Gartenamt 39: 588–592.

SINN, G., SINN, T. (1992): Grundsätzliches zur Windlast und zur Stammquerschnittstheorie. Das Gartenamt 41: 844–847.

SINN, G., WESSOLLY, L. (1988): Zur sachgerechten Beurteilung der Stand- und Bruchsicherheit von Bäumen. Neue Landschaft 33: 741–751.

SINN, T. (1992): Zur »Neuen Wissenschaftlichkeit« in der Baumstatik. Das Gartenamt 41: 479–482.

SPEERSCHNEIDER, R., BROD, H. G., HARTGE, K. H. (1992): Laterale Stoffflüsse in Böden von Alleebaumstandorten als Folge von Versiegelungsunterschieden. Verh. Ges. Ökologie 21: 245–247.

STRASBURGER, E. (1951): Lehrbuch der Botanik für Hochschulen. 25. Auflage. Piscator-Verlag, Stuttgart.

Straßenbaumliste (1991): Beurteilung von Baumarten für die Verwendung im städtischen Straßenraum. Das Gartenamt 40: 640–648.

SÜSS, H., MÜLLER-STOLL, W. R. (1973): Zur Anatomie des Ast-, Stamm- und Wurzelholzes von Platanus × acerifolia (Ait.) Willd. Österr. Botan. Zeitschr. 121: 227–249.

SVK (1988): Baumpflege in der Diskussion. Deutscher Gartenbau 42: 998.

TA-Luft (1986): Technische Anleitung zur Reinhaltung der Luft. Gemeinsames Ministerialblatt S. 93.

TERRALIFT (1982): Verfahren zur Anwendung von Druckluft für die Bodenpflege und die Bodenheilung. Informationsschrift für Anwender.

TRENDELENBURG, R., MAYER-WEGELIN, H. (1955): Das Holz als Rohstoff. C. Hanser Verlag, München.

TROLL, W. (1954): Praktische Einführung in die Pflanzenmorphologie. Teil 1. VEB G. Fischer Verlag, Jena.

UBA (1981): Streusalzbericht I. Umweltbundesamt Berlin, Berichte 1/81. E. Schmidt Verlag, Berlin.

UBA (1985): Winterdienstbericht. Umweltbundesamt Berlin, Berichte 3/85. E. Schmidt Verlag, Berlin.

VAUCHER, H. (1990): Baumrinden. F. Enke Verlag, Stuttgart.

VDI 2310, Bl. 2 E (1978): Maximale Immissionswerte zum Schutze der Vegetation. Maximale Immissionswerte für Schwefeldioxid.

VDI 2310, Bl. 3 (1988): Maximale Immissionswerte zum Schutze der Vegetation. Maximale Immissionswerte für Fluorwasserstoff.

VDI 2310, Bl. 4 E (1978): Maximale Immissionswerte zum Schutze der Vegetation. Maximale Immissionswerte für Chlorwasserstoff.

VDI 2310, Bl. 5 E (1978): Maximale Immissionswerte zum Schutze der Vegetation. Maximale Immissionswerte für Stickstoffdioxid.

VDI 2310, Bl. 6 (1989): Maximale Immissionswerte zum Schutze der Vegetation. Maximale Immissionswerte für Ozon.

VDI 3793, Bl. 1 (1990): Messen von Vegetationsschäden am natürlichen Standort. Verfahren der Luftbildaufnahme mit Color-Infrarot-Film.

VDI 3793, Bl. 2 E (1990): Messen von Vegetationsschäden am natürlichen Standort. Interpretationsschlüssel für die Auswertung von CIR-Luftbildern zur Kronenzustandserfassung von Nadel- und Laubgehölzen. Fichte, Buche und Eiche.

VITÉ, J. P. (1958): Über die transpirationsphysiologische Bedeutung des Drehwuchses bei Nadelhölzern. Forstwiss. Centralbl. 77: 193–256.

WAGENFÜHR, R. (1984): Anatomie des Holzes, 3. Auflage. VEB Fachbuchverlag, Leipzig.

WAGENFÜHR, R., SCHEIBER, C. (1974): Holzatlas.VEB Fachbuchverlag, Leipzig.

WAWRIK, H. (1987): Die Baumpflege in Deutschland. Sind die bisherigen Methoden der Baumpflege durch amerikanische Forschungsergebnisse in Frage gestellt? Deutscher Gartenbau 41: 342–344.

WAWRIK, H. (1988): Unwissenschaftliche Meinungen Osnabrücker Wissenschaftler zur Baumpflege. Das Gartenamt 37: 386–388.

WERNER, D. (1987): Pflanzliche und mikrobielle Symbiosen. G. Thieme Verlag, Stuttgart.

WESSOLLY, L. (1988): Bruchversuch an hohler Blutbuche – Zum Einsatz von Gewindestäben. Das Gartenamt 37: 296–310.

WESSOLLY, L. (1989): Zur Verkehrssicherheit von Bäumen: Zwei neue zerstörungsfreie Meßverfahren. Neue Landschaft 34: 587–591.

WESSOLLY, L. (1991): Verfahren zur Bestimmung der Stand- und Bruchsicherheit von Bäumen. Holz, Roh- u. Werkstoff 49: 99–104.

WESSOLLY, L. (1992 a): Zur Stand- und Bruchsicherheit von Bäumen. Das Gartenamt 41: 74–75.

WESSOLLY, L. (1992 b): Zur sachgerechten Beurteilung der Verkehrssicherheit von Bäumen. Das Gartenamt 41: 591–592.

WESSOLLY, L. (1993): Verkehrssicherheit: Zur sachgerechten Beurteilung geschädigter Bäume. Neue Landschaft 38: 33–37.

WHEELER, E. A., BAAS, P., GASSON, P. E. (1989): IAWA list of microscopic features for hardwood identification. IAWA Bulletin n. s. 10: 219–332.

WICHMANN, C., WULF, A., KEHR, R. (1991): Bewertung von Baumschäden nach Injektionsbehandlung. Nachrichtenbl. Deutsch. Pflanzenschutzdienst 43: 176–183.

WIEPKING, H. F. (1963): Umgang mit Bäumen. BLV Verlagsgesellschaft, München.

WOHLAND, S. (1992): Naturschutz in der Großstadt – Bäume als Naturdenkmale am Beispiel der Stadt Hannover. Diplomarbeit am Institut für Landschaftspflege und Naturschutz, Universität Hannover.

WULF, A., SIEBERS, J. (1992): Zum Transport von Pflanzenschutzmitteln in Bäumen nach Stamminjektion. Nachrichtenbl. Deutsch. Pflanzenschutzdienst 44: 43–46.

ZIEGLER, H. (1968): Biologische Aspekte der Kernholzbildung. Holz, Roh- u. Werkstoff 26: 61–68.

ZIEGLER, H. (1991): Physiologie. In: STRASBURGER, E., Lehrbuch der Botanik für Hochschulen. 33. Auflage. G. Fischer Verlag, Stuttgart.

ZIMMERMANN, M. H. (1979): The discovery of tylose formation by a Viennese lady in 1845. IAWA Bulletin No. 2/3: 51–66.

ZIMMERMANN, M. H. (1983): Xylem Structure and the Ascent of Sap. Springer-Verlag, Berlin.

ZIMMERMANN, M. H., BROWN, C. L. (1971): Trees Structure and Function. Springer-Verlag, Berlin.

ZÖHRER, F. (1980): Forstinventur. Verlag P. Parey, Hamburg.

ZTV-Baum (1981): Zusätzliche Technische Vorschriften für Baumpflege- und Baumsanierungsmaßnahmen (Entwurf).

ZTV-Baumpflege (1987): Zusätzliche Technische Vorschriften und Richtlinien für Baumpflege und Baumsanierung. Forschungsgesellschaft Landschaftsentwicklung Landschaftsbau (FLL), Bonn.

ZTV-Baumpflege (1992): Zusätzliche Technische Vertragsbedingungen und Richtlinien für Baumpflege und Baumsanierung. Forschungsgesellschaft Landschaftsentwicklung Landschaftsbau (FLL), Bonn.

ZTV-Großbaumverpflanzung (1988): Zusätzliche Technische Vertragsbedingungen und Richtlinien für das Verpflanzen von Großbäumen und Großsträuchern. Forschungsgesellschaft Landschaftsentwicklung Landschaftsbau (FLL), Bonn.

ZYCHA, H. (1948): Über die Kernbildung und verwandte Vorgänge im Holz der Rotbuche. Forstwiss. Centralbl. 67: 80–109.

ZYCHA, H. (1976): Die Rotfäule der Fichte. Forstwiss. Forschungen Heft 36: 7–13.

Register der Gattungs- und Artnamen

Seitenzahlen mit Stern * verweisen auf Abbildungen

Platanus – Platane 30, 31, 47, 55, 65, 66, 84, 89, 93, 96, 110, 123, 135, 136, 138, 141, 145, 147, 149, 152, 153, 154, 175, 197
– × *hispanica* 14, 15, 26, 35, 40, 57, 73, 78, 98, 140
Pleuroceras pseudoplatani 140
Pleurotus dryinus 147, 148, 154
– *ostreatus* 147, 148, 155
Polyporus squamosus 147, 148, 155
Populus – Pappel 22, 28, 30, 31, 44, 45, 46, 47, 55, 61, 65, 68, 74, 78, 84, 89, 92, 93, 97, 101, 103, 110, 118, 119, 123, 135, 136, 138, 140, 145, 147, 149, 151, 154, 155, 158, 164, 165*, 166, 168, 197
– *alba* 16, 26, 36, 40, 66, 74, 154
– × *berolinensis* 16
– × *canadensis* 74, 86, 81*, 82*, 108*
– *canescens* 16, 74, 154
– *nigra* 26, 36, 41, 57, 66, 74
– *simonii* 16, 42
– *tremula* 16, 26, 36, 41, 66, 74, 154
Porling = *Polyporus*
Prunus – Kirsche 16, 30, 47, 55, 59, 65, 66, 78, 84, 95, 98, 110, 123, 135, 145, 147, 152, 155, 163, 166, 168
– *avium* 16, 26, 35, 42, 44, 57, 74, 136
– *padus* 136
Pseudotsuga = Douglasie 47, 66, 68, 110, 145, 147, 153, 164
– *menziesii* 26, 38, 44, 57, 70, 76, 97, 135, 136, 138
Pterocarya fraxinifolia 16
Pycnoporus cinnabarinus 147, 148, 155
Pyrus – Birne 29, 30, 47, 55, 59, 65, 66, 84, 137, 152
– *calleryana* 15
– *communis* 26, 27, 36, 42, 57, 62, 74, 78, 98, 136

Quercus – Eiche 28, 30, 31, 47, 54, 55, 56, 59, 63, 65, 66, 74, 76, 84, 89, 92, 93, 96, 101, 103, 110, 112, 118, 123, 135, 136, 145, 147, 149, 151, 152, 153, 154, 155, 156, 157, 160*, 163, 166, 168
– *alba* 143
– *bicolor* 143
– *cerris* 15
– *coccinea* 16, 143
– *falcata* 143
– *ilex* 97*
– *palustris* 15, 40

– *petraea* 15, 22, 26, 35, 40, 44, 74, 94*, 140
– *prinus* 143
– *robur* 14, 15, 19*, 22, 25*, 26, 35, 40, 43*, 44, 57, 62, 65, 72*, 74, 80, 82*, 126*, 136, 137, 138, 140, 194*
– *rubra* 16, 26, 35, 40, 44, 74, 136, 138, 143

Rauchporling = *Bjerkandera*
Rhizobium 46
Riesenporling = *Meripilus giganteus*
Robinia – Robinie 30, 31, 47, 48, 55, 61, 64, 65, 66, 84, 92, 93, 96, 118, 123, 133, 145, 147, 152, 154
– *pseudacacia* 14, 15, 16, 26, 33, 39, 44, 57, 62, 74, 77, 101, 135, 136, 137, 138, 197
Robinie = *Robinia*
Rosafrüchtige Eberesche = *Sorbus vilmorinii*
Roßkastanie = *Aesculus*
Rotbuche = *Fagus sylvatica*
Rot-Eiche = *Quercus rubra*
Rote Roßkastanie = *Aesculus × carnea*
Rotpustelpilz = *Nectria cinnabarina*
Rotrandiger Baumschwamm = *Fomitopsis pinicola*
Rundblättrige Mehlbeere = *Sorbus latifolia*
Rußtaupilz = *Capnodium*

Salix – Weide 30, 45, 46, 47, 55, 61, 65, 66, 68, 74, 78, 84, 92, 93, 97, 101, 110, 118, 119*, 123, 135, 136, 140, 145, 147, 152, 154, 155, 156, 166, 168, 197
– *alba* 16, 26, 34, 41, 57, 74
– *caprea* 74
Sal-Weide = *Salix caprea*
Sambucus nigra 94*
Sand-Birke = *Betula pendula*
Sapsucker = *Sphyrapicus varius*
Scharlach-Eiche = *Quercus coccinea*
Schillerporling = *Inonotus*
Schizophyllum commune 147, 148, 155
Schmalblättrige Esche = *Fraxinus angustifolia*
Schmetterlingsporling = *Trametes versicolor*
Schnurbaum = *Sophora*
Schuppiger Porling = *Polyporus squamosus*
Schüppling = *Pholiota*

Zottiger Schillerporling = *Inonotus hispi-
  dus*
Zucker-Ahorn = *Acer saccharum*
Zunderschwamm = *Fomes fomentarius*
Zweigriffliger Weißdorn = *Crataegus
  laevigata*

Sachregister

Seitenzahlen mit Stern * verweisen auf Abbildungen

STADT-OASEN GESTALTEN

EDV-Anwendungen in Landschafts-planung und Freiraumgestaltung. Von A. Muhar. 1992. 248 S., 241 Abbildungen. Kt. DM 88,–/öS 678.–/sFr 88.–. ISBN 3-8001-5066-2. Gestalten und planen Sie jetzt via Bildschirm. Der Autor, selbst Landschaftsplaner, zeigt die → **Möglichkeiten und Techniken** des EDV-Einsatzes für Landschafts- und Freiraumgestaltung.

Dachbegrünung. Pflanzen- und Vegetationsanwendung an Bauwerken. Von B. Krupka. 1992. 508 S., 64 Farbfotos, 217 Abb., 91 Tabellen. (Handb. d. Garten- u. Landschaftsbaues) Pp. DM 168,–/öS 1311.–/sFr 168.–. ISBN 3-8001-5051-4.

Bautechnik. Bd. 1: Erdbau, Wegbau, Entwässerung. Von M. Frohmann/W. Kolb / W. Klein / A. Schliesser. 1986. 373 S., 207 Abb., 214 Tab. Kt. DM 108,–/öS 843.–/sFr 108.–. ISBN 3-8001-5044-1.

Sommerblumen-Pflanzungen. Neue Wege im Stadtdesign. Von M. Beuchert. 1992. 208 S., 28 Farbfotos, zahlr. z. T. farb. Zeichn. Ln. DM 128,–/öS 999.–/sFr 128.–. ISBN 3-8001-5065-4. Möglichkeiten, Freiflächen schöner zu gestalten.

Das Kletterpflanzenbuch. Von I. u. P. Menzel. 1988. 228 S., 91 Farbfotos, 57 Zeichn. Pp. DM 64,–/öS 499.–/sFr. 64.–. ISBN 3-8001-6338-1.

Farbatlas Zierpflanzen. Von M. Haberer. 1990. 324 S., 600 Farbfotos. Kt. DM 44,–/öS 343.–/sFr 45.–. ISBN 3-8001-5279-7.

Prospekte kostenlos.
Erhältlich in Ihrer Buchhandlung oder beim **Verlag Eugen Ulmer**
Postfach 70 05 61, 70574 Stuttgart

VERLAG EUGEN ULMER